Als im März 431 v. Chr. im Athener Dionysostheater die *Medea* des Euripides zum erstenmal gespielt wurde, erlebten die Zuschauer nicht die Dramatisierung einer seit alters bekannten Geschichte, sondern eine in ihrem Ausgang noch unbekannte psychologische Tragödie. Medeas Mord an den eigenen Kindern ist eine Erfindung des Euripides.

Seine *Medea* war ein Zeitstück, ein Stück über die gesellschaftliche Stellung der Frau, über das Zusammenleben mit Ausländern, über die Problematik des Asyls. Die Zuschauer sahen auf der Bühne ihre Welt, ihre Gefühle, ihr tägliches Leben.

Das Publikum des Jahres 431 bleibt für uns keine anonyme Menschenmenge. Beinahe alle, die im politischen, geistigen und künstlerischen Leben des alten Griechenland einen Namen hatten, lebten in diesem Jahr in Athen. Unter ihnen Perikles und seine ausländische Frau Aspasia, die Historiker Herodot und Thukydides, der Tragiker Sophokles und der Komödiendichter Aristophanes, die Philosophen Anaxagoras und Sokrates, der junge Alkibiades, der Bildhauer Phidias und seine künstlerischen Mitarbeiter an den gerade fertiggestellten Akropolisbauten. Und sie alle sprach Euripides von der Bühne direkt an.

Eingebettet in eine Neuübersetzung der Tragödie des Euripides entsteht mit der Erinnerung an die Zuschauer der *Medea* ein Panorama des Höhepunkts der griechischen Kultur, der zugleich ein Wendepunkt war. Denn die Aufführung der *Medea* markiert den Vorabend des großen Krieges, der alles in Griechenland verändern sollte.

Von Hubert Ortkemper sind als insel taschenbuch erschienen: *Olympische Legenden* (it 1828), *Führer durch das klassische Griechenland* (it 1930) und *Caffarelli – Das Leben des Kastraten Gaetano Majorano* (it 2599).

insel taschenbuch 2755
Hubert Ortkemper
Medea in Athen

Hubert Ortkemper

Medea in Athen

Die Uraufführung und
ihre Zuschauer
Mit einer Neuübersetzung
der »Medea« des Euripides

Insel Verlag

Umschlagabbildung: Medea
Freskofragment aus Herculaneum
Museo Nazionale, Neapel

insel taschenbuch 2755
Erste Auflage 2001
© Insel Verlag Frankfurt am Main und Leipzig
Vertrieb durch den Suhrkamp Taschenbuch Verlag
Umschlag nach Entwürfen von Willy Fleckhaus
Satz: Hümmer GmbH, Waldbüttelbrunn
Druck: Nomos Verlagsgesellschaft, Baden-Baden
Printed in Germany

1 2 3 4 5 6 – 06 05 04 03 02 01

Inhalt

Hätten einst Griechen
das Neue genau so gehaßt,
wie wir heute,
was gäbe es jetzt
an Altem, Bewährtem?

Horaz, Briefe 2, 1, 90-91

Prolog:
Die Geburt des Theaters

In einer von Kiefernwäldern beschatteten Mulde am heutigen Stadtrand von Athen, am Nordosthang des marmorreichen Pentelikon, liegen die kümmerlichen Ruinen des alten attischen Landstädtchens Ikaria. Hier spielte sich eine kleine, aber folgenreiche Episode der griechischen Göttergeschichte ab, an die heute nur mehr der moderne Name des Dorfes, Diónisos, erinnert.

Dionysos, der wilde Gott des berauschenden Weins aus dem kleinasiatischen Phrygien, mußte lange um seine Aufnahme in den Kreis der olympischen Götter kämpfen. In Ikaria wurde er erstmals vom Ortsheros Ikarios gastlich aufgenommen. Attika wurde zur zweiten Heimat des jungen, schönen Gottes. Seinem Gastfreund schenkte er zum Dank die Rebe, lehrte ihn die Kunst des Kelterns.

Von Ikaria zog Dionysos weiter nach Athen, wo er am Südhang des Burgberges seine heilige Kultstätte fand. Auf seiner Wanderung nach Griechenland hatten den neuen Gott die rasenden Mänaden begleitet und in den thrakischen Wäldern den Apollopriester Orpheus in Stücke gerissen, weil er als Verehrer des Lichtgottes dem Herrn der nächtlichen Orgien nicht dienen wollte. In Athen schloß der Gott des Rausches Frieden mit seinem Halbbruder Apollon, dem Gott der Harmonie. Griechisches Maß bändigte den wilden Kult aus den weiten Tälern Kleinasiens. Aus dem ekstatischen Tanz beim Schein von Fackeln im nächtlichen Bergwald wurde eine gestaltete Choreographie auf rundem Tanzplatz unter den Strahlen der Sonne.

Wenn die Winterstürme nachließen und der kleine Hafen der Hauptstadt von Attika wieder überquoll von den Masten und Segeln der Schiffe, die Schätze aus der ganzen Welt in das aufblühende Land brachten, wenn Kore, das Korn, aus der Unterwelt ins nahe Eleusis zu ihrer Mutter Demeter heimkehrte und ihr Kommen die karge attische Erde in einen duftend bunten Blütenteppich verwandelte, feierte das Volk von Athen seinem neuen Gott zu Ehren ein ausgelassenes Freudenfest. Ein Maskenzug geleitete das bekränzte Bild des Gottes von den Grenzen der Stadt in sein Heiligtum am Fuß der Akropolis. In dichten Reihen umstanden die attischen Bauern den Reigenplatz am Altar des Dionysos, sahen den Tänzen der Männer und Knaben zu, lauschten den heiligen Chorliedern:

Kommt zum Tanz, olympische Götter,
kommt mit Anmut zum vielumschrittenen
opferduftenden Nabel der Welt im heiligen Athen,
der kunstreichen weltberühmten Stadt.
Bringt Kränze aus Veilchen und Frühlingslieder
dem efeuumrankten Gott.
Denn immer, wenn das Gemach
der purpurgekleideten Horen sich öffnet
und der Frühling schönduftende Blumen
her29auufführt, ohne Zahl,
zeigt uns der Gott aus Kadmos' Geschlecht,
Dionysos,
die Taten der Helden, unverhüllt.
Da werden geworfen,
da fliegen auf den heiligen Boden
liebliche Veilchensträuße.
Rosen werden ins Haar geflochten,

helle Lieder werden zum Klang der Flöte gesungen.
Zum Sohn der Semele ziehen Chöre,
mit Kränzen geschmückt.

Pindar, Fragment 75

Als nur noch die Lieder daran erinnerten, daß der Gott seine Anerkennung einst hatte erkämpfen müssen, zog ein junger Mann aus Ikaria mit ein paar Freunden durch die Dörfer Attikas. Bei den Kelterfesten tanzten sie zu den alten Gesängen vom Leiden und vom Sieg des Weingottes.

Der Mann hieß Thespis. Er war erfüllt von der neuen Idee der Freiheit und Würde des Menschen, spürte, daß der gemeinschaftliche Chorgesang nicht länger Ausdrucksmittel eines Volkes sein konnte, das danach verlangte, selbst frei über sein Schicksal zu entscheiden, das sich nicht mehr dem unumschränkten Willen eines Herrschers beugen wollte.

Im März des Jahres 534 (v. Chr., wie alle Jahreszahlen in diesem Buch) erfand Thespis zum Fest des Dionysos ein neuartiges Lied. Er wollte nicht mehr nur von den Mythen singen und tanzen, er wollte die alten Geschichten in lebendigem Spiel darstellen. Thespis löste sich aus der Gemeinschaft des Chores, berichtete ihm als Bote von fernem Geschehen, widersprach ihm auch, hielt ihm eine eigene Meinung entgegen. Er trat dem Chor als Antworter und Ausdeuter gegenüber – das ist die eigentliche Übersetzung des griechischen Worts für den Schauspieler, *hypokrités*. Thespis machte aus dem einstimmigen Gesang der Monodie den Dialog, das Zwiegespräch. Aus dem getanzten Lied entstand durch ihn das Drama.

Zur Zeit des Thespis herrschte Peisistratos über Athen. Seine glanzvolle Regierungszeit galt vielen Späteren als ein »Goldenes Zeitalter« der Stadt. Auf der Burg hatte Peisistratos einen großen Tempel für die Göttin Athene errichten lassen, auf daß sie fortan als kriegerische Jungfrau, als *Parthénos*, ihr Land beschütze. In der Ebene des Flusses Ilissos war mit dem Bau eines gewaltigen Tempels für den olympischen Zeus begonnen worden, den erst der römische Kaiser Hadrian fast siebenhundert Jahre später vollenden sollte. Peisistratos hatte auch das von Theseus gestiftete Gemeinschaftsfest der attischen Städte, die Panathenäen, reformiert. Höhepunkt waren eine prächtige Prozession und Rezitationen, bei denen die Dichtungen Homers vorgetragen wurden.

Peisistratos war ein Tyrann, er hatte die Herrschaft über Athen durch einen Putsch an sich gerissen. Aber er gehörte nicht zu den blutrünstigen Despoten, die in der Vergangenheit leben, weil sie die Gegenwart fürchten müssen. Er ordnete an, daß künftig in jedem Jahr zum Fest des Dionysos die neuen theatralischen Tänze des Thespis aufgeführt werden sollten. Dabei hatte er sicherlich auch im Sinn, auf diese Weise den ausgelassenen Kult des Gottes der Orgien in »vernünftige« Bahnen zu lenken.

So wurde im Heiligtum dieses Gottes die Tragödie geboren. Der Gott des Weins wurde zum Gott des Theaters. Sein Kult gehörte von nun an zu den wichtigsten religiösen Aufgaben des attischen Staates. Die Dramen, die zu Ehren des Dionysos aufgeführt wurden, waren eine dichterische Opfergabe an den Gott.

Die Mysterien der griechischen Götter wurden den Menschen nicht in stiller Meditation erfahrbar gemacht, sondern in einem heiligen Spiel. Griechischer Gottesdienst war nicht Verkündigung einer Lehre, war keine Wortmagie, sondern heilige Handlung. Deshalb boten die Gesänge des Dionysosfestes dem Auge ebensoviel wie dem Ohr, waren

Schau-Spiel. Und die Götter Griechenlands erfreuten sich ihrerseits an den Tänzen der Menschen.

Ein Schüler des Thespis, Phrynichos aus Athen, Sohn des Polyphrasmon, vielleicht im Jahr der ersten Tragödienaufführung geboren, setzte das Werk seines Lehrmeisters fort. Um 510 begann er, selbst Stücke zu schreiben. Phrynichos begründete die Tradition, daß die Handlung der Tragödie (das Wort bedeutet eigentlich »Bocksgesang«) einen unglückseligen Ausgang hat, daß sie »pathetisch« ist – *pathé* ist das griechische Wort für Unglück. Phrynichos brachte auch als erster Frauencharaktere auf die Bühne, die allerdings von Männern dargestellt wurden.

Der Erfolg, den er mit seinen choreographischen Gesängen auch wegen seiner abwechslungsreichen Tanzfiguren beim Publikum hatte, brachte ihm sogar politischen Einfluß, ohne Mitglied einer Partei zu sein oder weil er vornehmer Abstammung oder reich gewesen wäre – häufig waren es solche Dinge, die einem in Athen Ansehen verschafften. Phrynichos hatte in einer seiner Tragödien Lieder für die Waffentänzer verfaßt, die mit ihren kriegerischen Klängen die Zuschauer im Theater so begeisterten, daß sie den Dichter zum Feldherrn wählten. Wer so kraftvolle Lieder geschrieben habe, meinten sie, müsse auch ein guter und fähiger Heerführer sein.

Als Phrynichos tätig war, hatten die Tragödiendichter in Athen schon eine anerkannte gesellschaftliche Position. Sie galten nicht mehr als fahrende Komödianten, wie es das Bild vom »Thespiskarren« suggeriert. Phrynichos muß auch auf äußere Eleganz Wert gelegt haben, denn etwa 50 Jahre nach seinem Tod läßt der Komödiendichter Aristophanes eine seiner Bühnengestalten sagen:

Und Phrynichos – du hast ihn doch noch gehört? –,
schön war er selbst und immer schön gekleidet,
darum waren seine Dramen auch so schön,
denn was man ist, dem gleicht auch, was man schafft.

Aristophanes, Thesmophoriazusae 160-163

Wohl 492 hat Phrynichos die Eroberung der griechischen Stadt Milet durch die Perser dramatisiert und damit ein Stück geschrieben, das nicht vom griechischen Mythos, sondern von der Gegenwart handelte. Die Milesier, seit 546 unter persischer Herrschaft, hatten im Jahr 500 versucht, ihre Unabhängigkeit zurückzugewinnen. Athen und die Stadt Eretria auf Euböa hatten als einzige Staaten des griechischen Mutterlandes den Aufstand mit einem Flottengeschwader unterstützt. Es war jedoch zu klein, als daß es wirksame Hilfe hätte leisten können. Milet wurde 494 von den Persern belagert, erstürmt und dem Erdboden gleichgemacht. Alle Einwohner, die das Massaker der Eroberung überlebt hatten, wurden in die Sklaverei verkauft.

Als in Athen nun zwei Jahre später das Schauspiel *Die Einnahme von Milet* aufgeführt wurde, habe, erzählt Herodot, das ganze Theater geweint, so sehr waren die Zuschauer von den Klagegesängen erschüttert. Aber als sie aus ihrer Ergriffenheit aufwachten, schämten sie sich ihrer Emotionen. Der Dichter hatte sie an ihr Versagen erinnert: Sie hatten den jonischen Aufständischen nicht ausreichend geholfen. Die Athener verurteilten den Autor Phrynichos zu einer Strafe von 1000 Drachmen, weil er mit ihren Tränen das Fest des Gottes entweiht habe. Außerdem wurde verboten, das Stück je wieder zu benutzen.

In vielen Herodot-Übersetzungen heißt es, die Athener hätten verboten, das Stück »wieder aufzuführen«. Dabei hat es Wiederaufführungen antiker Tragödien so gut wie nie gegeben. Tatsächlich ist wohl die Aufbewahrung in den Staatsarchiven, die für die beim Dionysosfest gespielten Tragödien üblich war, und überhaupt jede schriftliche Überlieferung des Textes untersagt worden. Es gibt deshalb in der gesamten antiken Literatur kein einziges Zitat aus dem Stück, die Erwähnung bei Herodot ist der einzige Beleg für seine Existenz. Sicher hat die Affäre um dieses Gegenwartsstück dazu beigetragen, daß von da an fast immer der Mythos Gegenstand der Tragödie war.

Zwei Jahre nach der Aufführung der *Einnahme von Milet* standen persische Soldaten in Attika. Bei Marathon errangen die Athener allein einen unerwarteten und deshalb um so glanzvolleren Sieg. Zehn Jahre später kamen die Perser unter Xerxes erneut mit Heer und Flotte nach Griechenland. Athen wurde ihnen kampflos überlassen. Doch bei der Insel Salamis erlebten die persischen Schiffe ein Desaster, das Xerxes zum Rückzug zwang.

Die Freiheit war den Griechen geblieben, aber im Blut der Perserkriege hatten sie, allen voran die Athener, das Leid in vielerlei Gestalt erfahren. Aus Schutt und Trümmern erstand eine neue Stadt, deren Bewohner ihre Freiheit stolz zur Schau trugen, da sie um den Preis dieser Freiheit wußten. Die Götter hatten die Menschen durch Prüfungen geläutert, zu einem besseren Sein geführt. Der Mensch, der durch das Leid wissend wird, zur Erkenntnis seiner selbst gelangt, war fortan die Botschaft der Tragödie.

In den Jahren nach den Perserkriegen gab der Dichter Aischylos der Tragödie eine neue endgültige Form. Seine Dramen waren großangelegtes Theater, nicht Literatur, kein Wort-Kunstwerk, das sich auch beim Lesen erschließt. Die Tragiker gestalteten die alten Mythen in eindrucksvollen, oft erschütternden Bildern.

So stand nur hundert Jahre nach ihrer Erfindung durch Thespis die attische Tragödie auf einem Gipfelpunkt, der bis in unsere Zeit prägend geblieben ist für das gesamte europäische Theater. Zum ersten Schauspieler hatte sich bald ein zweiter, dann noch ein dritter gesellt. Nicht länger war der Chor die handelnde Person, es ging jetzt um die Geschichten von Individuen, um die Verstrickung der Heroen in den Zwang von Schicksal und Schuld. In wortgewaltigen Versen begriff Aischylos diese tragische Schuld seiner Helden als Teil eines gottgegebenen Weltzusammenhangs. »Gott selbst schafft den Menschen eine Schuld, wenn er ein Geschlecht von Grund auf vernichten will«, heißt es in seiner *Niobe*.

Auch äußerlich hatte die Tragödie eine großartigere Form angenommen. Zwar war die Zahl der Chormitglieder von 50 auf 12 gesunken, doch viele Statisten füllten bei prunkvollen Auftritten das weite Rund der Orchestra, die die Zuschauer nicht mehr auf allen Seiten umstanden. In nahezu einem Dreiviertelkreis wurde der Spielplatz von Tribünen umfangen, an der Stirnseite vom hölzernen Bau des Bühnenhauses abgeschlossen, das mit bemalter Leinwand behängt war. Sie zeigte den Ort der Handlung an: das Heiligtum eines Gottes, das Feldherrnzelt im Kriegslager oder einen Königspalast. Die Schauspieler trugen prächtig bestickte Gewänder, die in der Schatzkammer des Gottes aufbewahrt wurden. Eine Maske aus gestärktem Linnen

ließ sie zum Abbild der Götter oder Heroen werden, die sie
zu verkörpern hatten.

Die Aufführungen fanden vom 11. bis 13. Tag des Früh-
lingsmonats Elaphebolion statt, etwa in unserem März, als
Wettkampf dreier Dichter. Wer an diesem Wettbewerb teil-
nehmen wollte, mußte im Jahr zuvor jeweils eine tragische
Tetralogie, einen Zyklus von vier Stücken, einreichen. Im
August wurde entschieden, wessen Tetralogien im nächsten
Frühjahr gespielt werden sollten, und für jeden ausgewählten Dichter wurde ein *choregós* bestellt. Er mußte die Mitglieder des Chors während der Probenzeit bezahlen, hatte
für die Kostüme und überhaupt für die Ausstattung der
Stücke aufzukommen. Privates Engagement wohlhabender
Bürger war selbstverständlich bei den religiösen Festen in
Athen. Nur die Schauspieler und die Dichter, die zugleich
auch »Regisseure« ihrer Stücke waren, erhielten ein Honorar aus der Staatskasse.

Der Chorege war der nominelle Gewinner beim Tragödienwettbewerb. Der Sieg brachte ihm Prestige, das sich ge-
schäftlich oder politisch auszahlte. Hinter den Kulissen kam
es deshalb nicht selten zu direkter Bestechung der wahrscheinlich 10 Mitglieder der Jury. »Geld ist, wie das im Leben zu gehen pflegt, imstande, Richter und Preisrichter zu
beeinflussen«, stellt Sokrates in Xenophons *Symposion* fest.

Das Theaterfest von Athen hatte bald weit über Attika hinaus Popularität erreicht. Eine unübersehbare Menschenmenge strömte alljährlich ins Theater des Dionysos. Bei
Platon lesen wir, zu den Aufführungen seien um die 30000
Zuschauer gekommen.

Nicht nur eine begüterte oder gar intellektuelle Oberschicht versammelte sich also beim großen Fest zu Ehren des Dionysos im Theater am Hang des Burgberges. Zutritt hatten alle Bewohner Attikas und Besucher aus dem Ausland, wahrscheinlich auch die Frauen (seltsamerweise wissen wir das nicht mit letzter Sicherheit; möglicherweise saßen sie getrennt von den Männern in den oberen Rängen). Zeitweilig wurden sogar Inhaftierte zum Theaterfest vorübergehend aus dem Gefängnis entlassen, sofern sie einen Bürgen stellen konnten.

Das Fest des Dionysos hatte sich aus einem lokalen Kult zu einem überregionalen Kulturereignis entwickelt, an dem die ganze griechische Welt Anteil nahm. Drei Tage hindurch bestimmte der Wettkampf der Tragiker das Leben Athens. Das Theater war zum Bestandteil der athenischen Demokratie geworden, und selten haben Dramatiker ein so verständiges Publikum gehabt wie die attischen Theaterdichter:

> Wenn ihr fürchtet,
> eurem Publikum könnte es an Bildung fehlen,
> den tiefen Sinn eurer Feinheiten zu begreifen –
> macht euch darum keine Sorgen.
> Jeder hier liest viel, lernt aus Büchern
> Witz, Geschmack und Redekunst.
> Schon von Natur aus sind sie klug
> und durch Bildung geschliffen.
> Nein, ihr habt nichts zu fürchten,
> es richtet euch ein weises Publikum!
>
> *Aristophanes, Frösche 1109-1118*

Das Dionysosfest des Jahres 431 unterschied sich äußerlich wenig von den Feiern früherer Jahre. Die Stadt befand sich auf dem Gipfel ihrer politischen Macht und kulturellen

Größe. Aber es stand auch ein neuer Krieg vor der Tür. Nicht wenige Zuschauer dürften ihn herbeigewünscht haben. Es war nahezu ein halbes Jahrhundert vergangen, seit das persische Heer Athen verwüstet und die Akropolis in Brand gesteckt hatte. Nur Wenige hatten diesen Tag als Kinder noch selbst miterlebt.

Unter den drei Dichtern, die um den Sieg kämpften, war Euphorion, der Sohn des Aischylos. Sein Vater hatte dreizehnmal mit seinen Stücken den ersten Preis gewonnen; der Altmeister der attischen Tragödie war genau ein Vierteljahrhundert tot. Sophokles war gewissermaßen sein Nachfolger geworden. Auch er, bereits 65 Jahre alt, beteiligte sich in diesem Jahr am Wettkampf.

Die Stücke, die Euphorion und Sophokles zur Aufführung brachten, sind nicht erhalten, wir kennen nicht einmal ihre Titel. Geblieben ist nur eine der Tragödien des dritten Bewerbers: der fünfzigjährige Dichter Euripides zeigte ein Drama über die kolchische Königstochter Medea. Auch Euripides nahm seine Stoffe, wie es die Tradition vorgab, aus den Mythen der Griechen. Aber Euripides erzählte die allseits bekannten Geschichten von Göttern und Heroen nicht einfach nach. Er erzählte sie neu, veränderte ihre Botschaft durch oft nur winzige Nuancen.

Die Bühnengestalten des Euripides waren Menschen seiner Gegenwart. Sie unterschieden sich nur durch ihre prachtvollen Theaterkostüme und ihre Masken von den Zuschauern (der Kothurn, ein Stelzenschuh, der angeblich die Gestalten der griechischen Tragödie auch äußerlich übermenschlich groß, eben zu Heroen und Göttern machte, wurde erst viel später eingeführt). Die mythologischen Gestalten des Euripides dachten und handelten so, wie der Dichter es auch von seinem Publikum erwarten konnte.

Wir kennen heute noch viele Zuschauer, die Euripides im März 431 in und mit den Versen seiner *Medea* direkt angesprochen hat.

Medea

AMME

Ach, wäre das Schiff auf dem Weg ins Kolcherland
doch nie an den dunklen Felsen vorbeigesegelt,
die den Weg ins Schwarze Meer bewachen.
Wäre in den waldigen Bergen Thessaliens
nie der Fichtenstamm gefällt worden,
der zum Steuer wurde für das Schiff Argo,
mit dem die auserwählten Helden
für Pelias das goldene Vlies holten!
Dann wäre meine Herrin Medea auch nie
ins Land der Griechen gekommen,
verführt, betört von der Liebe zu Jason.
Sie hätte die Töchter des Pelias
nicht zum Vatermord angestiftet,
wohnte jetzt nicht mit Mann und Kindern
hier in Korinth,
beliebt bei den Bürgern, in deren Land sie Asyl fand,
Jason in allem untertan.

Segen ruht auf dem Haus,
wenn zwischen Mann und Frau
keine Zwietracht herrscht.

1-15

Das goldene Vlies

Medea war eine Tochter des kolchischen Königs Aietes, der seinerseits ein Sohn des Sonnengottes Helios war. Von ihrer Tante Kirke hatte sie die Zubereitung von Zaubertränken gelernt und konnte mit ihrer Hexenkunst Gutes und Böses bewirken.

Die Göttin Hera hegte einen unversöhnlichen Haß gegen Pelias, den König von Jolkos in Thessalien (nahe dem heutigen Volos), weil er sich geweigert hatte, ihr zu Ehren Opfer zu bringen. Pelias hatte nach dem Tod seines Bruders Aison die Macht an sich gerissen. Der legitime Thronfolger, der auch Aison hieß, lebte in ständiger Lebensgefahr weiterhin in Jolkos und hatte seinen Sohn Jason heimlich dem Kentauren Cheiron zur Erziehung übergeben. Als Jason herangewachsen war und seinen Herrschaftsanspruch geltend machte, schickte sein Onkel Pelias ihn nach Kolchis, das goldene Vlies zu holen.

Es war das Fell eines Widders, der nicht nur fliegen, sondern auch sprechen konnte und vor langer Zeit den thessalischen Prinzen Phrixos und seine Schwester Helle entführt hatte, weil ihr Vater Athamas den jungen Prinzen zur Abwendung einer Hungersnot statt eines Opfertiers schlachten wollte. Als der Widder über die Wasserstraße zwischen Europa und Asien flog, fiel Helle herab und ertrank im Meer, das seitdem Hellespont heißt. Phrixos erreichte Kolchis am Südostufer des Schwarzen Meeres, unterhalb des Kaukasus, wo er den Widder auf dessen eigene Bitte opferte und sein goldenes Fell an einer Eiche im heiligen Hain des Ares aufhängte.

Dieses Vlies nun sollte Jason nach Thessalien bringen. Er lud alle griechischen Prinzen ein, sich an der Expedition zu beteiligen, und ließ sich vom erfahrenen Schiffsbauer Argos das beste Schiff bauen, das bis dahin konstruiert worden war. Nach ihrem Baumeister erhielt es den Namen »Argo«. Auf ihr gelangten die »Argonauten« sicher nach Kolchis.

Als sie ihr Ziel erreicht hatten, sorgte Hera mit Aphrodites Hilfe dafür, daß die Königstochter Medea sich rettungslos in Jason verliebte. Ihr Vater Aietes erklärte sich einverstanden, Jason das goldene Vlies ohne Kampf zu überlassen, wenn er folgende Aufgabe erfülle: Auf Kolchis wüteten zwei feuerspeiende Stiere. Die sollte Jason vor einen Pflug spannen, mit ihnen ein Feld pflügen, in die Furchen Drachenzähne säen und die bewaffneten Männer, die aus den Drachenzähnen erwachsen würden, töten.

Jason traf Medea am Abend heimlich im Tempel der Unterweltgöttin Hekate, deren Priesterin die schöne Jungfrau war. Der Fremde aus Griechenland versprach ihr, sie auf der Argo mit in seine Heimat zu nehmen. Mit Hilfe eines Zaubertranks und einiger Ratschläge Medeas vollbrachte Jason die unlösbare Aufgabe, doch Aietes weigerte sich, das Vlies, wie versprochen, herauszugeben. Medea schlich sich ins Lager der Griechen, da sie fürchtete, ihr Verrat könne offenbar werden. Vor allen Gefährten schwor Jason bei der Göttin Hera, er werde Medea heiraten, wenn sie beide wohlbehalten Griechenland erreichen würden.

Daraufhin führte Medea Jason zum Hain des Ares, in dem das goldene Vlies von einem Drachen bewacht wurde. Mit Beschwörungen und einem Zauberkraut versenkte sie den Drachen in tiefen Schlaf. So konnte Jason das Vlies von der Eiche nehmen. Mit Medea eilte er zur Argo zurück und befahl, sofort abzusegeln. Die Kolcher bemerkten den Raub des Vlieses bald, und Aietes verfolgte die Argo mit seinen schnellen Schiffen. Medea hatte ihren kleinen Bruder Apsyrtos mitgenommen. Sie forderte Jason auf, ihn zu töten, zerhackte den Leichnam und warf ihn Stück für Stück ins Meer, um die Kolcher von der Verfolgung abzuhalten. Denn um den Prinzen begraben zu können, mußten sie die Leichenteile aus dem Meer fischen.

Auf der Heimfahrt bestanden die Argonauten manches gefährliche Abenteuer mit Medeas Hilfe. Ihre Tante Kirke entsühnte Medea und Jason von dem Mord an Apsyrtos. In der Höhle der Zauberin heirateten die beiden.

In Jolkos angekommen, verwandelte sich Medea mit viel Schminke in eine alte Frau. Sie ging in die Stadt und verwirrte die Bevölkerung, vor allem die Töchter des Usurpators Pelias, mit prophetischem Geplapper, behauptete, dem König seine Jugend zurückgeben zu können. Unter geheimnisvollen Sprüchen ließ sie sich in einem Zimmer des Palastes einschließen, wischte die Schminke ab und kam als junge Frau wieder heraus.

Pelias war so beeindruckt, daß er der Verjüngungskur zustimmte. Medea erklärte nun seinen Töchtern, sie müßten dazu ihren Vater in Stücke hacken und diese in einem großen Kessel aufkochen. Die Peliastöchter wollten ihr nicht glauben, doch durch Hexerei überzeugte Medea sie von der Wirksamkeit dieser Prozedur. So töteten den König seine eigenen Töchter. Auf ein Zeichen von Medea drangen die Argonauten in die Stadt ein und besetzten die Burg.

Nach einiger Zeit gelang es Akastos, dem Sohn des Pelias, Jason und Medea aus Jolkos zu vertreiben. König Kreon von Korinth nahm die beiden in seiner Stadt auf. Er wollte von dem Ruhm zehren, den Jason als Anführer der Argonauten in ganz Griechenland erlangt hatte.

Zehn Jahre lebte Medea mit Jason glücklich in Korinth. Sie gebar ihm zwei Söhne. Die Ehe des griechischen Prinzen mit der Ausländerin Medea wurde in Korinth nicht anerkannt, die Söhne des Jason galten als Bastarde. Jason war deshalb leicht zu überreden, Medea zu verstoßen, um Kreons inzwischen heiratsfähige einzige Tochter heiraten zu können.

Hier setzt die Tragödie des Euripides ein.

Medea

AMME

Doch nun ist alles aus, die Liebe kalt.
Jason hat meine Herrin und seine Kinder verraten.
Er schläft mit der Prinzessin,
will die Tochter Kreons,
der dieses Land regiert, heiraten.
Und die unglückliche,
schmählich betrogene Frau,
Medea,
sie klammert sich an sein Versprechen,
an die Treueschwüre, an den Bund der Hände.
Laut ruft sie die Götter zu Zeugen an,
daß Jason sie betrügt.
Sie hat sich ihrem Schmerz ergeben,
will nichts mehr essen,
weint nur noch, seit sie weiß,
daß ihr Mann sie verlassen will.
Mit gesenktem Kopf starrt sie auf den Boden,
begegnet den tröstenden Worten ihrer Freunde
wie ein Felsblock, wie die Meereswogen.
Wenn sie ihren blassen Hals ein wenig hebt,
stöhnt sie nur vor sich hin,
jammert nach ihrem Vater,
weint um Haus und Heimat,
die sie einst verriet und floh,
als sie dem Mann folgte, der sie jetzt verstoßen will.
Dieser Schicksalsschlag hat ihr gezeigt,
was es bedeutet, Herd und Familie

verlassen zu haben.
Sie verflucht die Kinder, will sie nicht mehr sehen.
Sie brütet, fürchte ich, Schreckliches aus.
Ihr Gemüt ist wild, Unrecht erträgt sie nicht.
Ich kenne sie und habe deshalb Angst,
daß sie in ihrem Zimmer auf dem Ehebett
sich selbst den Dolch in die Brust stößt,
daß sie den König zu ermorden sucht,
vielleicht sogar den Bräutigam,
und ihr Unglück nur noch größer macht.
Sie ist schrecklich.
Wer es wagt, sich mit ihr anzulegen,
wird nicht leicht zum Sieger werden.

Doch da kommen ihre kleinen Söhne vom Sportplatz.
Sie scheinen unberührt vom Unglück ihrer Mutter.
Die Jugend will von Elend und Schmerz nichts wissen.

16-48

Megakles oder Der Sport

Jeder attische Bürger, der auf sich hielt, schickte seine Söhne täglich zum sportlichen Training. Die »gymnastische« Erziehung spielte die Hauptrolle im Bildungsprogramm für die Jugend Athens. Mehrere städtische Gymnasien waren neben dem Marktplatz Mittelpunkte des öffentlichen Lebens. Ein *gymnásion* – das Wort heißt eigentlich »Ort, an dem man nackt ist« – hatte eine etwa 200 Meter lange Bahn für den Wettlauf und einen quadratischen Säulenhof, die *palaistra* (Ringplatz), für Übungen im Ringen, Faustkampf, Weitsprung und Diskuswurf.

Daß der Sport in Athen nach den Perserkriegen eine so große Bedeutung erhalten hatte, lag an seinem kriegerischen Ursprung. Sportliches Training war eigentlich nichts anderes als militärischer Drill.

Zwar wurde in Athen betont, daß der Sport dazu diene, die jugendlichen Körper »schön« zu machen, aber mit dieser Schönheit war nicht etwas zum bloßen Anschauen gemeint. Als schöner Jüngling galt nicht einer, der nur dem Auge gefiel. Die Griechen waren sehr praktisch veranlagt. Schön sein, das bedeutete vor allem: nützlich und brauchbar sein. Der schöne Mensch, der athletische Mann, der kräftig und beweglich war, der schnell laufen konnte, mit der Faust zuzuschlagen verstand, im rechten Moment und an die rechte Stelle, der die Pferde geschickt lenkte, Ausdauer und gute Kondition zeigte, dieser »schöne« Mensch hatte auch das Zeug zum guten Soldaten.

Da sich schon bald nach dem Sieg über die Perser eine politische Rivalität zwischen Athen und Sparta herausgebil-

det hatte, die mittlerweile jeden Tag in offenen Krieg umzu-
schlagen drohte, war der Sport in Athen noch populärer
geworden. Sokrates meinte deshalb ironisch:

> Die Spartaner tun so, als ob sie dumm sind, denn niemand
> soll merken, daß sie die übrigen Griechen an Weisheit
> übertreffen. Sie bemühen sich vielmehr, den Eindruck zu
> erwecken, als seien sie nur in sportlichen Wettkämpfen
> überlegen. Sie haben nämlich Angst, alle würden sich in
> der Weisheit üben wollen, wenn herauskäme, daß dort
> ihre wahre Stärke liegt.
> Durch dieses Versteckspiel täuschen sie die in anderen
> Städten Spartanisierenden erfolgreich. Und die zerschla-
> gen sich nun gegenseitig die Ohren, binden sich Boxrie-
> men um, treiben mit Leidenschaft Turnübungen und
> tragen kurze Mäntel, als ob hierdurch die Spartaner den
> anderen Griechen überlegen wären.

Platon, Protagoras 342 b

Ziel eines jeden griechischen Sportlers war der Sieg in einem
Wettkampf (das griechische Wort *athletés* heißt eigentlich
»Wettkämpfer«). Die Griechen machten aus allem einen
Wettbewerb, einen *agón,* auch bei der Aufführung der Tra-
gödien zu Ehren des Dionysos wurde ein Sieger ermittelt.
Zu Ehren der lokalen Götter veranstalteten alle Städte regel-
mäßig feierliche Wettkämpfe. In Athen waren es neben dem
Dionysosfest vor allem die Panathenäen, das Hochfest der
Stadtgöttin Athene, mit dem ihr Geburtstag am 28. des
Monats Hekatombaion gefeiert wurde. Es war der erste
Monat nach der Sommersonnenwende, und mit ihm begann
in Athen das neue Jahr.
In einigen Städten waren zu solchen Wettkämpfen Teil-

nehmer aus der ganzen griechischen Welt zugelassen. Die berühmtesten »panhellenischen« Spiele waren die von Olympia, die alle vier Jahre zu Ehren des Zeus auf dem Peloponnes vom Staat Elis ausgerichtet wurden. Ein sportlicher Sieg bei diesen Spielen brachte nicht nur dem Athleten, sondern auch seiner Heimatstadt Ehre und Prestige (was mußte die Stadt für Soldaten haben, wenn sie einen Sportler nach Olympia schicken konnte, der alle anderen Griechen besiegte!).

Für die Ehre, die ein athenischer Olympiasieger seiner Heimatstadt brachte, erhielt er aus der Staatskasse 500 Drachmen. Solon hatte das in seinen um das Jahr 600 erlassenen Gesetzen bestimmt. Für 500 Drachmen konnte man 500 Schafe oder 100 Ochsen kaufen. Als die *Medea* aufgeführt wurde, erhielten die bei den öffentlichen Bauten auf der Akropolis beschäftigten Facharbeiter täglich eine Drachme Lohn. Mit der Prämie für den Sieg in Olympia ließ sich etwa vier Jahre lang (also bis zu den nächsten Olympischen Spielen) der Unterhalt für eine ganze Familie bestreiten.

Euripides polemisierte in seinem Satyrspiel *Autolykos*, von dem nur wenige Fragmente erhalten sind, gegen die Überschätzung des Sports im allgemeinen und der Siege in athletischen Wettkämpfen im besonderen. Er stellte dabei vor allem in Frage, ob der eigentliche Zweck des Sports, das militärische Training, überhaupt noch erfüllt würde.

Es gibt zahllose Übel in Griechenland, doch nichts ist schlimmer als das Pack der Athleten. Sie sind nicht imstande, sich im Leben mit Fehlschlägen abzufinden, denn da sie nicht gelernt haben, innere Haltung zu zeigen, werden sie mit Mißerfolgen nur schwer fertig. Sie glänzen in ihrer Jugend und stolzieren als lebende Denkmäler einher, wenn aber das Alter mit seinen Gebrechen kommt, dann ist es vorbei mit ihnen und sie sind fadenscheinig wie abgetragene Kleider. Ich halte auch nichts vom Brauch der Griechen, ihretwegen zu Wettkämpfen zusammenzukommen. Denn welcher gute Ringer, welcher Läufer, Diskuswerfer oder tüchtige Kinnhakenausteiler hat durch den Siegerkranz, den er bekam, seiner Stadt wirklich genützt? Wollen sie mit dem Diskus in der Hand kämpfen oder mit der Faust Schilde zerhauen und Wunden schlagen und so den Feind aus ihrer Heimat vertreiben? Keiner würde so dumm sein, das zu versuchen.

Kluge und tüchtige Leute soll man bekränzen, verständige und gerechte Männer, die den Staat gut regieren, Männer, deren Wort böses Tun verhindert und Streit und Aufruhr abwendet. So etwas ist von Wert für jede Stadt und alle Griechen zusammen.

Euripides, Fragment 282

Was eine Dramengestalt sagt, muß naturgemäß nicht immer die Meinung des Dichters sein. Wir wissen nicht, wer im Stück des Euripides diese Gedanken geäußert hat, auch nicht, in welcher dramatischen Situation. Wir können aber davon ausgehen, daß die hier ausgesprochenen Überlegungen dem Publikum der Zeit nicht völlig fremd waren.

Wurde ein Bürger von Athen Olympiasieger, erhielt er neben der Geldprämie weitere Vergünstigungen, darunter einen Ehrenplatz in der ersten Reihe des Dionysostheaters. Dort saß bei der Aufführung der *Medea* Megakles. 436 war der reiche Mann aus dem alteingesessenen Geschlecht der Alkmäoniden in Olympia im Wagenrennen als Sieger ausgerufen worden. Vielleicht gab es den einen oder anderen

33

Athener, der dachte, daß eigentlich der Wagenlenker auf diesem Platz hätte sitzen müssen. Allein seiner Geschicklichkeit und den gut trainierten Pferden hatte Megakles den Sieg zu verdanken, und seinem vielen Geld, das ihm die Unterhaltung eines Rennstalls erlaubte. Der letzte Olympiasieg eines »echten« Sportlers aus Athen lag schon fast dreißig Jahre zurück: 460 war der Pankratiast Timodemos in Olympia erfolgreich gewesen, und vielleicht saß auch er noch auf einem der Ehrenplätze im Theater.

Der Pferdesport war schon seit geraumer Zeit in Athen sehr beliebt. Nach dem Olympiasieg des Megakles war die Popularität des Reitsports noch gestiegen. In einer Komödie des Aristophanes erfahren wir, daß die jungen Männer Athens »mit langen, gelockten Haaren ausreiten und von nichts als Pferden träumen«. Väter verschuldeten sich, um dem Söhnchen ein Pferd kaufen zu können, Mütter wünschten sich für ihre Kinder, daß sie, groß geworden, im Purpurrock des Siegers in die Stadt einführen wie Megakles. Modebewußte Athener nannten ihre Söhne nicht mehr nach dem Großvater, sie gaben ihnen Namen mit der Endung *(h)ippos*, Pferd: Philippos, Charippos, Xanthippos. Der gerade fertiggestellte Fries des Parthenon war geradezu ein Denkmal der Pferdenarrheit der Athener. Er zeigt die Prozession zum Fest der Panathenäen, und etwa die Hälfte der Platten ist den Reitern und ihren Pferden gewidmet.

Wir wissen, daß Athens führender Politiker Perikles seinen beiden Söhnen Paralos und Xanthippos Reitstunden geben ließ, und vielleicht ist es ein demonstratives Abweichen von der Mode, wenn dessen politischer Gegner, der reiche Thukydides (er war nicht mit dem gleichnamigen Geschichtsschreiber verwandt) seine Söhne Melesias und Stephanos nicht im Reiten ausbilden ließ, sondern in einem richtigen Sport. Zwei erfolgreiche Ringer, Xanthias und Eudoros, trainierten sie. *Xanthós* heißt »blond«, der Name Xanthias könnte also mit »Blondschopf« übersetzt werden. Es war ein geläufiger Name für die blondhaarigen thrakischen Sklaven.

Wohlhabende Familien in Athen besaßen gewöhnlich zwischen drei und zwölf Sklaven. Sie wirkten im Haushalt als Diener, als Erzieher und Ammen, waren ein lebendiges Stück Eigentum. Die allgemeine Auffassung war, daß es zur Freiheit und zur Unfreiheit geborene Menschen gibt. Vor allem der in Barbarenländern verübte Menschenraub wurde als rechtens angesehen. Gelegentliche Äußerungen – auch bei Euripides –, die die Sklaverei grundsätzlich in Frage stellten, wurden von den tonangebenden Denkern nicht wirklich aufgegriffen und diskutiert. Die Sklaverei gehörte zu sehr zum Funktionieren des täglichen Lebens.

Medea

ERZIEHER
Du alter, treuer Besitz meiner Herrin,
warum stehst du allein vor der Tür
und klagst dir selbst unsere Not?
Warum bist du nicht bei Medea?
Will sie allein sein?

AMME
Du greiser Lehrer von Jasons Kindern,
brave Sklaven leiden mit der Herrschaft,
ihr Kummer geht ihnen ans Herz.
Mich hat der Schmerz so überwältigt,
daß ich heraus ins Freie gehen mußte,
der Erde und dem Himmel laut
die Not der Herrin zu verkünden.

ERZIEHER
So hat sie sich noch nicht mit ihrem Schicksal
abgefunden?

AMME
Noch nicht abgefunden? Sie fängt erst an zu jammern!

ERZIEHER
Und dabei weiß die Ärmste noch nicht alles,
was ihr bevorsteht!

AMME
Nicht alles? Sag, was ist es – warum schweigst du?

ERZIEHER
Nichts – ich habe nichts gesagt.

AMME
Ich beschwöre dich, sag es mir.
Du weißt, ich bin verschwiegen, wenn es darauf ankommt.

ERZIEHER
Ich schaute auf dem Markt an der Peirene-Quelle
den alten Männern beim Brettspiel zu.
Da hörte ich, wie einer von ihnen sagte –
er bemerkte nicht, daß ich horchte –,
König Kreon wolle diese Kinder
zusammen mit ihrer Mutter aus Korinth verbannen.
Ob das nur Gerede war,
ob etwas dran ist, weiß ich freilich nicht.

AMME
Wie könnte Jason seinen Kindern das antun,
selbst wenn er ihre Mutter mittlerweile haßt?

ERZIEHER
Neue Liebe zerstört stets die alten Liebesbande.
Frau und Kinder betrachtet Jason nur mehr als eine Last.

AMME
Wenn dieses neue Leid über uns kommt,
bevor das alte verwunden ist,
sind wir verloren.

ERZIEHER
Darum erzähl der Herrin nichts davon!
Es ist jetzt nicht die Zeit, daß sie's erfahren sollte.

AMME
Ach Kinder, hört ihr, wie der Vater zu euch steht?!
Ich will ihm zwar nicht fluchen, denn er ist mein Herr,
doch schlecht und treulos handelt er an seinen Lieben!

ERZIEHER
So sind die Menschen – wer macht es schon anders?
Du siehst hier wieder einmal,

daß jeder nur sich selbst der Nächste ist.
Der Vater opfert die eigenen Kinder seiner Lust.

AMME

Kinder, geht ins Haus.
Vielleicht wird doch noch alles gut.
(zum Erzieher)
Paß auf, daß sie der Mutter jetzt
nicht unter die Augen kommen.
Sie ist so wütend – und ich habe sie
die Kinder mit so grimmen Blicken anstarren sehen!
Sie brütet Unheil,
und ihr Zorn wird wachsen, bis es ausbricht.
Ich hoffe, daß sie dann nur ihre Feinde trifft,
und nicht zugleich die, die ihr lieb sind.

49-95

Aspasia oder Die Ausländer

Medea war Ausländerin. Die Kinder, die sie Jason geboren hatte, galten nicht als Griechen. Sie konnte deshalb jederzeit mit ihnen ausgewiesen werden.

20 Jahre vor der Aufführung der *Medea* hatte Perikles in der Volksversammlung ein neues Bürgergesetz eingebracht, nach dem nur mehr der als Athener gelten sollte, dessen beide Eltern das attische Bürgerrecht besaßen. Bis dahin hatte es genügt, wenn der Vater Athener (Athen und Attika waren ein Staat) und der Sohn in rechtsgültiger Ehe gezeugt worden war.

Das Gesetz sollte wahrscheinlich die Zahl der Staatsbürger mit vollen politischen Rechten begrenzen. Es richtete sich in erster Linie gegen Ehen von Athenern mit *Metoiken* (Mitbewohnern), den freien Nicht-Bürgern, die zu mehreren Tausenden in und um Athen ansässig waren. Metoiken hatten einen Anspruch auf dauerhaften Wohnsitz in Attika, aber keine politischen Rechte. Sie brauchten einen attischen Bürger, in dessen Gemeinde sie registriert waren, als *prostátes* (Rechtsvormund) und hatten eine Kopfsteuer von 12 Drachmen zu entrichten. So viel verdiente ein Ruderer in 24 Tagen.

Der wirtschaftliche Aufschwung, den die Stadt in den Jahren nach den Perserkriegen genommen hatte, war nur durch den Zuzug einer großen Zahl von Fremdarbeitern möglich geworden, die aus anderen griechischen Städten in die prosperierende attische Hauptstadt geströmt waren. Das attische Bürgerrecht sollte bei der dadurch verursachten Explosion der Einwohnerzahl ein Privileg bleiben. Das

Bürgergesetz des Perikles drückt daneben vielleicht den Anspruch der Athener auf Überlegenheit über alle anderen Griechen aus, der nach den glanzvollen Siegen über die Perser zur politischen Doktrin geworden war. Mag sein, daß durch das Gesetz auch die Heiratschancen der attischen Bürgertöchter verbessert werden sollten, denn für eine unverheiratet gebliebene Frau mußte der Vater oder der älteste Bruder (oder sonst ein männlicher Verwandter) aufkommen, und es gab einen Überschuß an Bräuten in Athen.

Bis zum Inkrafttreten dieses Bürgergesetzes war der Unterschied zwischen eingeborenen und aus anderen griechischen Staaten zugezogenen Athenern im täglichen Leben kaum wahrgenommen worden. Als im Jahr 445 eine Getreidespende des libyschen Königs unter den Bürgern Athens verteilt wurde, soll es auf Grund des fünf Jahre alten Gesetzes zahlreiche Prozesse gegen nicht vollbürtige Athener gegeben haben, von denen bis dahin niemand Notiz genommen hatte. 4760 Männer seien damals überführt worden, das Bürgerrecht mit falschen Angaben erschlichen zu haben, und sie sind, wie Plutarch berichtet, deswegen in die Sklaverei verkauft worden. 14040 wurden nach dieser Überprüfung als attische Bürger anerkannt.

Nach dem neuen Bürgergesetz war der Sohn aus der Verbindung eines Atheners mit einer Ausländerin ein *nóthos*, ein Bastard, und als Ausländer galten auch die Bürger anderer griechischer Städte. Als Perikles das Gesetz einbrachte, war er seit etwa zwei Jahren mit einer verwitweten Verwandten verheiratet. Ihr Name wird in keiner erhaltenen Schrift erwähnt, was einiges über die Stellung der Frau in der attischen Gesellschaft dieser Zeit verrät (auch die korinthische Prinzessin, die Jason heiraten will, bleibt bei Euripides namenlos). Wahrscheinlich hatte die Frau des Perikles keine Brüder, war also eine Erbtochter. Sie mußte, wenn ihr Gatte oder Vater starb, vom nächsten männlichen Verwandten geheiratet werden, damit die Erbfolge innerhalb der Familie gesichert blieb. Da Perikles und seine Frau in der vom Gesetz erzwungenen Heirat nicht glücklich miteinander lebten, verheiratete er sie nach einigen Jahren mit ihrem Einverständnis mit einem anderen Athener. Sie hatte Perikles zwei Söhne geboren, die schon erwähnten Xanthippos und Paralos. Perikles hatte also, als er das Gesetz beantragte, das die Ehe eines Atheners mit einer Ausländerin diskriminierte, zwei rechtmäßige Erben.

Das Bürgergesetz war wohl gerade in Kraft getreten, als Perikles eine junge Frau kennenlernte, die Aspasia hieß. Er verliebte sich in sie. Es könnte sein, daß er sich ihretwegen von seiner ungeliebten ersten Gattin getrennt hat.

Aspasia war die Tochter des Axiochos aus Milet. Wir wissen nicht, wie sie mit Perikles bekannt wurde, wann und warum sie nach Attika gekommen war. Ihr Landsmann Hippodamos könnte sie mit nach Athen gebracht haben.

Der Begründer einer systematischen Stadtbaukunst, Hippodamos aus Milet, muß vor 448 nach Athen gekommen sein. In diesem Jahr wurde mit der Bebauung der Halbinsel am Hafen Piräus begonnen. Hippodamos lieferte den städtebaulichen Entwurf dafür.

Athen war dicht besiedelt, hatte verwinkelte Straßen und Wege, wie es sich in einer Stadt, die über viele Generationen gewachsen ist, ergibt. Die Häuser waren klein, die engen Gassen meist ungepflastert, da auf felsigem Grund angelegt. In der neuen Stadt Piräus schuf Hippodamos durch rechtwinklig sich kreuzende Straßen eine regelmäßige Einteilung der dadurch großzügiger wirkenden Quartiere. Er legte die

Maßverhältnisse zwischen Länge und Breite der Parzellen fest, auch die der Blöcke, zu denen die Grundstücke zusammengefaßt wurden. Erstmals entstanden in Piräus Miethäuser in staatlichem Eigentum.

Wichtig war Hippodamos in allem das rechte Maß. Er duldete keine Extreme, einzig das Mittlere (nicht das Mittelmäßige!) war in seinen Augen gut. Maß-Losigkeit galt ihm als Übel, in der Architektur, im Leben, in der Politik.

Die Gestaltung der Stadt war für Hippodamos nicht nur und nicht in erster Linie eine architektonische Aufgabe. Er entwickelte eine Doktrin, nach der die Stadtfläche in drei gleichen Teilen in heiliges, öffentliches und privates Land gegliedert werden sollte. Die Dreiteilung übertrug er sodann auf die Bürgerschaft, die für ihn aus Handwerkern, Bauern und Soldaten bestand. Auch die Staatsorgane drittelte er in Gesetzgebung, Rechtsprechung und Verwaltung, nahm damit die moderne verfassungsmäßige Gewaltenteilung vorweg. Im idealen Staat des Hippodamos ist ein Appellationsgerichtshof aus gewählten Ältesten vorgesehen, der Urteilssprüche einer Revision unterwirft. Bürger, die Verbesserungen bei Gesetzen und Verordnungen vorschlagen, sollen aus der Staatskasse belohnt werden, die Verfassung also einer ständigen Korrektur unterworfen sein.

Wie sich die von ihm gestaltete Stadt in der äußeren Erscheinung durch arithmetisch begründbare Ordnung, Klarheit und Schönheit auszeichnete, so war auch die Staatstheorie des Hippodamos von der Faszination der Zahl bestimmt. Durch die Lehren und Spekulationen des Philosophen Pythagoras, der 100 Jahre vor der Aufführung der *Medea* das heimatliche Samos verlassen und in Unteritalien eine neue Heimat gefunden hatte, war die Zahlenmystik in der ganzen griechischen Welt bekannt geworden.

Die Überlegungen des Hippodamos zählen zu den frühesten Versuchen, einen Idealstaat zu entwerfen, seine Theorie war eine der ersten politischen Utopien. Die Utopie ignoriert die Grenze zwischen dem Möglichen und dem Unmöglichen. An ihrem Beginn steht die Erkenntnis, daß das Bestehende unzulänglich ist. Alles könnte anders sein als es ist – und deshalb sollte es anders sein. Die Utopie ist kein unverbindliches Spiel der Phantasie. Der Mensch kann die notwendige Veränderung schaffen, wenn er es denn will.

Aristoteles erklärte 100 Jahre später die politischen Visionen des Hippodamos für nicht realisierbar. Von ihm erfahren wir außerdem, Hippodamos habe um jeden Preis auffallen wollen. Seine langwallenden Haare waren ebenso ungewöhnlich wie auffälliger Schmuck. Seinen zwar schlichten, aber sehr warmen Mantel trug Hippodamos auch im Sommer. So wurde äußerliche Extravaganz zu seinem Markenzeichen, und auf konservative Athener machte er einen durchaus geckenhaften Eindruck.

Ob nun Aspasia in Begleitung des Hippodamos nach Athen gekommen ist oder nicht, der Beginn der Beziehungen zwischen Perikles und der Milesierin muß zeitlich mit seiner Ankunft zusammenfallen, denn Aspasia kann Perikles kaum vor 449 kennengelernt haben. Perikles war damals Anfang 40. Wie alt Aspasia war, wissen wir nicht. Sie mag bis zu 20 Jahre jünger gewesen sein. Zwischen 445 und 440 gebar sie Perikles einen Sohn, Perikles den Jüngeren. Als die *Medea* aufgeführt wurde, war er etwa 10 Jahre alt, also im gleichen Alter wie die Kinder der Medea in Euripides' Tragödie. (Einige Jahre später – Perikles ist inzwischen tot – wird der Komödiendichter Eupolis ihn zusammen mit anderen verstorbenen Staatsmännern aus der Unterwelt nach Athen zurückkehren lassen. Perikles fragt nach seinem Sohn: »...und mein Bastard, lebt er noch?« Sein Gesprächspartner – er heißt in der Komödie Myronides, wir wissen nichts weiter von ihm – antwortet: »Er wäre längst ein richtiger Mann, belastete ihn nicht die Schande seiner illegitimen Geburt.« Wenn auch Perikles selbst seinen Sohn nicht als Bastard und zweitrangig angesehen haben mag, die Äußerung der Komödie zeigt, daß er es in den Augen vieler Athener gewesen ist. Und das alles nur durch das Gesetz seines Vaters.)

Die Verbindung zwischen Perikles und Aspasia war wohl auf beiden Seiten von wirklicher Zuneigung geprägt. Wie Plutarch zu berichten weiß, wurde in Athen zwar behauptet, Perikles habe Aspasia wegen ihrer Weisheit und politischen Einsicht umworben, aber es war offensichtlich nicht nur dies, sondern vielmehr echte Liebe, die Perikles zu Aspasia hinzog. Man erzählte sich, er habe sie jeden Tag, wenn er das Haus verließ und wenn er von seinen politischen Geschäften heimkehrte, zärtlich geküßt.

Ein Abschieds-, ein Begrüßungskuß für die Frau, das muß den Athenern der perikleischen Zeit ziemlich exotisch vorgekommen sein (nur deshalb ist es noch nach Jahrhunderten der Erwähnung wert), und Aspasia kam ja auch aus dem von Athen aus gesehen durchaus exotischen Kleinasien. Sie war den eher biederen attischen Frauen geistig weit überlegen, war, gemessen an ihnen, hoch gebildet, hatte ein sicheres Auftreten, konnte sich eine eigene Meinung leisten. In den bisher nur Männern vorbehaltenen Kreis der Politiker und Denker drang mit ihr eine Frau ein, die einen Sinn für rhetorische und philosophische Probleme besaß, den sie in der liberalen Atmosphäre ihrer jonischen Heimat gewonnen hatte.

Das geistige Leben Athens wurde von einer aufklärerischen philosophischen Strömung geprägt, die zum guten Teil aus Jonien gekommen war und damals die tonangebenden Männer Athens, namentlich Perikles und seinen Freundeskreis, beeinflußte. Durch ihr Verständnis und Interesse wird Aspasia bald eine hervorragende Stellung in diesem Kreis eingenommen haben.

Sicherlich hat sie auch an Perikles' politischen Plänen und Arbeiten innerlich teilgenommen, wahrscheinlich hat sie sie direkt beeinflußt. Darüber ist zwischen 440 und 430 in Athen viel spekuliert und gelästert worden. Die Komödiendichter, die ein eigenes, auch zum Dionysoskult gehörendes Festival hatten, fanden in Aspasias Verhältnis zu Perikles ein dankbares Thema für satirische Witzeleien und gehässigen Spott. Sie heißt bei ihnen die neue Omphale (Herakles mußte der lydischen Königin als Sklave dienen, und sie zwang ihn, Frauenkleider zu tragen und zu spinnen), Deianeira (die Gemahlin des Herakles tränkte seinen Mantel mit einem tödlichen Gift, als er eine Geliebte genommen hatte), zuweilen auch Hera (die Gemahlin des Zeus verfolgte mit Ingrimm die vielen Liebschaften des Götterkönigs). Der Komödiendichter Kratinos beschimpfte das Paar direkt und ohne Verklausulierung: »... auf daß sie seine Hera werde, gebar Katapygosyne für Perikles eine hundsäugig freche Konkubine«. Das Wort *katapygosyne* bezeichnete ursprünglich wohl eine Frau, die Analverkehr zuließ, wurde aber auch allgemeiner zur Bezeichnung äußerster Schamlosigkeit benutzt.

Die attische Komödie hatte Elemente unseres politischen Kabaretts. Aber im Gegensatz zu den meisten modernen Kabarettisten waren die Komödiendichter Athens in der Mehrzahl konservativ oder sogar reaktionär. Ihre Agitation entsprach vielleicht nicht immer ihrer eigenen politischen Überzeugung, sie versuchten sicher auch, um des Beifalls willen gerade grassierende Stimmungen in der Bevölkerung zu treffen, wurden dadurch zum Sprachrohr einer schweigenden Mehrheit, die in Athen so schweigend gar nicht war, sich vielmehr in den Volksversammlungen lautstark zu Wort melden konnte.

Vielleicht kommt aus der grotesken Übertreibung des nach den neuen Gesetzen nicht gültigen Eheverhältnisses mit Perikles die ganze antike Wissenschaft von Aspasia als angeblicher Puffmutter. Plutarch jedenfalls behauptet, Aspasia habe ein keineswegs ehrbares und anständiges Gewerbe ausgeübt, sie habe nämlich Hetären in ihrem Hause gehalten.

Die ersten Hetären (*hetaíra* heißt wörtlich übersetzt »Gefährtin«) waren schon im 7. Jahrhundert aus Jonien – der Heimat Aspasias – nach Athen gekommen. Sie mußten nicht nur Flötenspiel und Tanz gelernt haben, sondern auch in Literatur, Kunst und Philosophie Kenntnisse vorweisen können, im Gegensatz zu einfachen Straßendirnen, die im Griechischen *pornaí*, Frauen die Unzucht treiben, genannt wurden.

Die Hetären sind schon in der Antike, vor allem aber von einer prüden Altertumswissenschaft des 19. und 20. Jahrhunderts, zu geistig und literarisch gebildeten, künstlerisch begabten Unterhalterinnen (eben: Gefährtinnen der Männerwelt) stilisiert worden. Doch das Bild von der eleganten und kultivierten Dame, die über eine Fülle gesellschaftlicher Talente verfügte und mit feiner Bildung und intellektuellen Genüssen die Großen ihrer Zeit zu fesseln wußte, ist sicher Legende. Die wesentliche Aufgabe einer Hetäre bestand nicht in geistigem Austausch oder künstlerischer Tätigkeit, sondern in körperlicher Verfügbarkeit. Auch ihr Gesang, ihr Flötenspiel und Tanz dienten nicht sosehr ästhetischer Erbauung als erotischer Stimulation. Die Hetäre war Kumpanin der Männer bei ihren Saufgelagen und Objekt ihrer sexuellen Willkür. Im wirklichen Leben war sie wohl eher so, wie sie in den griechischen Komödien geschildert wird: unverschämt und auf Geld aus, statt literarischer Bildung hat sie allenfalls Schlagfertigkeit und einen plumpen Witz.

Den reaktionären Politikern und sicherlich auch der Mehrzahl der einfachen Bürger mag das Haus, das Aspasia in Athen führte, wirklich wie ein Bordell vorgekommen sein. Die Opposition der orthodoxen Priesterschaft und die politischen Rivalen des Perikles versäumten nicht, den Klatsch über Aspasia für ihre Zwecke zu nutzen und zu verbreiten. Eine Verurteilung Aspasias wegen unsittlichen Lebenswandels hätte, da sie Ausländerin war, ihre Ausweisung aus Attika zur Folge gehabt und Perikles menschlich tief treffen müssen. Wahrscheinlich 432, im Jahr vor der Aufführung der *Medea*, wurde Aspasia in einen solchen Prozeß verwickelt. Der Komödiendichter Hermippos reichte die Klage ein, beschuldigte Aspasia unter anderem, sie nehme in ihr Haus freigeborene attische Frauen auf, die mit Perikles verbotenen Umgang hätten (der Beruf der Hetäre war nur einer Nicht-Bürgerin erlaubt). Perikles konnte als Rechtsvormund Aspasias einen Freispruch erwirken, allerdings nur dadurch, daß er während der Verhandlung reichlich Tränen vergoß und die Richter um Gnade anflehte.

Aspasias Ankläger Hermippos, ein Dichter der alten attischen Komödie, soll einäugig gewesen sein. Er hat vierzig Stücke geschrieben, elf Titel sind uns noch bekannt. Viermal hat er den ersten Preis gewonnen, zum ersten Mal 436.

Sein Vorwurf gegen Aspasia war ein doppelter: ein religiöser, weil sie sich in Athen lebhaft an Aufklärungsbestrebungen beteiligte, verantwortlich dafür war, daß auch attische Frauen diese Gedanken kennenlernten. Und ein nationaler: eine Frau nahm eine beherrschende Stellung im Staat ein, und diese Frau war zudem noch eine Fremde, Tochter des verweichlichten und verbuhlten Jonien. Sie war nicht einmal die rechtmäßige Gattin des Perikles, sondern seine Frau linker Hand, eine Frau zweiter Klasse.

Hermippos war der einzige Komiker, der die Angriffe gegen Perikles nicht auf die Bühne beschränkte, sondern auch politisch gegen ihn vorging. Zu Beginn des Peloponnesischen Krieges, bald nach der Aufführung der *Medea*, sollte er Perikles als »König der Satyrn« wegen seiner vorsichtigen Kriegführung angreifen. Neben politischem Spott waren Mythenparodien seine Spezialität. Seine *Geburt der Athene* ist das älteste Beispiel der Persiflage einer Göttergeburt, später ein beliebtes Thema der Komödie.

Vielleicht stammte die Behauptung, Aspasia unterhalte in Athen ein Bordell, auch daher, daß sie Perikles in ihrem Haus mit ihrem Wissen und vielleicht sogar mit ihrer Unterstützung ungeniert seine ihm nachgesagten zahlreichen Liebesaffären ausleben ließ. Angeblich war keine schöne Frau vor Perikles sicher, ganz gleich ob sie verheiratet war oder nicht, ob sie Sklavin oder Vollbürgerin war.

Man erzählte sich in Athen auch, Aspasia sei die Verfasserin der kunstvollen Reden des Perikles. Xenophon, der bald nach der Aufführung der *Medea* in Athen geboren wurde, läßt Sokrates von der Redegewandtheit des Perikles sagen, der habe viele Zaubersprüche gewußt. Die habe er gesungen und damit bewirkt, daß die Stadt ihn liebe. Und diese Zaubersprüche flüsterte ihm die Ausländerin Aspasia ein, die sich genau wie Medea offenbar auf die Hexenkunst verstand.

Noch der römische Historiker Plutarch fragte sich, worauf Aspasias eigenartige Macht beruht haben mochte, mit der sie die bedeutendsten Männer ihrer Zeit ihrem Willen gefügig zu machen verstand und den Philosophen so manches Wort hoher Anerkennung zu entlocken wußte – und er findet keine Erklärung dafür, warum Aspasia eine so große Faszination auf die Athener ausgeübt hat, daß viele sie fürchteten.

Medea

MEDEA
(im Hause)
Oh! ich unglückliches Weib, was muß ich leiden!
Ach, wäre ich doch tot!

AMME
Ich sagte, Kinder, daß sie rasend ist vor Zorn.
Geht deshalb schnell ins Haus in euer Zimmer.
Geht ihr aus dem Weg, daß sie euch nicht sieht,
nehmt euch in acht vor ihrem wilden Grimm,
vor ihrer Wut und ihrem Toben.
Geht nun, beeilt euch!
(Der Erzieher geht mit den Kindern hinein)
Wenn dunkle Wolken des Leids sich im Inneren ballen,
wachsen sie schnell zu einem heftigen Sturm.
Was wird dieses stolze, erbitterte Herz,
vom Unrecht verwundet, tun?

MEDEA
(im Hause)
Ach, mein Leid ist erbärmlich, mein Leid ist groß,
ich klage zu Recht.
Unselige Kinder, der Haß der Mutter
auf den Vater wird euch verderben.
Die ganze Familie soll untergehn.

AMME
Ach! Weh! ich Elende.
Was haben die Kinder mit der Schuld des Vaters zu tun?
Warum willst du sie dafür hassen?
Oh weh, Kinder, ich habe Angst um euch!

Gefährlich ist es, wenn Mächtige etwas wollen.
Die immer gebieten,
sie können sich selbst nicht beherrschen,
so lassen sie auch schwer von ihrem Zorn.
Besser lebt sich's,
wenn alle gleiche Rechte haben.
Ich jedenfalls möchte nicht im Glanz leben,
möchte lieber in sicherer Ruhe alt werden.
Bescheidenheit und Maß ist das Beste.
Zu viel Glück schafft,
wenn das Schicksal grollt,
um so größeres Leid und Verderben.

96-130

Das Volk oder Die Demokratie

Die Athener des Jahres 431 waren stolz darauf, daß in ihrer Stadt alle gleiche Rechte hatten. Sie waren stolz auf ihre Staatsform, die sie »Herrschaft des Volkes« nannten, *demokratía*. Wenige Jahre nach der *Medea* läßt Euripides in seiner Tragödie *Die Schutzflehenden* den athenischen Heros Theseus selbstbewußt sagen:

> Hier herrscht nicht ein Einzelner.
> Die Stadt ist frei.
> Die Bürger selbst bekleiden Jahr um Jahr
> der Reihe nach die Ämter,
> wobei sie nicht dem Reichtum einen Vorrang geben.
> Auch der Arme hat hier gleiches Recht.
>
> *Euripides, Hiketiden 404-408*

Im Jahr 431 war die attische Demokratie, streng genommen, gerade 30 Jahre alt. 461 wurde der Adelsrat, der Areopag, politisch entmachtet. In den Jahren davor gab es zwar schon eine Gleichheit aller Bürger vor dem Gesetz, eine *isonomía*, aber die volle politische Verfügungsgewalt hat das Volk, der *démos*, erst durch diese Verfassungsänderung erhalten. Auch der Begriff *demokratía* taucht in diesen Jahren zum ersten Mal in der attischen Sprache auf. Die Entmachtung des Areopags hat Aischylos in seinen *Eumeniden* kritisch kommentiert. Er hat wohl geahnt, daß die totale Demokratie Athen den Untergang bringen würde.

Auf einem Felsen am Aufgang zur Akropolis, dem Hügel des Ares (*Areios págos*), tagte der uralte Rat der Stadt, dessen genaue Befugnisse wir nicht mehr kennen. Offenbar konnte er Beschlüsse der Volksversammlung, die in Athen auch schon vor 461 einberufen wurde, für ungültig erklären. Aristoteles jedenfalls sagt, daß der Areopag mit der Aufsicht über die Gesetze betraut war, er war vielleicht so etwas wie ein letztinstanzliches Verfassungsgericht. Der Areopag setzte sich aus den ehemaligen Archonten zusammen, also aus denen, die ein politisches Führungsamt bekleidet hatten. Und zum Archonten wurde nur gewählt, wer reich war und aus einer vornehmen Familie stammte.

Ansätze zu einer Demokratie gab es bereits vor der Entmachtung des Areopags. Sie gehen auf die Gesetze zurück, die Solon, der zu den »Sieben Weisen« Griechenlands gezählt wurde, den Athenern um 600 gegeben haben soll. Solon glaubte, mit geschriebenen Verordnungen den Hang der Bürger zu Ungerechtigkeit und Habsucht in Schranken halten zu können. Zu seiner Zeit kam der Skythe Anacharsis nach Athen, eine halb legendäre Gestalt, die von Späteren gern als Zivilisationskritiker dargestellt wurde. Anacharsis bemängelte an den solonischen Gesetzen, sie seien wie Spinnweben, die zwar Schwache und Kleine, die sich in ihnen fangen, festhalten, von den Mächtigen und Reichen aber leicht zerrissen werden könnten. Als der Skythe einer Volksversammlung beiwohnte, wunderte er sich, daß bei den Athenern die Weisen reden, die Toren aber die Entscheidungen treffen dürften.

Zwar gab es im demokratischen Athen keine Privilegien mehr, waren alle Bürger vor dem Gesetz gleich (wobei nicht alle Bewohner Athens auch Bürger waren), aber es gab große Unterschiede im Besitz. Schon Solon soll in Athen ein Klassenwahlrecht eingeführt haben, indem er die Bürger nach dem Vermögen differenzierte. Wer an »trockenen und flüssigen Früchten« (Wein und Oliven, die aus Attika exportiert werden konnten, während Getreide eingeführt werden mußte) einen Jahresertrag von 500 Maß erzielte, gehörte zur ersten Klasse der *Pentakosiomedímnen* (»Fünfhundertscheffler«, der alte attische Medimnos faßte etwa 40 Liter). Die zweite Klasse bildeten die, die ein Pferd halten konnten oder 300 Maß ernteten, sie bildeten den Ritterstand. *Zeugítai* (Gespannbesitzer) hießen die Angehörigen der dritten Schätzungsklasse, die als Einkommen den Gegenwert von 200 Maß von beiderlei Frucht erzielten, sie waren meist Bauern oder Handwerker. Alle übrigen waren als Lohnarbeiter eingestuft. Sie konnten in kein Staatsamt gewählt werden und hatten nur insoweit politische Rechte, als sie an der Volksversammlung teilnehmen und Richter sein konnten. Das hatte anfänglich wenig, später allerdings eine sehr große Bedeutung, weil viele Streitigkeiten vor die Richter kamen. Denn auch, wenn eine Entscheidung in die Zuständigkeit der Behörden fiel, konnte jeder, der das wollte, Berufung bei Gericht einlegen. Solon soll sogar durch unscharfe und mehrdeutige Formulierungen seiner Gesetze die Bedeutung der Gerichte bewußt gestärkt haben.

Ein bezeichnender Auswuchs der athenischen Demokratie und des attischen Rechts waren die Sykophanten (die Herkunft des Wortes ist nicht ganz klar, der zweite Wortteil *phásis* bedeutet »Anzeige«). Da jeder Bürger jeden Bewohner der Stadt anklagen konnte und ein erfolgreicher Kläger einen Teil der verhängten Geldbuße oder des durch Gerichtsentscheid eingezogenen Vermögens erhielt, nutzten viele diese Befugnis zur eigenen Bereicherung oder zur Diskriminierung politischer Gegner. Es wurde geradezu zum

Beruf, als Strohmann eine Klage zu erheben oder mit der Androhung einer Klage Schweigegeld zu erpressen.

Kriton, ein Freund des Sokrates, beklagte sich zum Beispiel, daß er dauernd von irgendwelchen Leuten vor Gericht gebracht werde, nicht weil er ihnen Unrecht getan habe, sondern weil sie glaubten, daß er lieber Geld zahle, statt in einen Prozeß verwickelt zu werden. Sokrates riet ihm, sich einen Mann zu halten, der ihm diese Leute vom Hals schaffe, indem er selbst gegen die Sykophanten, die Kriton nachstellten, Anklage erhob. »Seitdem ließ man nicht nur Kriton, sondern auch seine Freunde in Ruhe«, heißt es bei Xenophon.

Eine noch seltsamere Abart der athenischen Demokratie war das Scherbengericht, eine Rechtsprozedur, die weder Verteidigung noch Berufung zuließ. Seit 488 konnte, wenn die Volksversammlung (ohne Debatte) ein Scherbengericht beschlossen hatte, jeder, der sich daran beteiligen wollte, den Namen eines Atheners auf eine Tonscherbe schreiben. Tonscherben heißen griechisch *óstraka*, daher wurde das Verfahren *Ostrakismós* genannt. Die Scherben wurden auf einem eingezäunten Platz auf dem Markt niedergelegt. Es war die alte Orchestra, der Tanzplatz, auf dem Thespis seine ersten Theatervorstellungen gegeben hatte, bevor sie ins Heiligtum des Dionysos verlegt worden waren. Zuerst wurden die abgegebenen Scherben gezählt. Waren es weniger als 6.000, war das Verfahren beendet, weil sich nicht genügend Bürger beteiligt hatten. War das Quorum erreicht, wurden die Scherben nach den aufgeschriebenen Namen geordnet. Der Mann, dessen Name am häufigsten genannt worden war, wurde auf zehn Jahre aus Athen verbannt, blieb aber im Besitz seines Vermögens. Der auf Zeit Verbannte behielt auch seine Bürgerrechte.

Die Verbannung war keine Bestrafung für ein konkretes Vergehen gegen die Demokratie. Sie war eine prophylaktische Maßnahme, die verhindern sollte, daß ein einflußreicher Bürger zu mächtig werden und sich zum Alleinherrscher aufschwingen konnte. Ein verdächtiger oder wegen seines Ansehens oder seines Reichtums beneideter Mitbürger konnte so für längere Zeit aus der Stadt entfernt werden. Die Athener sahen im Scherbenbann deshalb eine durchaus ehrenvolle Strafe. Ein Scherbengericht durfte höchstens einmal pro Jahr stattfinden.

Seit das Volk in der Stadt herrschte, wurde die athenische Politik zunehmend aggressiver. Bündnisse mit anderen griechischen Städten brachten Athen einen gewaltigen Machtzuwachs, verstrickten zugleich die Stadt beinahe pausenlos in Kriege. In der Bevölkerung war Krieg durchaus populär. Er schien dem Einzelnen wenig Gefahren zu bringen. Man fühlte sich des Sieges sicher, glaubte sich allen Gegnern überlegen. Und die eigentlichen Kämpfe fanden in weit entfernten Gegenden statt. Allerdings mußten, seit Athen wirklich demokratisch war, in fast jedem Spätherbst Gefallene begraben werden.

Vor den Toren der Stadt, im Töpferviertel (*kerameikós*), lag der vornehmste Friedhof. Hier wird im Spätherbst 431, etwas mehr als ein halbes Jahr nach der Aufführung der *Medea*, Perikles die Lobrede auf die ersten Gefallenen des Peloponnesischen Krieges halten. Sie ist uns in der Fassung des Geschichtsschreibers Thukydides, der sicherlich bei diesem Staatsakt persönlich anwesend war, überliefert. Die Rede des Perikles ist ein einziges Preislied auf die athenische Demokratie, wohl das schönste, das ihr gesungen wurde. Sie ist aber zugleich ein Preis des Krieges. Denn Perikles hat den Krieg, dessen Opfer die Toten sind, mit Hilfe des Volkes, mit Hilfe der Demokratie, zielstrebig herbeigeführt.

Bevor ich die Gefallenen ehre, will ich darüber reden, wie und durch welches Streben wir so weit gekommen sind, durch welche Staatsform und durch welche Grundsätze wir unsere jetzige Größe erreicht haben.

Wir haben eine Verfassung, die nicht die Gesetze anderer nachahmt, vielmehr sind wir für andere Vorbild. Mit Recht wird sie, weil die Macht nicht bei wenigen, sondern bei allen liegt, Herrschaft des Volkes genannt. Denn bei uns gilt für alle gleiches Recht. Zu Amt und Würden gelangt nicht, wer einer besonderen Klasse angehört, sondern jeder, der angesehen ist und Tüchtigkeit zeigt. Armut und niedriger Stand sind kein Hindernis, daß jemand dem Staat irgend dienen kann.

Für Erholung von Mühe und Arbeit ist bei uns reichlich gesorgt, durch Wettkämpfe und jährlich wiederkehrende Feste, auch durch ein intensives Familienleben, dessen Genuß die Sorgen des Alltags vertreibt.

Wegen der Größe unserer Stadt kommen aus allen Ländern alle Erzeugnisse zu uns, und wir können sie ebenso genießen wie das, was unser eigenes Land an Früchten hervorbringt.

Wir sind Freunde des Schönen, aber nicht um eitlen Prunkes willen, wir pflegen die Wissenschaften, aber ohne uns verweichlichen zu lassen. Aus unserem Reichtum machen wir eine Gelegenheit zur Tat, nicht zu wortreicher Prahlerei, und wenn einer gestehen muß, daß er arm ist, muß er sich deshalb nicht schämen. Schimpflich ist nur, wenn er die Armut nicht durch Fleiß zu überwinden sucht.

Ein und dieselben Männer widmen sich den eigenen Geschäften und den Ämtern des Staates. Auch wer als Bauer oder Handwerker arbeitet, kennt sich in Politik aus. Denn allein bei uns wird einer, der sich vom politischen Leben fernhält, nicht ein stiller Bürger genannt, wir halten ihn vielmehr für einen unnützen Menschen. Auch gehen wir etwas erst an, wenn wir es von allen Seiten erwogen und beurteilt haben. Denn wir sind nicht der Ansicht, daß der Staat durch öffentliche Diskussion Schaden leidet. Was wir beschließen, ist geprägt durch bedächtiges Überlegen und mutiges Wagen, wo andere kühn sind, weil sie die Gefahr nicht kennen, oder wo sie verzagen, weil sie zu viel über sie nachdenken. Für die Tapfersten aber werden mit Recht die gehalten, die das Schreckliche wie das Angenehme, das sie erwartet, genau kennen und dabei doch vor Gefahr nicht zurückschrekken.

Um es mit einem Wort zu sagen, ich behaupte, daß unsere Stadt die Schule für ganz Griechenland ist. Für eine solche Stadt nun sind die hier im tapferen Kampf gefallen, und von den Überlebenden ist jeder mit Recht bereit, um dieser Stadt willen alle Mühen und Gefahren auf sich zu nehmen.

Thukydides 2, 37-41 pass.

Ein Mann lebte im alten Athen nicht zu Hause, sondern in der Öffentlichkeit. Haupttreffpunkt waren die Gymnasien und der Markt. Der Markt war nicht in erster Linie das wirtschaftliche Zentrum der Stadt mit Geschäften und Handwerksbetrieben aller Art, sondern der politische und gesellschaftliche Mittelpunkt des Staates. Hier trafen sich die Männer, um über alle wichtigen Fragen des Tages ihre Meinung auszutauschen. Die beste Zeit dazu war in den

Stunden kurz vor Mittag, »wenn sich der Markt füllt«, wie ein geflügeltes Wort hieß.

Der Markt war der Ort, wo sich die politische Meinung bildete, wo diskutiert und gestritten wurde. Die Volksversammlung wurde auf einem breiten Felsplateau im Stadtteil Melite gegenüber der Akropolis abgehalten. Der Platz hieß Pnyx, was wahrscheinlich im vorgriechischen »Fels« geheißen hatte und jetzt mit dem Wort *pyknós*, »dichtgedrängt«, in Zusammenhang gebracht wurde. In Melite stand übrigens auch das Haus, in dem die Proben für die Tragödien abgehalten wurden.

Athens Demokratie konnte nur funktionieren, solange starke Persönlichkeiten die Stadt führten, die die Volksversammlung auf ihre Seite zu bringen vermochten. Sokrates charakterisiert wenige Jahre nach der Grabrede des Perikles die athenische Demokratie, und aus seinen Worten können wir die Diskussion heraushören, die um 430 in Athen zwischen Anhängern und radikalen Gegnern der Demokratie geführt wurde:

Es gilt bei uns immer noch dieselbe Staatsform, die sich durch alle Zeit so ziemlich erhalten hat. Der eine nennt sie Demokratie, ein anderer wieder anders, wie es ihm gerade einfällt. In Wirklichkeit ist sie aber eine Aristokratie (Herrschaft der Besten) mit Zustimmung des Volkes. Denn Könige gibt es bei uns auch heute noch. Früher kamen sie durch Erbfolge zur Macht, jetzt durch Wahl. So liegt zwar die Macht in der Hauptsache beim Volk. Die Ämter und die damit verbundene Gewalt übergibt das Volk aber denen, die es für die jeweils Besten hält. Keiner wird wegen Gebrechlichkeit oder wegen Armut ausgeschlossen, oder weil er aus einer unbekannten Familie stammt; es wird auch niemand aus den gegenteiligen Gründen bevorzugt. Es gibt nur einen Maßstab: wer dafür gilt, weise oder gut zu sein, der herrscht und regiert. Diese Staatsordnung gründet auf der Gleichheit der Geburt.

Platon, Menexenos 238 d

Die politische und wirtschaftliche Expansion Athens hatte dazu geführt, daß modischer Luxus in Haartracht und Kleidung in der Stadt Eingang gefunden hatte. Konservative nannten das jonische Ziererei. Der Unterschied zwischen reich und arm war sichtbarer als früher. Auch die neue Bildung der Aufklärung konnte sich nur aneignen, wer das Geld und die Zeit dafür aufbringen konnte. Es kam ein Gefälle zwischen Gebildeten und Ungebildeten auf, wie es das vorher nicht gegeben hatte. Auch das Theater, bisher eher ein gemeinsamer Boden der Volksbildung, brachte mehr und mehr diesen Zwiespalt zum Bewußtsein, statt ihn aufzuheben. Die höhere Gesellschaft, soweit sie reich, bildungssüchtig und jung war, entfernte sich immer mehr von der breiten Masse. Der Drang nach Reflexion brachte auch für den einfachen Bürger das sichere Lebensgefühl in Gefahr, in dem er sich wohlgefühlt hatte, ohne daß das Neue, das ja selbst unsicher war, Ersatz bieten konnte. Und die jungen Herren dünkten sich unsagbar gescheit.

Von der Unantastbarkeit der Gesetze hielt man bald nichts mehr. Sie war doch nur schlaue Erfindung derer, die herrschen wollten. Der Stärkere setzte, was ihm beliebte, in Recht um. Um sich mit solcher Weisheit durchzusetzen, war nichts so wichtig wie eine schlagfertige Zunge. Wollte man in der Demokratie Erfolg haben, war es unerläßlich, überzeugend reden zu können, so überzeugend, daß aus schwarz weiß wurde – in der Volksversammlung, vor Gericht, in den Ämtern.

Platon beschreibt, wie sich aus der Freiheit, die die Demokratie jedem einzelnen Bürger garantiert, notwendig wieder Tyrannei entwickeln muß. Seine Analyse liest sich wie eine Zustandsbeschreibung der inneren Situation Athens im Jahr 431:

Daß die Demokratie in der Freiheit unersättlich und gegen alles andere gleichgültig ist, das wandelt sie um und führt unausweichlich zur Tyrannei.

Die Väter gewöhnen sich daran, ihre Kinder in allem gewähren zu lassen und fürchten sich vor ihren Söhnen. Die Söhne beanspruchen dieselben Rechte wie die Väter und empfinden keine Achtung vor den Eltern, sie wollen eben frei sein. Die Lehrer zittern vor ihren Schülern und schmeicheln ihnen lieber, so daß die Schüler keinen Respekt mehr haben.

Überhaupt sind wir so weit, daß die Jüngeren sich gegen die Älteren wenden in Wort und Tat. Die Alten mischen sich unter die Jungen, machen all ihre Albernheiten mit, gebärden sich wie Halbwüchsige, um ja nicht den Anschein zu erwecken, sie seien altmodisch oder auf Autorität versessen.

Das macht die Seelen der Bürger verwundbar. Sie werden unwillig und können es schließlich nicht mehr ertragen, wenn ihnen jemand auch nur ein wenig Zwang zumutet. Am Ende mißachten sie das Recht, weil sie niemand und nichts als Herrn über sich anerkennen wollen.

Und das ist der schöne und jugendlich kecke Anfang der Tyrannei.

Platon, Staat 562 b-563 e pass.

Medea

(Der Chor der korinthischen Frauen zieht ein)

CHOR
Ich höre die Stimme, ich höre den Schrei
der unseligen Frau aus Kolchis.
Durch die Tür höre ich ihr Klagen.
Hat sie sich noch nicht beruhigt?
Mich schmerzt der Jammer,
den dieses Haus getroffen hat,
ich war ihm immer gewogen.

AMME
Wir haben kein Zuhause mehr. Es ist zerstört.
Ihren Mann fesselt der Bund mit der Prinzessin.
Die Herrin schwindet dahin, zu Tode betrübt,
sie hat keinen einzigen Freund mehr,
der sie noch trösten könnte.

MEDEA
(im Hause)
Ach, träfe ein Blitz vom Himmel mein Haupt!
Was soll ich noch leben.
Ach! weh! nur der Tod
kann mich von meinen Schmerzen erlösen.

CHOR
Hörst du sie, Zeus,
hörst du sie, Erde,
hörst du sie, Sonne,
hört ihr das Klagen der unglücklichen Frau!?
Du Törin, was verlangst du unersättlich
nach der Liebe des Mannes?

Was suchst du Erlösung im Tod?
Das ist kein Ausweg.
Hat neue Heirat dir deinen Mann entfremdet,
wird Zeus dir Recht und Rache verschaffen.
Was tobst du also?
Jammere nicht zu sehr um deinen Ehgemahl!

MEDEA
(im Hause)
Gewaltige Göttin des Rechts,
Erhabene Artemis,
schaut, was man mir antut!
Mit gewaltigem Eid habe ich mich
dem verruchten Gemahl verbunden.
Ha, erleben möchte ich noch,
wie er mitsamt seiner Braut
in den Gemächern des Glücks
zerschmettert liegt,
mit ihr, die sich erfrecht, mich zu beleidigen!
O Vater, o Heimat, die Rückkehr zu euch
hab ich schmählich verstellt,
als ich den Bruder erschlug!

AMME
Hört, was sie sagt, wie sie Gerechtigkeit einklagt
von Zeus, der als Wächter des Eides
von aller Welt geehrt wird.
O nein, der Zorn der Herrin wird nicht leicht
zu besänftigen sein.

CHOR
Wenn sie mir nur vor die Augen träte,
wenn ich nur mit ihr reden könnte.
Vielleicht gelänge es mir, ihren bitteren Zorn,
ihren trotzigen Sinn zu beruhigen.

Ich möchte jedenfalls den Versuch machen.
Geh deshalb hinein und bring sie aus dem Haus,
sag ihr, daß ich ihr helfen will.
Aber schnell, bevor sie jemandem ein Leid antut.
Ihr Schmerz ist zum Fürchten groß.

AMME

Ich will es versuchen, aber ich glaube nicht,
daß es mir gelingt, meine Herrin dazu zu bewegen.
Heute morgen hat sie die Mägde
wie eine wilde Löwin angeblitzt,
wenn eine nur an ihr Bett trat
und sie anzureden wagte.
Wie einfältig und gar nicht weise waren die Väter,
die für fröhliche Gelage,
die für Feste Lieder erfunden haben,
das Leben schöner zu machen,
wenn man ihre Melodien hört.
Doch niemand hat für höllische Trauer,
die zum Morden führt,
Unheil und Verderben in die Häuser bringt,
niemand hat für sie, sag ich,
heilsame Töne erfunden und Lieder.
Denn wahrlich, nur durch Musik
läßt sich solches Leid heilen.
Wenn wir bei üppigem Mahl sitzen,
was brauchen wir da noch Lieder, um fröhlich zu sein,
wo doch die köstliche Fülle auf den Tischen
ganz von selbst für gute Stimmung sorgt.
(Die Amme geht ins Haus)

Damon oder Die Musik

Musik erklang in Athen nicht nur beim Gelage. Musik war Teil der kultischen Feiern, auch der Theaterfeste des Dionysos. Die Musik war in den letzten 30 Jahren in Athen ähnlich populär geworden wie der Sport. Und wie die Gymnastik galt die Musik als ein wesentliches Element bei der Erziehung der Jugend. Zum musischen Unterricht gehörten Lesen, Singen, Tanzen und das Spielen von Instrumenten.

Der Musikunterricht sollte aus den Kindern nicht Musiker machen, sondern Menschen. Es ging nicht in erster Linie um die Vermittlung musikalischer Kenntnisse und Fähigkeiten, sondern um den Aufbau und die Förderung einer musischen Gesinnung. Insofern bildeten Sport und Musik eine Einheit. Der einseitig sportlich Erzogene würde verrohen, der einseitig musisch Tätige verweichlichen.

Im Theater des Dionysos sah die *Medea* auch Damon, ein Musiker und Philosoph, für den der Staat ein Kunstwerk war, und die Kunst, vor allem die Musik, ein bestimmender Teil des politischen Lebens. Er betrachtete Musik – und Kunst überhaupt – nicht als ästhetisches Phänomen, sondern als eine ethische Kraft.

Damon war Musiklehrer des Perikles, galt aber, wie Plutarch meint, weit mehr noch als sein politischer Ratgeber. Für Perikles' staatsmännische Schulung habe dieser Mann dieselbe Bedeutung gehabt wie ein Trainer und Fechtlehrer für einen Sportler. Es sei indes kein Geheimnis geblieben, daß die Musik für Damon nur ein Vorwand gewesen sei. Man verdächtigte ihn gefährlicher Umtriebe und des Liebäugelns mit der Tyrannis und verbannte ihn durch das Scherbengericht aus der Stadt.

Wann Damon Athen verlassen mußte, wissen wir nicht genau. Es könnte um 448 gewesen sein, dann hätte er nach der zehnjährigen Verbannung etwa 438 wieder nach Athen zurückkehren können. Vielleicht ist der Ostrakismos gegen Damon auch erst im Jahr 428 ergangen. In beiden Fällen hätte er 431 in Athen gelebt, wird also unter den Zuschauern der *Medea* gewesen sein.

Wenn in Griechenland um die Mitte des 5. Jahrhunderts von *musiké* gesprochen wurde, waren nicht instrumental erzeugte Klänge oder Gesang gemeint. Die Griechen hatten zu dieser Zeit kein Wort, das unserem Begriff Musik entspricht. Das griechische *musiké* ist eigentlich kein Substantiv, sondern ein Adjektiv und heißt ganz allgemein »den Musen gehörend«. Erst hundert Jahre nach der *Medea* benutzte Aristoteles das Wort *musiké* in der Bedeutung »Tonkunst«, wenn er sagt, daß die meisten die *musiké* heute (also im vierten Jahrhundert) zum Vergnügen betrieben, während sie für die Alten (im 5. Jahrhundert) Teil der Erziehung (*paideía*) gewesen sei. Die *musiké* war eine erzieherische Macht, wurde zum Inbegriff der geistigen Bildung, zur das Ethos des Menschen bestimmenden Kraft. Damon war überzeugt, daß ein Knabe im Gesangs- und Kithara-Unterricht nicht nur Tapferkeit und Disziplin lerne, sondern auch Gerechtigkeit.

Die *musiké* entsteht durch die Musen, die im Menschen *enthusiasmós* (Begeisterung) wecken. Musik ist für den Griechen der klassischen Zeit ein Teil des menschlichen Ausdrucksvermögens. Rhythmus und Sprache, Vers, Musik und Tanz werden zu einer Einheit, eben zur *musiké*. Das griechische Wort für die musikalische »Weise«, für Melodie und Tonart, ist *nómos*. *Nómos* bedeutet auch »Gesetz«. Die Kunst des Musikers besteht nicht im freien Erfinden einer absoluten Musik, sondern in der schöpferischen Ausgestaltung des *nómos*, in Variationen einer Idealmelodie, die göttlichen Ursprungs ist. Komponieren ist damit ein Variieren über einer gegebenen musikalischen Idee. Musikausübung in der Antike läßt sich nicht mit unseren Begriffen von Komposition einerseits und bloßer Interpretation andererseits beschreiben. Deshalb ist die Musik auch nicht in einer Weise »notiert« worden, die es uns heute ermöglichen würde, ihren Klang zu rekonstruieren.

Das bestimmende Element der griechischen Musik waren nicht Akkorde oder Tonfolgen, sondern Rhythmen. Damon habe die Rhythmen in Kategorien eingeteilt, welche zu Gemeinheit oder zum Hochmut, zur Tollheit oder zu sonstiger Schlechtigkeit passe, sagt Sokrates im Gespräch über den idealen Staat, das Platon etwa 435 stattfinden läßt. Es gab einen Rhythmus für Marschmusik (*enhóplios*), ein dreisilbiges Versmaß, das vor allem in der feierlichen Chorlyrik benutzt wurde, und ein Versmaß, das als heroisch galt.

Musik hing sehr eng mit dem Vortrag von Sprache zusammen. Der griechische Vers ist in sich eine Art Musik, mußte nicht erst in Musik gesetzt werden. Ein Lied besteht neben dem Rhythmus aus Worten und Harmonie (das griechische Wort *harmonía* bedeutet auch »Vertrag«). In der Harmonie werden die vom Gehör wahrgenommenen Akkorde (*symphoníai*, das »Zusammenklingende«) und Töne gemessen.

Die verschiedenen Töne wurden der Reihe nach mit den Buchstaben des Alphabets benannt, die im Griechischen zugleich Zahlzeichen sind. Intervalle wurden deshalb mit

Zahlen bezeichnet (wie heute »Terz« oder »Quinte«). Die Schule des Pythagoras hat ihre Zahlenmystik auch auf die Musik übertragen und entwickelte die Theorie einer Sphärenharmonie. Durch die Bewegung der Gestirne entstehen Klänge. Weil die Planeten sich in einer Geschwindigkeit bewegen, die den Gesetzen des musikalischen Wohlklangs folgt, wirkt dieser Klang auf den Menschen harmonisch (*enharmónion*). Daß wir ihn nicht hören, ist darauf zurückzuführen, daß das Geräusch schon bei unserer Geburt vorhanden war und wir es deshalb von der Stille nicht unterscheiden können. Denn Klang und Stille sind, wie Pythagoras meint, nur durch Vergleich erkennbar.

Reine Instrumentalmusik war für die Griechen eine Ausnahme. Normalerweise dienten Instrumente zur Begleitung von Gesang oder Tanz, also einer Erzählung durch Worte oder Gesten. Eine Gedichtform, deren Vortrag von der Lyra begleitet wurde, nannte man »lyrisch«. Die Lyra war ein Saiteninstrument, dessen Schallkörper anfangs ein Schildkrötenpanzer war, später wurde er auch aus Holz nachgebaut. Eine Lyra hatte sieben Darmsaiten und wurde, wie eine Laute, mit der Hand oder einem *pléktron* geschlagen. Sie war das bevorzugte Instrument für die Musikerziehung und für Hausmusik. Für den virtuosen Vortrag verwendete man die Kithara, ein Instrument mit ebenfalls sieben Saiten und einem Schallkörper aus Holz. Auch sakrale Gesänge, die *hýmnoi*, wurden von der Kithara begleitet.

Das in Athen am häufigsten gespielte Instrument war der *aulós*, in deutschen Übersetzungen meist als Flöte bezeichnet. Das Blasinstrument hatte allerdings ein Rohrblatt, ähnelte also eher unserer Oboe. Beim Spiel wurden die Lippen fest auf das Rohrblatt gepreßt, die Backen mußten mit voller Kraft aufgeblasen werden. Durch Lederbänder, die vom

Mund zum Hinterkopf gespannt waren, wurde der notwendige starke Druck unterstützt. Der Aulós hatte meist zwei Röhren (deshalb wird das Wort *aulós* oft auch mit »Doppelflöte« übersetzt). In Athen wurde er hauptsächlich bei Trinkgelagen benutzt (dann erklangen die beiden Röhren einstimmig) oder beim Hochzeitszug (dann waren sie im Oktavabstand gestimmt).

Die klagende Aulósmusik war eine Erfindung der Stadtgöttin Athene. Als Perseus mit ihrer Hilfe die Gorgone Medusa erschlagen hatte, weinte deren unsterbliche Schwester Euryale so herzzerreißend, daß Athene dieser Klang nicht mehr aus dem Ohr ging:

> Sie bildete des Aulós volltönenden Gesang,
> wollte mit diesem Instrument
> die lauttönende Klage nachahmen,
> die aus Euryales behenden Kiefern quoll
> und flocht einen gewundenen Klagegesang.
>
> *Pindar, 12. Pythische Ode, 19-21, 8*

Der Schrei des Schmerzes ist menschlich. Seine Verwandlung in Kunst ist göttliche Tat. Töne und Rhythmen, bisher nur instinktive Äußerungen von Menschen, wurden durch die Göttin zu musischen Elementen, wurden Gegenstand und Mittel einer künstlerischen Nachahmung (*mímesis*). Das zum Aulós gesungene Klagelied nannte man *élegos*, Elegie.

Bilder der musizierenden Musen häufen sich im Jahrzehnt vor 431. Die Musik verzaubert die Menschen, sie hat in bisher nicht gekannter Weise Gewalt über die Seelen bekommen. Der Berliner Kolonettenkrater des sog. Orpheus-Malers zeigt die Versunkenheit ins Reich der Töne, die völlige Entrücktheit des Spielers, die staunende Ergriffenheit der Zuhörer, inneres Horchen bei geschlossenen Augen: all das zeugt von einem neuen Aufbrechen seelischer Mächte, das verwandelnd hinter dieser Zeit steht.

Auch die Bewegung der Seele erzeugt Musik, sie ist Ausdruck, *mímesis*, der Seele. »Bestimmte Lieder und Tänze entstehen notwendig, wenn die Seele sich auf bestimmte Weise bewegt«, hat Damon festgestellt. Umgekehrt beeinflußt die Musik den noch ungeformten jungen Menschen. Harmonie und Rhythmus haben eine ethische Wirkung. Deshalb wurde die Musik neben dem Sport wichtigstes Erziehungsmittel als Bestandteil einer moralischen, nicht einer ästhetischen Bildung.

Auf der Akropolis stand seit 30 Jahren die Statuengruppe »Athene und Marsyas«, die der Bildhauer Myron geschaffen hatte. Sie ging auf einen Mythos zurück, nach dem Athene, als sie den Aulós spielte, ihr Spiegelbild im Wasser sah und erschrak, weil die aufgeplusterten Backen ihr Gesicht entstellten. Ärgerlich warf sie den Aulós weg. Der Satyr Marsyas hob ihn auf und spielt ihn seitdem. Athene aber rührte das Instrument nie wieder an.

Der Mythos entstand, weil das populäre Aulósspiel im 5. Jahrhundert in Athen nicht mehr als elegant galt. Das Instrument war bei konservativen Adligen schon immer als ungriechisch verschrien und wahrscheinlich gerade deshalb unter den Demokraten so populär geworden. Den Aulós als ungriechisch zu bezeichnen, war nicht einmal falsch, er war wirklich mit den ekstatischen Kulten, vor allem des Dionysos, nach Athen gekommen, war also nicht »Kunst der (griechischen) Musen«, sondern ausländischer Import. Aristoteles berichtet hundert Jahre später über das Aulósspiel:

Als die Griechen durch Vermehrung ihres Wohlstandes auch reichere Freizeit gewannen, sie allgemein offener wurden und sie, namentlich nach den Perserkriegen, das Bewußtsein ihrer Taten mit Stolz erfüllte, da griffen sie ohne Unterschied nach allen möglichen Bildungsmitteln, suchten immer nur nach mehr, und bezogen schließlich auch das Aulósspiel in die Schule ein. Und in Athen wurde der Aulós so populär, daß nahezu alle freien Bürger ihn zu spielen verstanden. Später aber wurde der Unterricht wieder abgeschafft, als man nämlich unterscheiden gelernt hatte, was wirklich pädagogisch wertvoll ist und was nicht.

Recht sinnvoll ist die alte Sage von der Erfindung des Aulós. Athene, heißt es, habe den von ihr erfundenen Aulós wieder weggeworfen, weil ihr die Entstellung des Gesichts beim Spielen des Instruments mißfallen habe. Indessen hätte man wohl noch richtiger sagen können, sie habe es getan, weil der Aulósunterricht nicht zur Bildung des Verstandes beiträgt.

Aristoteles, Politik 1341 a/b

Der Aulós war für Aristoteles kein ethisches, eine sittliche Haltung bewirkendes oder förderndes, sondern ein orgiastisches, aufreizendes und pathetisches (affektvolles) Instrument. Weil der Aulós den Mund verstopft, der Spieler sich nicht selbst begleiten kann (der Lyra- oder Kitharaspieler kann gleichzeitig singen oder besser: deklamieren), führt der Aulós zu absoluter Musik, die das Wort nicht mehr braucht – was anfangs durchaus als Mangel angesehen wurde.

71

Welchen Stellenwert die Musik in Athen zur Zeit der *Medea* hatte, sahen die Zuschauer, wenn sie ihre Augen ein wenig nach links hinter die Bühnendekoration schweifen ließen. 443 war neben dem Dionysostheater ein Gebäude aus Holz errichtet worden, von dem heute so gut wie nichts mehr zu sehen ist: das Odeon des Perikles, der schönste Konzertsaal der Antike. Es soll eine Nachahmung des persischen Königszelts gewesen sein. Seine Dachsparren waren die Masten der bei Salamis erbeuteten persischen Schiffe. Zu den Panathenäen fanden im Odeon musikalische Wettkämpfe in Aulósspiel, Gesang und Leierschlagen statt. Im Odeon stellten auch die drei für das Dionysosfest ausgewählten Dichter am Vortag der Tragödienwettkämpfe ihre Chöre und Darsteller vor. Nur bei dieser Gelegenheit durften sich die Schauspieler dem Publikum ohne Masken zeigen.

Auch die attische Tragödie war Musik. Sie war unserer Oper ähnlicher als unserem Schauspiel, die Oper ist ja auch in der Renaissance aus dem Bestreben entstanden, die antike Tragödie wiederzubeleben. Aber anders als unsere Oper war die Tragödie keine Wort-Dichtung, die anschließend von einem Komponisten vertont wurde. Dichter und Schauspieler entwickelten gemeinsam den Rhythmus der Verse, und damit die Musik. Die Lieder des Chors wurden von Instrumenten begleitet gesungen (übrigens mußten die Mitglieder des Chors freigeborene Athener sein, Ausländer durften in ihm nicht mitwirken).

Aristoteles definierte die Tragödie als »Nachahmung einer edlen und abgeschlossenen Handlung von einem bestimmten Umfang in gewählter Rede, derart, daß gehandelt und nicht berichtet wird«. Eine auf der Bühne präsentierte Handlung hieß *dràma*, und unter »gewählter Rede« verstand Aristoteles eine Sprache, »die Rhythmus, metrische Form und Sangbarkeit besitzt. Es gibt Teile, die nur im Sprechvers vorgetragen werden, andere werden gesungen«.

Zur Zeit der *Medea* gab es in Athen kritische Stimmen, die der »modernen« Musik vorwarfen, sie sei zu selbständig geworden und gehe eigene Wege. Dichter und Komponist hatten begonnen, sich zu trennen. Bislang hatte die Sprache den Rhythmus bestimmt, jetzt gewann er ein Eigenleben. Wenn aber der Musik das Wort fehlte und sie auch keinen Tanz begleitete, mußte für den Rhythmus ein willkürlich festgesetzter Takt gefunden werden (was Platon in seinen *Gesetzen* als »musenwidrig und reines Gaukelspiel« kritisieren wird).

Euripides hat damit begonnen, Silben so zu dehnen, daß sie wie Wiederholungen klangen. Da der Dichter seine Stücke selbst inszenierte, konnte er solche Wirkungen erzielen, ohne sie im Text als Regieanweisungen notieren zu müssen. Er soll zudem in seiner *Medea* Melodien des Komödiendichters Kallias verwendet und ihnen eigene Verse unterlegt haben. Es war also von jetzt an denkbar, daß ein Dichter zu einer vorgegebenen »Musik« Texte schrieb. Eine Verbindung von Prosa oder Versen mit zu ihnen passenden Rhythmen und Melodien nennt man im Griechischen *parodía*. Weil solche Stilimitationen auch zu übertreibender Karikatur geeignet sind, erhielt das Wort »Parodie« später diese Bedeutung.

Die neue Musik, die sich zur Zeit der *Medea* aus dem Verband der Musenkünste löste und sich zu einer eigenen Kunstgattung emanzipierte, führte, wie alles Neue in der Kunst, zu viel Kritik, gerade in einer Zeit, in der »Musik« so eng mit Politik verbunden war. Und keine Kunst wirkt so intensiv auf die Seele ein wie die Musik, im Positiven wie im

Negativen. »Wenn an den Weisen der Musik gerüttelt wird, werden die wichtigsten Gesetze (*nómoi*) des Staates mit erschüttert, sagte Damon, und ich glaube es ihm«, meinte Platon später.

Die Spartaner waren weniger musisch als die Athener, aber auch sie lebten nicht ohne Musik. Wie wir von Thukydides erfahren, feuerten sich die Spartaner untereinander mit kriegerischen Weisen (*nómoi*) an. Sie bewegten sich beim Marschieren nach dem Klang zahlreicher Aulósspieler, die unter die Soldaten eingereiht waren. Das sei nicht aus religiösen Gründen geschehen, sondern um einen gleichförmigen und taktmäßigen Schritt zu halten und so zu verhüten, daß ihre Schlachtreihe auseinandergerissen würde, was beim Vorrücken großer Heere sonst leicht vorkommen könne.

Medea

CHOR
Ich höre Wehgeschrei, Klagen und Weinen.
Sie jammert laut:
Der untreue Gatte, der Betrüger,
der die Ehe mir schwor.
Laut ruft die Tiefgekränkte Gerechtigkeit vom Himmel.
Unter dem Schutz des Eides
hat der Mann sie über das Meer
nach Griechenland geführt,
durch die schwer zu durchdringenden Pforten
des Schwarzen Meeres.

MEDEA
(tritt aus dem Haus)
Frauen aus Korinth,
ich bin zu euch herausgekommen,
damit ihr mir keine Vorwürfe macht.
Ich weiß wohl, daß manche Menschen
für hochmütig oder arrogant gehalten werden,
weil sie sich dauernd in der Öffentlichkeit zeigen,
andere wieder, weil sie sich rar machen.
Wer ein zurückgezogenes Leben führt,
gerät leicht in den Ruf, sich nur zu vergnügen,
und es sich allzu bequem zu machen.
Die Menschen sind nun einmal ungerecht,
urteilen schnell nach dem Augenschein,
statt das Innere zu erforschen, bevor sie hassen.
Fremde sollten sich deshalb den Gebräuchen anpassen.
Aber auch Einheimische kann ich nicht loben,

die durch ihre Selbstgefälligkeit
bei ihren Mitbürgern Anstoß erregen.

204-224

Perikles oder Die Politik

Einer, der sich rar machte in Athen und deshalb immer wieder als hochmütig oder arrogant verlästert wurde, war Perikles. Der erfolgreiche Politiker wollte vermeiden, durch ständige Präsenz Überdruß zu wecken.

Er trat öffentlich nur selten auf, sprach nicht zu jedem Thema, wandte sich nicht bei jeder Gelegenheit an die Volksversammlung, sondern sparte seine Auftritte für wichtige Fälle auf. Sonst ließ er seine Politik durch Freunde oder andere Redner durchsetzen. Man sah ihn in der Stadt nur einen Weg gehen, den, der ihn direkt zum Marktplatz oder zum Rathaus führte. Einladungen zu Gelagen schlug er grundsätzlich aus, hatte auch sonst keinen freundschaftlichen oder familiären Umgang. Während der langen Zeit, in der er aktiv in der Politik tätig war, nahm er nie die Einladung eines Freundes zum Essen an. Nur einmal, als sein Neffe Euryptolemos heiratete, kam er, blieb aber nur bis zum Opfer nach dem Festmahl und verabschiedete sich, bevor das Trinken begann. Denn es ist schwer, in feuchtfröhlicher Gesellschaft Würde zu bewahren und seinen Ruf nicht zu gefährden.

Plutarch, Perikles 7 pass.

Daß Perikles häufig seine Parteifreunde vorschickte, hatte noch einen anderen Grund. Die Volksversammlung mußte im Glauben bleiben, daß sie der Souverän war. Das Volk durfte nicht merken, daß in Wirklichkeit Perikles über die Stadt herrschte. Seitdem der Adelsrat vor 30 Jahren praktisch aufgelöst worden war, beruhte politische Macht in Athen allein auf der Fähigkeit eines Politikers, die Volksversammlung dazu zu bringen, ihn in das erste Staatsamt zu wählen.

Perikles begann seine politische Karriere in der Zeit des demokratischen Umbruchs. Es gab um 460 zwei politische Parteien in Athen, die Demokraten und die Oligarchen. Die Bezeichnungen lassen einen grundsätzlichen ideologischen Unterschied vermuten, aber die Demokraten waren keine proletarische Linkspartei, die Oligarchen nicht die Partei der Besserverdienenden. Tatsächlich hatten beide Parteien ihre Anhänger quer durch alle Bevölkerungsschichten, waren wirkliche Volksparteien.

Ephialtes, der Anführer der demokratischen Partei Athens, der die Entmachtung des Areopags durchgesetzt hatte, erlag kurz nach diesem Erfolg einem vermutlich von den Oligarchen bestellten Attentat. Der etwa dreißigjährige Perikles folgte ihm als Parteiführer nach.

Vielleicht war Perikles der erste Politiker, der versuchte, sich ein Image zuzulegen. Jedenfalls soll er sich, sobald er aktiv politisch tätig war, angewöhnt haben, ruhig einherzuschreiten und sich in leisem Ton zu unterhalten. Nur mit ernster Miene habe er sich in der Öffentlichkeit gezeigt und immer die Hand im Mantel behalten, weiß Plutarch zu berichten.

Der junge Parteiführer machte sich beim Volk durch Wahlgeschenke beliebt. Sein Musiklehrer Damon soll ihn auf diese Idee gebracht haben. Die reichen Adligen der Oligarchenpartei hatten diese Form demokratischer Bestechung aus ihrem eigenen Vermögen bestritten. Perikles war dazu nicht reich genug und erschloß deshalb für solche Wahlgeschenke die Staatsfinanzen. Für die Laienrichter der neu eingerichteten Volksgerichtshöfe setzte er einen Richtersold durch, und auch die durch Los bestimmten Beamten erhielten für ihre Tätigkeit fortan eine Bezahlung. Perikles schuf allerdings kein Berufsbeamtentum. Richter und Verwaltungsbeamte, die bisher ehrenamtlich tätig waren, erhielten nur eine Aufwandsentschädigung, kein regelmäßiges Gehalt. Da die Zahl der Funktionsträger sehr groß war, sicherte er sich durch die Einführung der Diäten eine zuverlässige Gefolgschaft. Schließlich führte er sogar ein Theatergeld ein. Wer den Eintrittspreis von 2 Obolen pro Tag für die dreitägigen Dionysien, also eine Drachme, nicht zahlen konnte, erhielt sie aus der Staatskasse erstattet. Wahrscheinlich erhielten dieses *theorikón* nur die Mitglieder der vierten Schätzungsklasse, die Lohnarbeiter.

Trotz seines stetig steigenden Einflusses entging Perikles der Verbannung durch das Scherbengericht, das gerade für Politiker gedacht war, die zu viel Macht zu erwerben drohten. Konsequent setzte er eine Politik durch, die auf die Vorherrschaft in Griechenland zielte. Kaum drei Jahre, nachdem er der einflußreichste Politiker Athens geworden war, wurde mit dem Bau der »Langen Mauern« von der Stadt zum Hafen Piräus begonnen, Athen dadurch eine von der Landseite her kaum mehr einnehmbare Festung. Das war nicht mehr Verteidigung gegen einen möglichen Angriff der Perser, es war eine Provokation gegen Sparta, das noch immer als unbestritten erste Landmacht in Griechenland galt.

445 war der Bau der Mauern vollendet. Sie umschlossen einen Raum, in den sich die gesamte Bevölkerung Attikas flüchten konnte. Im Fall eines Krieges mußten die Zivilisten nicht mehr, wie bei der Invasion der Perser von 480, auf eine der Inseln evakuiert werden. Die Mauern, die von den obe-

ren Rängen des Theaters gut zu sehen waren, zeigten freilich auch, wie künstlich, wie gefährdet die Großmachtstellung Athens in Wirklichkeit war.

Perikles vollendete, was Themistokles, der Sieger über Xerxes, begonnen hatte: ein großes attisches Imperium, das bis Kleinasien reichte. Athen war nach den Perserkriegen innerhalb weniger Jahre aus einem ländlich dominierten Kleinstaat mit ein paar auswärtigen Besitzungen zu einer Großmacht geworden, die dem König von Asien, der sich Herr der Welt nannte, zwei empfindliche Niederlagen bereitet hatte. Der »Ewige Bund« Athens mit den griechischen Inselstaaten und Städten auf dem kleinasiatischen Festland, die nach den Perserkriegen mehr oder weniger unabhängig geworden waren, war ursprünglich eine Defensiv-Allianz gegen das Perserreich. Wie sein Name andeutet, war eine Austrittsmöglichkeit nicht vorgesehen. Den einzelnen Bundesgenossen blieb freigestellt, ob sie Schiffe und Mannschaft stellen oder für die von Athen ausgerüstete Flotte einen angemessenen Geldbeitrag leisten wollten. Die meisten – und schließlich fast alle – zogen das letztere vor. So erleichterten sie es Perikles, aus den Verbündeten Untertanen zu machen.

Unter dem Vorwand, daß mit einem Vorstoß der persischen Flotte in das Ägäische Meer zu rechnen und der Schatz des Seebundes auf Delos nicht mehr sicher sei, ließ er das Geld von der neutralen Insel, die als Ganze ein Heiligtum Apollons war, auf die Akropolis bringen und unter den Schutz der Stadtgöttin Athene stellen. Athen kam dadurch zur unumschränkten Verfügung über die Steuern der Bundesgenossen. Zur gleichen Zeit wurde Thukydides, Sohn des Melesias, als Anführer der oligarchischen Partei wichtigster politischer Gegner des Perikles.

Als 449 ein Friedensvertrag mit König Artaxerxes I. geschlossen wurde, in dem Persien sich verpflichten mußte,
das Ägäische Meer nicht mehr zu befahren, so daß es zum
Binnenmeer der Athener geworden war, wollten einige verbündete Städte die Zahlungen einstellen, da es keine Bedrohung mehr gebe. Perikles zwang sie, weiter zu zahlen. Aus
den Bundesgenossen wurden nach und nach tributpflichtige
Vasallen.

Um die imperialistische Macht Athens zu festigen, betrieb
Perikles eine Siedlungspolitik. Attische Bürger wanderten in
Städte aus, die dem Bund angehörten, erhielten dort Grundstücke zu erblicher Nutzung (nach dem Wort *kléros* für ein
Erbgrundstück wurden diese Siedler Kleruchen genannt).
Wahrscheinlich sind die Ländereien beschlagnahmt worden, als Entschädigung wurden die Abgaben an die Bundeskasse herabgesetzt. Die Kleruchien, die unter anderem auf
der Insel Naxos und auf dem Chersonnes eingerichtet wurden, waren eine Art Militärkolonie. Unsichere Bündnis-
partner sollten durch attische Bürger kontrolliert, die Herrschaft Athens durch ihre ständige Anwesenheit gesichert
werden.

Die Behandlung der Bundesgenossen berief sich ausschließlich auf das Recht des Stärkeren. Aus der vorhande-
nen Macht entwickelte Perikles ein neues Recht und führte
einen Gerichtszwang ein: Verhandlungen über Kapitalver-
brechen oder Prozesse politischer Art sowie gerichtliche
Streitigkeiten zwischen Bürgern verschiedener Städte des
Bundes mußten in Athen verhandelt werden. Das hatte zur
Folge, daß die attische Sprache unter den vielen griechischen
Dialekten zur gemeinverständlichen Verkehrssprache fast
aller Griechen wurde. Attische Literatur wurde fortan in
ganz Griechenland verstanden.

448 berief Perikles einen gesamtgriechischen Kongreß nach Athen ein, der unter anderem die Wiederaufrichtung der von den Persern zerstörten Tempel und eine innergriechische Friedensproklamation beschließen sollte. Das wäre auf eine Anerkennung der Vorherrschaft Athens hinausgelaufen, und so scheiterte dieses Vorhaben an der strikten Ablehnung Spartas.

Fünf Jahre später erreichte Perikles die Verbannung seines Gegners Thukydides durch das Scherbengericht. Praktisch bedeutete das die Auflösung der oligarchischen Partei. Perikles gelang es seitdem, bei den jährlich wiederkehrenden Wahlen jeweils die meisten Stimmen auf sich zu vereinen. Fünfzehnmal hintereinander vertrauten die Athener ihm Jahr für Jahr das höchste Staatsamt an. Er konnte in der Stadt durchsetzen, was er wollte.

> Der Rede mächtig war der Mann, wie keiner sonst.
> Sowie er auftrat, holte er, guten Läufern gleich,
> die anderen Redner ein, auch wenn man ihnen
> zehn Fuß Vorsprung gab, so schnell war er.
> Es war, als wohne Peitho (die Göttin der Überredung) selbst auf seinen Lippen,
> solch ein Zauber ging von seiner Rede aus.
> Und er allein ließ in den Herzen derer, die ihn hörten,
> einen Stachel stets zurück.

Eupolis, Fragment 98 (aus: Demoi)

Selbst sein politischer Gegner Thukydides konnte nicht anders, als die Redekunst des Perikles zuzugeben. Als er in der Verbannung gefragt wurde, wer der bessere Ringer sei, er oder Perikles, soll er geantwortet haben: »Wenn ich ihn im Ringkampf zu Boden werfe, streitet er ab, gefallen zu sein, und zwar so überzeugend, daß selbst jene ihm glauben, die ihn mit eigenen Augen haben zu Boden gehen sehen.«

441, zehn Jahre vor der Aufführung der *Medea*, war es zum Krieg mit der Insel Samos gekommen, die zum attischen Bund gehörte. Neben Perikles war auch der Tragödiendichter Sophokles zum Feldherrn bestimmt worden. Samos wurde neun Monate lang belagert, dann mußte es kapitulieren. Seitdem gab es immer irgendwo einen Krieg, in den Soldaten aus Athen verwickelt waren. Nach Attika waren noch keine feindlichen Truppen gekommen. Doch von Jahr zu Jahr wurde es wahrscheinlicher, daß Sparta, mit dem 446 ein Frieden auf 30 Jahre geschlossen worden war, sich vom immer offeneren Imperialismus des Perikles provoziert fühlen und Athen den Krieg erklären würde.

So führte Perikles Athen nicht nur zur höchsten Macht, er legte auch den Grund für den schließlichen Zusammenbruch des attischen Reiches. Thukydides charakterisiert seine Herrschaft und schildert die Situation des Jahres 431, kurz vor Ausbruch des Krieges:

Perikles war bei aller Macht, die ihm sein Ansehen und seine politische Klugheit verschaffte, gegen alle Geschenke unzugänglich und konnte daher das Volk mit dem größten Freimut in Schranken halten, so daß er es wirklich leitete und sich nicht von ihm leiten ließ, da er seine Macht nicht durch illegale Methoden erworben hatte und deshalb reden mußte, wie die Masse es gern gehört hätte. Vermöge des Ansehens, in dem er stand, konnte er zuweilen schon hitzig gegen sie sprechen. Er vermochte am meisten in der Stadt und hatte das Ruder in Händen. Dabei war er in allem gegen Sparta und ließ die Athener keinen Fußbreit weichen, trieb sie vielmehr in den Krieg.

Thukydides 2, 65; 1, 127

Medea

MEDEA

Mein unerwartetes Schicksal hat mir das Herz gebrochen.
Und so stehe ich vor euch, liebste Freundinnen,
ohne Lebensmut, sehne mich nur mehr nach dem Tod.
Er, der – leider, muß ich heute sagen –
mein ein und alles war, mein Gatte,
hat sich als mein schlimmster Feind erwiesen.
Von allen Wesen, die auf Erden
Seele und Verstand haben,
sind wir Frauen doch die Allerärmsten.
Erst müssen wir uns mit einer großen Mitgift
den Gatten geradezu kaufen,
dann gehört ihm unser Leib, er ist sein Herr,
und das ist übler als das Übel selbst.
Wir wissen nicht im voraus,
ob er freundlich oder boshaft ist,
und eine Scheidung bringt die Frau
in jedem Fall in schlechten Ruf.
Eine Frau kann einen Bräutigam nicht ablehnen,
sie kommt in eine für sie völlig fremde Umgebung,
und niemand in ihrem neuen Haus
gibt ihr einen Hinweis,
was für ein Mensch ihr Gemahl ist.
Sie muß es erraten. Wenn alles schließlich gut ausgeht,
ihr Angetrauter zufrieden mit ihr zusammenlebt,
dann freilich ist sie für ihr Leben zu beneiden –
im andern Fall wäre sie besser tot.
Fühlt der Mann sich zu Hause nicht wohl,

kann er seinem Herzen draußen Luft machen,
bei einem Freund, oder im Kreis gleichaltriger Männer.
Sie sagen dann, wenn sie zusammen sind,
wir machten uns zu Hause einen schönen Lenz,
frei von Mühen und Plagen,
während sie hinaus müßten ins feindliche Leben
und manche Schlacht bestehen.
Da sieht man, wie wenig die Männer vom Leben wissen.
Lieber möchte ich dreimal in den Krieg ziehen müssen,
als einmal nur gebären!

225-251

Xanthippe oder Die Frauen

Kinder zu gebären und großzuziehen war die eigentliche Aufgabe der athenischen Bürgersfrau. Die Frau, die Ehegattin war vom gesellschaftlichen und geselligen Leben weitgehend ausgeschlossen. Ein Mädchen wurde von den Eltern verheiratet, während der Mann sich seine Frau aussuchen konnte, wobei familiäre und ökonomische Gründe den Ausschlag gaben. Ist in der Literatur dieser Zeit von Liebe und Zuneigung die Rede, dann fast nur im Verhältnis zwischen Männern.

Schulunterricht für Mädchen gab es in Athen nicht. Eine Frau hatte nur dann eine gewisse Bildung, wenn die Mutter oder andere Frauen in ihrem Elternhaus ihr in ihrer Kindheit von sich aus etwas beigebracht hatten.

Eine Frau war in Athen nur beschränkt rechtsfähig. Im kretischen Gortyn, dessen Stadtrecht in einem einzigartigen Dokument erhalten ist, hatten die Frauen mehr Rechte als im demokratischen Athen. Männer durften dort ausdrücklich nicht über das Vermögen ihrer Frau verfügen. Die attische Frau stand dagegen zeitlebens unter der Vormundschaft eines Mannes, erst ihres Vaters, dann ihres Ehemannes oder des ältesten männlichen Verwandten.

Der Ehevertrag wurde zwischen dem Brautvater und dem Bräutigam abgeschlossen, die ausdrückliche Zustimmung der Braut war nicht nötig, sie wurde von ihrem Vater an den Bräutigam sozusagen verpachtet. Das Wort *ékdosis* für die Hochzeitszeremonie, die Übergabe der Braut durch den Vater an den Bräutigam, war dasselbe wie für die Verpachtung von Land. Der Ehevertrag legte vor allem den Umfang, die

Art und die Zahlungsweise der Mitgift fest, die aus Geld, Häusern oder Grundbesitz bestehen konnte. Die Mitgift ging in das Vermögen des Mannes über, der sie allerdings bei einer eventuellen Scheidung an die Familie der Braut zurückzahlen mußte, selbst dann, wenn der Scheidungsgrund ein Verschulden der Frau war. Die Frau wurde also durch die Mitgift in gewisser Weise sozial abgesichert, denn mancher Mann vermied eine Scheidung, um die Mitgift nicht rückerstatten zu müssen. Auch die Frau konnte die Scheidung einreichen und hatte damit gegebenenfalls ein Druckmittel in der Hand.

Die Ehe war staatlich geschützt, vor allem, weil aus ihr Nachkommen hervorgingen, die attische Vollbürger waren. Das war seit Inkrafttreten der Gesetze des Perikles, nach denen als Bürger nur Kinder galten, deren beide Eltern das Bürgerrecht besaßen, von besonderer Bedeutung.

Es wurde erwartet, daß ein Mädchen bei der Hochzeit jungfräulich war, und von der verheirateten Frau wurde eheliche Treue verlangt, nicht aus moralischen Gründen, sondern weil nur so der juristische Status der Kinder unbestreitbar war. Mädchen wurden gewöhnlich bereits mit etwa 15 Jahren verheiratet, während die Männer bei ihrer Hochzeit meist schon um die 30 waren.

Daß die griechischen Götter dauernd Seitensprünge machten und die Welt mit zahlreichen unehelichen Kindern bevölkerten, galt auch nicht im Ansatz als frivol. Vom verheirateten Mann erwartete niemand eheliche Treue, er konnte sexuelle Beziehungen zu anderen Frauen oder Männern haben, so viele er wollte, nur nicht zu Frauen, die das attische Bürgerrecht hatten.

Ertappte ein Ehemann bei seiner Frau einen Liebhaber,

durfte er ihn töten. Die ehebrecherische Frau mußte er verstoßen, da die Legitimität der Kinder nicht mehr gesichert war. Es war ein beliebtes Komödienmotiv, daß Frauen sich Liebhaber ins Haus holen oder einem Athener ein Kind untergeschoben wird.

Damit eine verheiratete Frau gar nicht erst in Versuchung geführt wurde, hatte sie sich in der Öffentlichkeit so wenig wie möglich zu zeigen. Sie war zwar nicht wie im orientalischen Harem weggesperrt, aber eine Ehefrau, die auf ihren guten Ruf bedacht war, hielt sich im Haus auf, sie spann Wolle oder webte Gewänder und Teppiche. Wenn sie zu oft aus dem Fenster schaute, mußte sie damit rechnen, für frivol zu gelten. Konnte sich ein Haushalt keine Sklaven oder Diener leisten, kaufte der Mann ein, nicht die Frau. Treffpunkt der Frauen war nicht der Markt, sondern allenfalls der Brunnen, aus dem sie Wasser holten.

Die Frau nahm nicht an den Geselligkeiten der Männer teil, durfte schon gar nicht ihren Mann zu den Trinkgelagen begleiten. Dazu waren die Hetären da, die dem Diktat gesellschaftlicher und sittlicher Normen nicht unterlagen. Sie konnten in ihrem Haus Gäste empfangen, konnten in der Stadt umhergehen, Liebhaber besuchen, an den Orgien der Männer teilnehmen.

Ein Mann konnte sich allen Vergnügungen hingeben, er glaubte, die Würde seiner Frau dadurch zu wahren, daß er sie völlig von solchen Ausschweifungen fernhielt. Beim Geschlechtsakt hatte eine verheiratete Frau keine schwelgerische Lust zu empfinden, denn Kinder sollten nicht im Rausch, sondern bei klarem Verstand gezeugt werden. Es galt deshalb auch als hurenhaft, wenn die Frau sexuell die Initiative ergriff.

Neben dem Gebären hatte die Frau noch die Aufgabe, das

Haus und den Besitz zu verwalten. Die Ehe war in Athen eine Wirtschafts- und Solidargemeinschaft, keine gefühlsmäßige Beziehung. Männer hielten sich möglichst wenig zu Hause auf, das war im klassischen Athen nicht anders als in heutigen griechischen Dörfern. Sexuelle Lust und emotionale Bindung suchte und fand der Mann außerhalb der Ehe, bei Prostituierten und bei anderen Männern. Besonders in den gebildeten Schichten hatte die Frau kaum eine Chance, für den Mann eine auch geistige Partnerin zu sein, weil ihr jede Bildung fehlte, die ein Gespräch über anderes als Banalitäten des Alltags erlaubt hätte.

In einem Dialog Xenophons unterhält sich Sokrates über die Hauswirtschaftslehre. Xenophon läßt dieses Gespräch um das Jahr 431 stattfinden (einige Anachronismen offenbaren allerdings die tatsächliche Entstehungszeit der Schrift im 4. Jahrhundert). Darin sagt ein athenischer Ehemann über seine Frau:

> Sie war noch nicht fünfzehn Jahre, als sie zu mir kam. Vorher lebte sie unter einer sorgsamen Obhut, der es nur darum zu tun war, daß sie so wenig als möglich sehen, so wenig als möglich hören, so wenig als möglich fragen sollte. Sie konnte nichts, als aus Wolle, die man ihr gab, ein Kleid verfertigen, und hatte nichts gesehen, als wie den Mägden ihre Webarbeiten zugeteilt werden. Zusätzlich hatte man ihr alles Notwendige über richtige Ernährung beigebracht.
>
> Der Gott hat es von Natur so eingerichtet, daß die Frau für die Arbeiten drinnen, der Mann für die Arbeiten und Besorgungen draußen geeigneter ist. Denn Kälte, Hitze, Märsche, Feldzüge besser zu ertragen, dazu hat er den Leib und die Seele des Mannes fähig gemacht. Indem der

Gott der Frau einen für solche Anstrengungen weniger kräftigen Körper gegeben hat, scheint er ihr die Geschäfte im Hause zugewiesen zu haben. Die Sorge für die neugeborenen Kinder hat er der Frau aufgetragen und flößte ihr deshalb auch eine größere Liebe zu den jungen Geschöpfen ein als dem Mann. Weil er der Frau die Bewachung der im Haus gespeicherten Vorräte anvertraut hat, ließ die Gottheit, in der Erkenntnis, daß es einem Wächter kaum schadet, wenn er ein ängstliches Gemüt hat, der Frau auch von der Furchtsamkeit einen größeren Teil als dem Mann zuteil werden. In dem Wissen, daß es andererseits notwendig werden kann, sich zur Wehr zu setzen, wenn sich jemand gegen die außer dem Hause Schaffenden ein Unrecht erlaubt, gab er dem Mann einen größeren Anteil an der Kühnheit. Weil aber beide sowohl geben wie empfangen müssen, gab er Verstand und Sorgfalt beiden zu gleichen Teilen. Auch die Kraft, wo es sein muß, sich zu beherrschen, flößte er beiden zu gleichen Teilen ein. Weil aber beider Natur nicht für alles gleich große Fähigkeiten besitzt, darum fühlen sie nacheinander ein um so größeres Bedürfnis, und ihre Vereinigung ist um so heilbringender für sie, weil, was der eine Teil entbehrt, der andere Teil gewährt.

Xenophon, Oikonomikos 7,5-30 pass.

Uns mag die Ansicht des Atheners über die Position der Frau in der Gesellschaft wie finsterster mediterraner Machismo vorkommen, tatsächlich ist für die damalige Zeit der Gedanke, daß Mann und Frau sich gegenseitig ergänzen können, nicht nur sexuell, sondern auch im geistigen Sinn und in den Dingen des täglichen Lebens, geradezu fortschrittlich. Er wird auf den Einfluß zurückzuführen sein, den

Aspasia auf Perikles und über ihn auch auf andere Männer in Athen ausgeübt hat.

Zwar gewann die Frau keine wirklich anerkannte und schon gar nicht eine gleichberechtigte Stellung in der Gesellschaft. Aber es veränderte sich – wenn auch vielleicht nur bei einigen wenigen – doch etwas am Bild, das sich Männer von der Frau machten. Wir sehen es in den künstlerischen Darstellungen aus diesen Jahren. Vasenbilder mit liebevoll empfundenen Szenen aus dem häuslichen Leben werden häufiger. Grabreliefs von Frauen zeigen eine stille und gefaßte, dabei überaus anrührende Weiblichkeit.

Euripides hat manche Sottise über die Frauen losgelassen und galt deshalb in der Antike als Frauenfeind. Schon damals wurde übersehen, daß nicht jede Äußerung seiner Dramengestalten die Meinung des Dichters sein muß. Erscheinen in Schriften anderer antiker Autoren Zitate aus verlorenen Tragödien, wissen wir meistens nicht, in welchem Zusammenhang und von wem die oft starken Sprüche des Euripides ausgesprochen wurden. Wenn sie auch nicht immer die Meinung des Dichters wiedergeben, auf jeden Fall dürfen wir sie als eine Äußerung des Zeitgeistes nehmen. So mancher Athener wird gedacht und auch gesagt haben, was die Bühnenfiguren des Euripides artikulieren, etwa:

Die Gesetze, die die Frauen betreffen, sind nicht gut. Der Vermögende sollte viele Frauen haben dürfen, wenn er sie ernähren kann, damit er eine, die nichts taugt, aus dem Haus jagen und die tüchtigen aus freiem Entschluß behalten kann. Wenn die Männer wie bei uns nur eine Frau haben dürfen, gehen sie mit der Heirat ein großes Risiko ein. Denn sie bringen die Braut ins Haus, ohne ihren Charakter erprobt zu haben.

Euripides, Fragment 402 (aus Ino)

Eine Realität des täglichen Lebens schildert sicher auch die knappe Feststellung in einem Fragment des Euripides: »Bei einem betagten Ehemann hat die Frau das Sagen.« Und ein wahrscheinlich weit verbreitetes Vorurteil überliefern seine Verse: »Ach, wieviel weniger sind die Frauen vom Glück begünstigt als die Männer. Denn in den schönen Dingen stehen sie ihnen weit nach, in den häßlichen gehen sie ihnen voran.«

Euripides ist andererseits der erste Dichter, der zeigt, daß Frauen lieben, leidenschaftlich und bis zum Wahnsinn lieben können. Nur wenige Jahre vor der *Medea* hat er in seiner ersten, nicht erhaltenen, dramatischen Bearbeitung des Hippolytos-Mythos eine Phädra auf die Bühne gebracht, die rettungslos in ihren Stiefsohn verliebt ist.

Bezeichnenderweise ist beinahe die einzige Athenerin des 5. Jahrhunderts, die wir etwas genauer zu kennen glauben, eine Frau, deren Name bis heute als Synonym für die weibliche Schreckschraube schlechthin gilt: Xanthippe, die Frau des Sokrates (Aspasia, die zweite Frau des Perikles, war ja eine Ausländerin).

Bei einem Trinkgelage, das 416 stattfand und das Xenophon beschrieben hat, unterhielt sich Sokrates mit Antisthenes (wir werden ihn noch näher kennenlernen):

>»Die weibliche Natur ist nicht schlechter, als die des Mannes, es mangelt ihr nur an Einsicht und Stärke. Wer also eine Frau hat, soll sie getrost in allem unterrichten, wovon er wünscht, daß sie es wissen soll.«

»Wenn du so denkst, bester Sokrates«, rief Antisthenes, »warum erziehst du dann nicht auch Xanthippe? Du lebst ja mit einer Frau zusammen, die von allen, die es gibt, ja ich glaube, die es gegeben hat und jemals geben wird, die widerspenstigste ist.«

»Da ich mit Menschen zu leben und umzugehen wünsche, habe ich diese genommen, in der sicheren Überzeugung: wenn ich es mit ihr aushalte, werde ich leicht auch mit anderen Menschen zurechtkommen.«

Xenophon, Symposion 2, 9-10

Ob Xanthippe 431 bereits mit Sokrates verheiratet war, wissen wir nicht. Sie muß wesentlich jünger gewesen sein als ihr Mann, aber als knapp Zwanzigjährige könnte sie unter den Zuschauern der *Medea* gewesen sein, wenn denn Frauen in Athen überhaupt ins Theater gehen durften.

Das Bild der Xanthippe als zänkische, unsensible Ehefrau, die ihren Mann nur tyrannisiert, mag etwas Wahres überliefern. Aber wenn es auch von Sokrates offenbar bewußt gepflegt wurde, insgesamt war es sicher ein Zerrbild. Es wäre zwar falsch, Xanthippe zur unverstandenen Gattin und treusorgenden Hausfrau stilisieren zu wollen, doch ganz so furchtbar, wie Antisthenes sie charakterisiert, wird sie nicht gewesen sein.

Xenophon berichtet an anderer Stelle von einem Gespräch zwischen Sokrates und seinem Sohn Lamprokles. Es ist nicht überliefert, wann Lamprokles geboren wurde und wann dieses Gespräch geführt worden sein könnte, es wird wohl erst gegen Ende des Jahrhunderts gewesen sein. Aber selbst nach so langer Zeit scheint es zu reflektieren, was Sokrates an diesem Märztag des Jahres 431 von Euripides aus dem Munde der Medea gehört hat, und es ist auf jeden

Fall ein Beispiel dafür, daß die Frau von einigen Männern ganz anders gesehen wurde, als es eine generalisierende Darstellung der Position der Frau im klassischen Athen nahelegt. Zu dieser anderen Sicht der Frau werden Aspasia – und auch die Frauengestalten, die Euripides auf die Bühne brachte – beigetragen haben. Xenophon erzählt:

Sokrates bemerkte einst, daß sich sein ältester Sohn Lamprokles ungehörig gegen seine Mutter betrug. »Sage mir einmal, mein Sohn«, stellte er ihn zur Rede, »du glaubst doch nicht etwa, daß die Menschen nur des Liebesgenusses wegen Kinder zeugen, denn auf den Straßen und in den Bordellen findet man genug Gelegenheit dazu. Auch überlegen wir uns, bevor wir unsere Wahl treffen, von welcher Frau wir wohl die kräftigsten Kinder bekommen würden, und mit dieser verbinden wir uns. Hierbei verpflichtet sich der Mann zur Ernährung seiner Ehefrau und schafft für die zu erwartenden Kinder im voraus alles an, was er für ihr Leben nützlich und wertvoll erachtet, und zwar in reichstem Maße.
Sache der Frau ist es, nach der Empfängnis diese Bürde unter Mühen und Lebensgefahr zu tragen, dem Ungeborenen von ihrer eigenen Nahrung abzugeben, und wenn sie das Kind unter Schmerzen ausgetragen und geboren hat, es zu ernähren und zu pflegen, und zwar, ohne daß sie vorher irgend etwas Gutes von ihm empfangen hat, und ohne daß das Kind weiß, von wem es solche Wohltaten empfängt. Auch kann es nicht ausdrücken, wo es ihm fehlt, nein, die Mutter selbst sucht zu erraten, was es braucht und möchte. Sie säugt es, achtet lange Zeit hindurch bei Tag und bei Nacht auf das Kind und wird nicht müde, seinetwegen Last und Sorgen zu tragen, ohne daß

sie weiß, welchen Dank sie dafür ernten wird.« – »Schon gut«, unterbrach ihn der junge Mann, »und wenn sie auch dies alles und noch tausendmal mehr als dies getan hat, so ist doch kein Mensch im Stande, ihre bösen Launen zu ertragen!« – Da antwortete Sokrates: »Was, denkst du, ist schwerer zu ertragen, die Wildheit eines Tieres oder die einer Mutter?« – »Ohne Frage die einer Mutter, jedenfalls, wenn sie so ist, wie sie.« – »So hat sie dich schon einmal gebissen, oder mit Füßen getreten?« – »Das gerade nicht, aber sie sagt einem Dinge, die man um den Preis des Lebens nicht hören möchte.« – »Wieviel Unausstehliches aber, meinst du, hast du ihr wohl durch Geschrei und andere Unarten von klein auf bereitet und Tag und Nacht ihr zu schaffen gemacht? Wie oft sie durch Krankheit in Angst und Sorge versetzt?« – »Aber ich habe ihr niemals etwas gesagt oder angetan, dessen sie sich hätte schämen müssen!« – »Wie das? Scheint dir, was sie dir sagt, schwerer anzuhören als den Schauspielern die schmählichsten Dinge, die sie einander in den Tragödien sagen? Du weißt doch recht gut, daß deine Mutter bei allem, was sie dir sagt, nicht nur nichts Böses im Sinn hat, sondern dir vielmehr, wie keinem anderen, alles nur erdenkliche Gute wünscht. Und du willst ihr zürnen, wo sie es so gut mit dir meint, wo sie dich, wenn du krank bist, mit aller Sorgfalt hegt und pflegt, damit du wieder gesund wirst. Überdies erfleht sie von den Göttern Heil und Segen für dich. Die das alles tut, nennst du unerträglich? Ich glaube, wenn du eine solche Mutter nicht ertragen kannst, kannst du das Gute nicht ertragen. Deiner Mutter, die dich von allen am meisten liebt, glaubst du keinen Respekt schuldig zu sein? Also, mein Sohn, wenn du vernünftig bist, wirst du die Götter bitten, dir zu verzeihen, wenn du

in irgendeiner Weise die Achtung gegen deine Mutter verletzt hast. Und du wirst aufpassen müssen, daß dich die
Menschen nicht ganz und gar verachten, wenn sie dich als
einen Verächter deiner Eltern entlarven.

Xenophon, Memorabilien 2, 2, 1-14 pass.

Das wirkliche Leben der Frauen spielte sich natürlich nicht
ausschließlich so ab, wie es die Theorie verlangt hätte. Tatsächlich müssen die Frauen in Athen im Rahmen ihrer Möglichkeiten in Leben und Politik eingegriffen haben. Sonst
wären Komödiensituationen, wie sie Aristophanes zwanzig
Jahre nach der *Medea* erfindet, nicht vorstellbar gewesen:
der Sexualstreik seiner *Lysistrata*, der die Männer zum Frieden zwingen soll, der Beschluß der Frauen, am Fest der
Thesmophoren den Tragödiendichter Euripides zu ächten,
weil er sie in seinen Stücken so nachhaltig verleumdet (wobei der Komödiendichter als Mann natürlich unterstellt,
daß Euripides mit seinen Beschimpfungen nur allzu recht
hat).

Es war wohl eher das Wunschbild der Männer als die
Wirklichkeit, wenn Perikles in seiner Rede anläßlich der Ge-
fallenenehrung des Jahres 431 das Ideal der athenischen
Frau verwirklicht sieht, wenn sie in totaler Zurückgezogen-
heit lebt.

Soll ich zum Schluß noch auf unsere braven Frauen kommen, kann ich alles, was ich zu sagen habe, in wenige
Worte fassen. Eure größte Ehre wird darin bestehen, daß
ihr die Position eures Geschlechts nie vergeßt und so zu
leben sucht, daß unter Männern von euch weder im Guten noch im Bösen viel die Rede ist.

Thukydides 2, 45

Medea

MEDEA
Mit diesen Problemen schlagt ihr euch
genauso herum wie ich.
Doch ihr seid hier zu Hause, habt hier eure Familie.
Euer Vaterhaus steht hier, ihr könnt das Leben
im Kreis von Freundinnen genießen.
Ich aber bin allein, ohne Heimat,
von dem Mann verhöhnt,
der mich aus fremdem Land geraubt hat.
Ich habe in Korinth
weder Mutter noch Bruder noch Verwandte,
zu denen ich mich in meinem Unglück flüchten könnte.
Darum bitte ich euch um eins:
wenn ich ein Mittel, wenn ich einen Weg finde,
meinen Mann für sein Unrecht zu bestrafen,
auch den, der ihm seine Tochter vermählen will,
und auch die Braut, dann laßt mich's tun und schweigt.
Frauen mögen ja sonst zaghaft und furchtsam sein,
zu feig zu kämpfen und sich dem Schwert zu stellen,
doch wird ihr eheliches Recht beleidigt,
dann gibt es in der Welt kein Geschöpf,
das blutrünstiger ist.
CHOR
Ich werde schweigen, weil du dich zu Recht
am Gatten rächen willst, Medea.
Ich wundere mich nicht über deinen Zorn.
Doch da kommt Kreon, unser König.

Er wird dir sagen wollen,
was über dich beschlossen wurde.

KREON

Die du so finster blickst und gegen deinen Mann wütest,
dir, Medea, befehle ich, das Gebiet unserer Stadt
sofort zu verlassen.
Mit dir sind auch deine beiden Kinder verbannt.
Und das ohne Aufschub!
Ich warte hier, bis mein Befehl vollstreckt ist,
kehre nicht in den Palast zurück,
bis ich dich aus meinem Staatsgebiet vertrieben weiß.

MEDEA

Weh! so bin ich rettungslos verloren!
Meine Feinde ziehen alle Segel auf.
Kein rettender Hafen zeigt sich,
dem Unheil zu entrinnen.
Ich fühle mich ungerecht behandelt, Kreon,
und frage deshalb,
warum ich dieses Land verlassen soll!

KREON

Ich will verhindern –
warum soll ich um den heißen Brei herumreden –
daß du meiner Tochter gefährlich wirst.
Es gibt viele Gründe, das zu befürchten.
Du bist klug, kennst viele Tücken,
und du bist erbittert,
weil dich dein Gemahl verlassen will.
Man hat mir erzählt,
daß du auch gegen mich Drohungen ausgestoßen hast,
nicht nur gegen den Bräutigam und die Braut.
Ich muß vorsorgen, daß du deine Pläne
nicht verwirklichen kannst.

Denn es ist besser, du haßt mich über alles,
als daß ich später schwer bereue,
dir gegenüber großzügig gewesen zu sein.

MEDEA

Ach, weh! Es ist heute nicht das erste Mal, Kreon,
daß mein großer Ruf mir schadet
und mir Nachteil bringt.
Ein Vater, der wirklich klug ist, sorgt dafür,
daß seine Kinder nicht mehr Bildung haben,
als die breite Masse.
Denn zu dem Vorwurf, nichts Produktives zu tun,
ist Haß und Neid der Bürger ihr Lohn.
Entdeckst du etwas, was die Dummen
bisher nicht gesehen haben, bist du der Dumme.
Denn wenn du mehr weißt als andere,
die sich für klug halten,
wirst du ihnen lästig.

252-301

Anaxagoras oder Die Vernunft

Auch Anaxagoras tat nichts Produktives und wußte mehr als andere. Seit etwa dreißig Jahren lebte er in Athen. In der 70. Olympiade, also zwischen 500 und 496, als Sohn des Hegesibulos im kleinasiatischen Klazomenai geboren, hat er sich als knapp Vierzigjähriger von der Welt, vom Leben, vom Erwerb abgewandt, seine Güter in der Heimat aufgegeben, um nur der Wissenschaft zu leben. Er wollte lieber in Armut unabhängig sein als gebunden durch die Sorge um seinen Besitz. Vermutlich auch, weil er mit Geld nicht umzugehen verstand. Als ihm einmal eine beträchtliche Erbschaft zugefallen war, soll er sich um sein neues Eigentum nicht gekümmert und alles wieder verloren haben.

Anaxagoras war nicht nur ein ernsthafter, er war ein extrem ernster Mensch. Man habe ihn nie auch nur mit einem Lächeln auf dem Gesicht gesehen, weiß die antike Überlieferung. Nicht allein das Lachen betrachtete der Philosoph als unpassend, er versagte sich jede Gefühlsregung, weil sie ihn nur vom Denken ablenke. Als er einmal mit seinen Schülern beschäftigt war, kam jemand zu ihm, um ihm den Unfalltod seines Sohnes zu melden. Da habe er, nicht im geringsten aus der Fassung gebracht, lediglich bemerkt: »Ich wußte, daß ich ein sterbliches Wesen gezeugt habe.«

Ganz so gefühllos, wie ihn Aelian in dieser Anekdote darstellte, ist der Philosoph allerdings nicht gewesen. Euripides, den man sicher nicht zu Unrecht einen Schüler des Anaxagoras nannte, dachte an seinen Lehrer, als er in der 438 aufgeführten *Alkestis* den Chor singen ließ:

Ich kannt' einen Mann,
der den Sohn verlor,
das einzige Kind im Hause.
Ohne zu klagen,
trug er sein bitteres Leid.
Doch grau war sein Haupt,
verwelkt sein Leib,
leer sein Leben geworden.

Euripides, Alkestis 903-910

Anaxagoras war ein Vertreter der jonischen Naturphilosophie, die nach einer Erklärung der Welt und ihrer Entstehung suchte. Er sah neben den vier Elementen, die die
Materie bildeten, noch ein weiteres, geistiges Prinzip als Ur-
grund aller Ordnung, als Ursache des Werdens der Welt:
einen allesbeherrschenden Geist, den er *nus* nannte, was
wir annäherungsweise mit »Vernunft« übersetzen können.
»Anaxagoras setzte als Prinzip des Weltganzen die Vernunft
und die Materie: die Vernunft als das tätige, die Materie als
das werdende Prinzip. Im Chaos des Ursprungs trat die Vernunft an die Materie heran und ordnete sie«, heißt es in
einem Fragment über seine Lehre.

Anaxagoras stellte sich die Entstehung der Welt physika-
lisch vor: in einem gewaltigen Wirbel ist das Leichte nach
Außen geschleudert worden, das Schwere hat sich im Zentrum des Kosmos gesammelt. Dieser Vorgang ist nicht zufällig erfolgt, der alles beherrschende Geist hat dafür
gesorgt, daß die Weltschöpfung sinnvoll verlief.

Nach Plutarch war Anaxagoras der erste, der als Ursache
der Weltordnung nicht den Zufall oder die Notwendigkeit
annahm, sondern den reinen Geist, der aus dem Durcheinander des Chaos das Gleichgeartete ausgesondert hat. Da-

mit ist er der Begründer des philosophischen Dualismus, der später in den Systemen von Platon und Aristoteles weitergebildet wurde.

Seine Schrift *Über die Natur*, von der nur wenige Fragmente erhalten sind, beginnt mit dem Satz: »Ursprünglich waren alle Dinge zusammen, unendlich an Menge und unendlich klein. Und solange alle Dinge zusammen waren, war infolge ihrer Kleinheit keines von ihnen erkennbar.«

Aus der Beobachtung, daß der Mensch einfache Speisen wie Brot und Wasser zu sich nimmt und sein Körper dann Haare, Adern, Fleisch, Sehnen und Knochen bildet, folgerte Anaxagoras, daß in der Speise in kleinsten Teilen das vorhanden sein müsse, was sich später entwickelt. Diese Teile seien für das Auge unsichtbar, nur das Denken könne sie wahrnehmen. Die Überlegung führte ihn zu der Folgerung: »Infolge der Schwäche unserer Sinne sind wir nicht imstande, die Wahrheit zu erkennen.«

Die ordnende Macht, die unsere Welt geschaffen hat, beschrieb er in einer Weise, die an Passagen der Schöpfungsgeschichte des Alten Testaments erinnert. Der alles bewirkende *nus* ist für Anaxagoras reiner Geist, den die Materie nicht anrührt:

Der Geist ist etwas Unendliches, und er hat seine Herrlichkeit in sich und ist mit keinem Ding vermischt. Denn wenn er mit etwas vermischt wäre, hätte er an allen Dingen Anteil, da in jedem Ding ein Teil von jedem enthalten ist. Die mit ihm vermischten Stoffe würden ihn dann hindern, und er könnte über die Materie nicht in derselben Weise herrschen, als wenn er allein für sich selbst wäre. Denn er ist das feinste und reinste von allem, er besitzt die Erkenntnis von jedem Ding und er hat die größte Kraft.

Und alles was eine Seele hat, über das hat der Geist Gewalt. Wie alles werden sollte und wie alles war und wie es jetzt ist, das alles ordnete der Geist an, auch die Wirbelbewegungen, die jetzt die Sterne und die Sonne und der Mond vollführen, wie auch die Luft und der Äther.

Anaxagoras, Fragment 12 pass.

Der *nus* des Anaxagoras ist nicht völlig unstofflich. Jede Übersetzung des Wortes drängt ihm einen seinem Wesen fremden Zug auf. Er ist das feinste und reinste aller Dinge, ohne Vermischung mit etwas anderem. Anaxagoras vermied es zwar, seinen Geist geradezu Gott zu nennen, aber es wird deutlich, daß für ihn diese Kraft an die Stelle der griechischen Götter tritt.

Aristoteles würdigte 100 Jahre später in seiner *Metaphysik* die gedanklichen Neuerungen des Anaxagoras, der über die frühen Naturphilosophen hinausging, die auch versucht haben, die Natur und den Ursprung des Wirklichen zu erklären: »Wenn damals ein Mann auftrat, der behauptete, die Vernunft sei der Urheber der Welt und aller Ordnung in der Welt, so erscheint dieser im Vergleich zu den Forschern vor ihm wie ein Nüchterner unter Faselnden.«

Anaxagoras entwickelte auch eine Theorie über das Weltall und die Gestalt der Gestirne. Er erklärte die Sonne für eine glühende Masse, die größer sei als der Peloponnes. Der Mond habe bewohnte Gegenden, auch Berge und Täler. Die Thesen des Anaxagoras wurden in Athen heftig diskutiert. Widerspruch fand er bei den Verfechtern der volkstümlichen Religion, aber auch bei jungen Intellektuellen. Der etwa 30 Jahre jüngere Sokrates kritisierte vor allem seine Hypothese über die Beschaffenheit der Sonne:

Man läuft große Gefahr, Unsinn zu reden, wenn man hierüber grübelt, wie ja auch Anaxagoras Unsinn geredet hat, der doch am meisten stolz darauf war, die ganze Art des göttlichen Wirkens erklären zu können. Denn er hat behauptet, das Feuer und die Sonne seien ein und dasselbe, und nicht bedacht, daß die Menschen zwar leicht ins Feuer, nicht aber in die Sonne sehen können, und daß man vom Sonnenschein gebräunt wird, vom Feuer aber nicht. Er hat auch nicht in Erwägung gezogen, daß kein Gewächs der Erde ohne die Strahlen der Sonne zu gedeihen vermag, daß hingegen vom Feuer erhitzt alle zu Grunde gehen. Und als er behauptete, daß die Sonne ein feurig erglühender Stein sei, hat er vergessen, daß ein Stein, wenn er im Feuer liegt, weder leuchtet noch lange Zeit der Hitze widersteht, während die Sonne unaufhörlich im strahlendsten Licht verharrt.

Xenophon, Memorabilien 4, 7, 6-7

Mit Anaxagoras endete die jonische Naturphilosophie, die ihre Schlüsse aus Beobachtungen zog. Zwischen 440 und 430 lebte in Athen der jüngste Vertreter dieser Richtung, der Kreter Diogenes aus Apollonia, Sohn des Apollothemis. Im Gegensatz zu Anaxagoras leugnete Diogenes das geistige Prinzip. Bei aller Verschiedenheit im Einzelnen müßten die Dinge ihrem Wesen nach gleich sein. Deshalb dürfe man nicht vier Elemente annehmen und auch nicht einen vom Stofflichen verschiedenen Geist. Aus der Beobachtung, daß alle Menschen und Tiere atmen, folgerte er, daß alles Leben und Denken erlischt, wenn die Atmung aufhört, also keine Luft mehr zugeführt wird. Demzufolge müsse die Luft der Ursprung der Welt sein. Sie ist allgegenwärtig, ist als Urstoff die Ursache für alles Leben, für die Sinneswahrnehmungen, für alles Denken. Die Luft ist für Diogenes »groß, mächtig, ewig, unsterblich und reich an Wissen«.

Die Luft ist Quelle aller Bewegung und alles Lebens bei Menschen und bei Tieren. Pflanzen haben für Diogenes kein Leben. Bei Abkühlung verdichtet sich die Luft, und aus der herabsinkenden schweren Luft ist das Meer und die anfangs feuchte, erst allmählich ausgetrocknete Erde entstanden. Die emporsteigende leichte Luft, durch Erwärmung verdünnt, erzeugte Sonne, Mond und Sterne.

Von den Ideen des Anaxagoras angeregt, entstand eine neue Wissenschaft, die Astronomie. Der Athener Meton beobachtete eingehend die Sommersonnenwende am 28. Juni 432 und schuf danach für die Athener ein *heliotrópion*, eine Uhr zur Feststellung der Sonnenwenden, die auf der Pnyx aufgestellt wurde. Aus der Erkenntnis, daß sich die regelmäßig wiederkehrende Bahn der Sonne nicht in vollen Tagen eines Jahres vollzieht, errechnete er das »große Jahr«, einen Zyklus von 19 Sonnenjahren mit 235 Mondmonaten, und entwickelte ein kalendarisches System. Auf 12 normale und 7 Schaltjahre verteilte er 110 »hohle« Monate mit 29 Tagen und 125 volle Monate mit 30 Tagen. Seine Berechnungen differieren vom Zyklus unserer Schaltjahre nur um 30 Minuten und 9 Sekunden.

Metons Mitarbeiter Euktemon beobachtete die Sternphasen und den Witterungswechsel, begründete damit die Klimaforschung. Er beschäftigte sich daneben mit der Geographie des Westens. Das war zu einer Zeit, zu der in Athen der Handel im westlichen Mittelmeer propagiert wurde, von besonderer Bedeutung. Hinter den Säulen des Herakles, also der Straße von Gibraltar, nahm Euktemon ein großes Riff an, das die spanische Küste mit der marokkanischen verbindet. Nach dem Mythos war das ein Damm, den Herakles aufgeworfen hatte, um einen Einbruch des Ozeans in das Mittelmeer zu verhindern.

Die Lehre des Anaxagoras löste sich von reiner Naturbetrachtung und führte zu einer Philosophie des Geistes, die spekulativ und abstrakt sein sollte. Der Verstand prüft nüchtern die Erscheinung des Einzelnen, die Seele baut sich ein Bild des Kosmos zusammen. Aber dem Verstand sind Grenzen gesetzt, die geheimnisvollen Grenzen der Unendlichkeit:

> Vom Kleinen gibt es kein Allerkleinstes, sondern immer ein noch Kleineres. Denn es ist unmöglich, daß das Seiende durch Teilung bis ins Unendliche aufhört zu sein. Aber auch von dem Großen gibt es immer ein noch Größeres. Und es ist dem Kleineren an Menge gleich. An sich aber ist jedes Ding sowohl groß wie klein.
>
> *Anaxagoras, Fragment 3*

Mit seinen Thesen stellte Anaxagoras den populären Glauben des einfachen Volkes in Frage, um so mehr wirkte er in die intellektuellen Kreise Athens hinein. Seine Nähe zu Perikles verschaffte ihm Einfluß auf die Politik.

Perikles hatte für den Philosophen die größte Hochachtung. Nicht zuletzt durch den Umgang mit Anaxagoras gewann er das Selbstbewußtsein, mit dem er das Volk führte, seine erhabene Sprechweise, die nie in Schmeichelei verfiel, das beherrschte Antlitz, das so selten lachte, den gelassenen Gang, den anständigen Faltenwurf des Mantels, der auch bei leidenschaftlicher Rede nicht in Unordnung geriet, den ruhigen Klang seiner Stimme und noch viele Eigenschaften dieser Art, die überall staunende Bewunderung erweckten.

Auf Anaxagoras war es wohl auch zurückzuführen, daß Perikles den populären Aberglauben ablegte. Das entsetzte Staunen über die Himmelserscheinungen, meint Plutarch, rufe diesen Geisterglauben bei all denen hervor, die über die Ursachen dieser Dinge im Dunkeln tappen und aus Unwissenheit vor dem Göttlichen zittern und beben. Einzig die Naturwissenschaft könne davon frei machen, nur auf ihrem Boden erwüchse an Stelle einer ängstlichen, fiebrigen Dämonenfurcht eine auf heitere Hoffnung gegründete, unbeirrbare Frömmigkeit.

Der Philosoph gehörte zum Kreis um Perikles, aber der Politiker, der sich durchaus auch seinen Freunden gegenüber rar machte, scheint den Kontakt zu Anaxagoras gelegentlich vernachlässigt zu haben. Eine Anekdote, die Plutarch erzählt, muß sich, wenn sie denn wahr ist, kurz vor 431 abgespielt haben. Perikles sei für längere Zeit so beschäftigt gewesen, daß er den Philosophen ganz vergessen habe. Der habe aus Gram darüber zu Hause mit verhülltem Haupt gelegen und keine Nahrung mehr zu sich genommen. Als Perikles davon erfuhr, sei er in tiefer Bestürzung an sein Lager geeilt und habe ihn flehentlich gebeten, er möge sein Leben erhalten, wobei er weniger des Freundes Schicksal als sein eigenes beklagte, wenn er einen so erfahrenen politischen Ratgeber verlieren würde. Da habe Anaxagoras das Tuch, mit dem er sein Gesicht verhüllt hatte, angehoben und gesagt: »Perikles, wer das Licht einer Lampe nötig hat, muß Öl hineinschütten.«

Nicht immer traf Anaxagoras mit seinen rationalen Deutungen der Naturerscheinungen ins Schwarze. Im 1. Jahrhundert n. Chr. veröffentlichte der Sizilianer Diodor eine Universalgeschichte in 40 Büchern, in der er einen Erklärungsversuch des Anaxagoras zu den jährlich wiederkehrenden Überschwemmungen im Niltal wiedergibt, daß nämlich der im äthiopischen Gebirge schmelzende Schnee die Ursache für das Anschwellen des Flusses sei. Auf diese Theorie beziehe sich ein Vers von Anaxagoras' Schüler Euripides: »...den Nil verlassend, dem Äthiopien, das Land der Mohren, stets das Flußbett füllt, sobald der Schnee zu Wasser wird.« Diodor bemerkt dazu süffisant, daß in Äthiopien gar kein Schnee falle.

In anderen Fragen kam Anaxagoras zu erstaunlich richtigen Ergebnissen, erstaunlich, wenn wir seine Untersuchungsmöglichkeiten und den allgemeinen Wissensstand der Zeit berücksichtigen. Sonnen- und Mondfinsternisse seien keine göttlichen Vorzeichen, sondern hätten absolut natürliche Ursachen. Der Mond verfinstere sich, wenn die Erde zwischen ihn und die Sonne trete, die Sonne dagegen, wenn der Mond bei Neumond zwischen sie und die Erde tritt. Erklärungen dieser Art bedeuteten aber nichts anderes, als daß in der Natur alles sich nach Regeln richtet und der Mensch nicht von dämonischen Kräften schikaniert wird.

Eine solche Lehre war geradezu gotteslästerlich. Galilei ist nicht der erste gewesen, dem die nüchterne Betrachtung des Himmels und der Erde zum Verhängnis wurde. Anaxagoras konnte manche seiner Beobachtungen nicht öffentlich vortragen. Seine Untersuchung über das Licht des Mondes kursierte in Athen als Geheimschrift in einem ausgesuchten Freundeskreis und durfte nur vertraulich weitergegeben werden.

Die Konservativen in Athen nannten die Naturphilosophen verächtlich »Schwätzer von den höheren Dingen«. Für die Mehrzahl der Griechen waren die Götter lebendige Kräfte, die in ihr Leben direkt eingriffen. Deshalb nahmen sie ihre Verehrung sehr ernst. Kaum einer begann oder beendete den Tag, ohne zu den Göttern zu beten. Er stand in dauernder Verbindung mit ihnen, wußte sich in ihrer Hut. Und da kam einer, und dazu noch aus dem fernen Jonien, der behauptete: »Zeus, wer das auch immer ist, ich kenne ihn nur vom Hörensagen, nur dem Namen nach ...«

Einige fanatische Vertreter des überkommenen Götterglaubens handelten schließlich. Wohl 432 hatte der Priester Diopeithes in der Volksversammlung ein Dekret durchgesetzt, nach dem es in Athen fortan strafbar sein sollte, die Himmelserscheinungen zu deuten. Wer nicht an die Götter glaube und sich in wissenschaftlichen Vorträgen mit den Dingen über der Erde befasse, sei unter Anklage zu stellen. Mit diesem *pséphisma* maßte sich das Volk von Athen das Recht an, zu bestimmen, was Wahrheit ist.

Die Priester, die die Opposition gegen Anaxagoras anführten, standen der von Perikles geförderten Aufklärung aus durchaus eigennützigen Gründen feindlich gegenüber. Ihre Einnahmen bestanden zu einem großen Teil aus Gebühren und Spenden für die Erklärungen von Vorzeichen und Orakeln. Diopeithes, der eine verkrüppelte Hand hatte, muß noch jung gewesen sein, als er das Dekret einbrachte, das eine Anklage gegen Anaxagoras möglich machen sollte. Jedenfalls lebte noch um 400 ein Mann namens Diopeithes, der als Wahrsager einen großen Ruf hatte, sich in alten Weissagungen auskannte und als außerordentliche Autorität in allen Fragen der Religion galt.

Die treibende Kraft hinter der Anklage gegen Anaxagoras war vermutlich der politische Gegner des Perikles, Thukydides. Er war erst seit einigen Monaten wieder in Athen, seine zehnjährige Verbannung durch das Scherbengericht war 432 abgelaufen. Seine Absicht wird gewesen sein, auf dem

Umweg über Anaxagoras den Argwohn der Religiösen auf Perikles selbst zu lenken.

Die öffentliche Auseinandersetzung um den Philosophen aus Klazomenai war auf ihrem Höhepunkt, als Euripides an seiner *Medea* arbeitete. Der fast siebzigjährige Anaxagoras dürfte 431 zum letzten Mal im Theater des Dionysos gewesen sein. Kurz nach dem Fest wurde er zu einer hohen Geldstrafe verurteilt und verließ auf Betreiben von Perikles Athen, die Stadt, in der er mehr als dreißig Jahre gelebt hatte, die ihm zur zweiten Heimat geworden war, die ihm soviel verdankte. Hochgeehrt wird er 428 in Lampsakos am Hellespont sterben. Auf seinem Grabstein stand: »Hier ruht Anaxagoras, der beim Erforschen des Weltalls am nächsten zum Ziel der Wahrheit vordrang.«

Ein Tragödienfragment des Euripides, zwanzig Jahre nach dem Prozeß gegen Anaxagoras geschrieben, ist wohl als Verteidigung des großen Philosophen, der Freund und Lehrer des Dichters war, zu verstehen:

Glückselig ist, wer aus Forschung Wissen gewonnen hat und nicht darauf aus ist, den Bürgern Leid zuzufügen und Unrecht zu tun, sondern auf die ewige Ordnung der unsterblichen Natur blickt und fragt, wie sie entstanden ist und warum und wodurch. Er wird sich niemals schändlichem Tun hingeben.

Euripides, Fragment 910 (aus Antiope)

Medea

MEDEA
Mir geht es ähnlich. Weil ich klug bin,
bin ich dem einen verdächtig,
andere halten mich für arrogant.
Ich kann es niemandem recht machen.
Du hast Angst vor mir und machst dir Sorgen,
daß ich dir etwas antun könnte. So bin ich nicht.
Du mußt nicht fürchten, Kreon, daß ich wagen würde,
mich an Fürstenhäuptern zu vergreifen.
Meinen Mann, den hasse ich,
aber du, was hättest du mir angetan?
Du gabst deine Tochter dem Mann,
dem du sie geben wolltest. Was ist daran zu tadeln?
Ich kann ohne Neid zusehen, wenn es dir gutgeht.
Vermähle deine Tochter, lebe glücklich!
Doch mich laß hier im Lande bleiben.
Mir ist zwar Unrecht geschehen,
aber ich halte mich zurück,
denn ich weiß, wer der Stärkere ist.
KREON
Was du sagst, klingt vernünftig,
doch ändern deine Worte nichts an meiner Sorge,
daß du insgeheim an Rache denkst.
Ich traue dir jetzt weniger als vorher.
Vor der lauten Wut einer Frau kann man sich
genau wie bei einem Mann vorsehen.
Nicht aber vor stiller List.
Drum hör auf zu reden, mach dich fort.

Es bleibt dabei, mit keiner Kunst
erwirkst du dir ein Recht zu bleiben,
so verbittert wie du bist!

MEDEA

Ich falle dir zu Füßen, flehe bei der jungen Braut –

KREON

Dein Reden ist nutzlos, du stimmst mich nicht um.

MEDEA

Du treibst mich fort, trotz meines Flehns?

KREON

Weil mir die Meinen näher sind als dein Schicksal.

MEDEA

O Vaterland, wie sehr vermisse ich dich jetzt!

KREON

Nach den Kindern ist es auch mir das Liebste.

MEDEA

Weh, daß die Liebe so zum Fluch
für einen Menschen werden kann!

KREON

Sie wird zum Fluch oder zum Segen, wie sich's fügt.

MEDEA

Zeus, du weißt, wer an meinem Unglück die Schuld trägt!

KREON

Nun fort, Verwegene, erlöse mich von dieser Qual.

MEDEA

Wer von uns beiden wird denn hier gequält?

KREON

Die Knechte sollen dich wegprügeln!

MEDEA

Befiehl das nicht, Kreon, ich flehe dich an –

KREON

Du läßt mir keine andere Wahl!

MEDEA

Ich werde gehen, nur um eines bitte ich noch.

KREON

Warum bedrängst du mich, läßt meine Hand nicht los?

MEDEA

Nur einen Tag zu bleiben, gönne mir,
damit ich überlegen kann,
wohin ich fliehen soll,
wo ich für meine Kinder Nahrung finde.
Ihr Vater kümmert sich nicht mehr um sie.
Hab Erbarmen mit meinen Kindern,
du bist doch selbst Vater,
du kannst nicht so gefühllos sein.
Ich sorge mich, wenn ich verbannt werde, nicht um mich,
ich beweine nur das Unglück meiner Kinder.

KREON

Ich bin durchaus nicht herzlos und tyrannisch.
Aber ich habe schon so manchen Fehler
nur aus zu großem Zartgefühl gemacht.
Auch jetzt weiß ich, daß ich anders handeln sollte.
Trotzdem sollst du deinen Willen haben.
Das aber sage ich dir:
Wenn du morgen früh bei Sonnenaufgang
mit deinen Kindern
noch in den Grenzen meines Landes bist, stirbst du!
Und da gibt's kein Pardon!
Wenn dir so viel daran liegt,
dann bleib noch diesen Tag.
In so kurzer Zeit kannst du nichts Schlimmes anrichten!

CHOR

Weh dir! welch schmerzliches Leid!
Wohin willst du fliehn?

Wo willst du in deiner Not ein Haus finden, ein Land,
das dir gastlichen Schutz bietet? Ein Gott, Medea,
hat dich in einen Strudel des Unglücks gestürzt,
der dich verschlingt.

MEDEA
Unglück umgibt mich überall, das ist nicht zu leugnen.
Aber so wird es nicht enden, glaubt das nicht!
Noch droht Unheil dem frisch vermählten Paar,
und ihren Verwandten nicht geringer Schmerz.
Meint ihr, ich hätte dem Mann eben geschmeichelt,
wenn ich nicht einen Ausweg wüßte?
Ich hätte sonst kein Wort mit ihm gesprochen,
hätte ihn mit meinen Händen nicht berührt.
Er war völlig blind, ließ sich betören!
Hätte er mich sofort aus dem Land getrieben,
wären all meine Pläne vereitelt.
Aber er läßt mich noch diesen Tag hier bleiben.
Der wird genügen,
daß ich alle drei Feinde zu Toten mache:
den Vater, die Braut und meinen Gatten.
Es gibt viele Wege, sie zu ermorden,
ich weiß noch nicht, welchen ich wählen werde.
Soll ich im zur Hochzeit geschmückten Palast
Feuer legen?
Oder stehle ich mich heimlich
in das Schlafgemach der Braut
und stoße ihr einen Dolch ins Herz?
Nein, das ist nicht gut.
Wenn man mich zum Palast schleichen sieht
und mich ergreift, werde ich noch im Sterben
von meinen Feinden verhöhnt.
Am besten ist das Naheliegende:

ich muß meine Künste nutzen:
Mit Gift will ich sie umbringen! So soll es sein!
Doch, wenn sie tot sind,
welche Stadt nimmt mich dann auf?
Wo finde ich Asyl, wo einen Freund,
der mir sein Haus öffnet, meinen Leib beschützt?
Ich habe keinen!
Ich muß noch warten,
muß erst eine sichere Bleibe finden,
dann kann ich im Verborgenen
mit List den Mord begehen.
Und werde ich vertrieben,
bevor ich ein Asyl gefunden habe,
dann greife ich zum Schwert, und koste es mein Leben!
Ich töte sie, ich wage die kühne und verwegene Tat!
Bei der Göttin,
die ich vor allen anderen Göttern verehre
und die mir immer geholfen hat,
bei Hekate, der Beschützerin meines Hauses,
sie sollen nicht froh leben,
die mich so tief gekränkt haben!
In bittere Trauer verwandle ich ihre Hochzeitsfreude,
deretwegen ich dies Land verlassen muß.
Wohlauf, besinne dich auf deine Künste, Medea,
besinne dich auf Trug und Tücke!
Schreite zum Äußersten!
Faß beherzt all deinen Mut zusammen!
Du siehst, was man dir antun will.
Werde nicht zum Gespött der Brut des Sisyphos,
laß dich nicht durch Jasons Hochzeit demütigen,
du, Tochter eines edlen Vaters,

Enkelin des Sonnengotts!
Du hast das Wissen.

Wir sind Frauen:
in aller Tugend sind wir ungeschickt,
in allem Schlimmen klug und erfinderisch.

302-409

Euripides oder Der Mythos

Solcher Verse wegen wurde Euripides in der Antike immer wieder als Weiberfeind eingeschätzt. Dabei ist seine Medea alles andere als eine Figur aus der Schreckenskammer der Frauenverächter. Sie ist eine Frau voll ungezügelter Leidenschaft, aber auch eine Frau, die liebt und an der der Mann großes Unrecht tut. Die Geschichte, wie Euripides sie erzählt und wie wir sie heute als uralten griechischen Mythos ansehen, war für das Publikum des Jahres 431 in wesentlichen Teilen neu.

Als der Dichter die *Medea* auf die Bühne brachte, war er in Athen bereits bekannt dafür, in seinen Tragödien neue Handlungselemente für bekannte Geschichten zu erfinden, ihnen dadurch einen neuen Sinn zu geben. Sieben Jahre vor der *Medea* hat Euripides ein Stück über Alkestis auf die Bühne gebracht. Alkestis war die älteste Tochter des Pelias und hat sich als einzige nicht an der von Medea vorgeschlagenen, tödlich endenden Verjüngungskur ihres Vaters beteiligt. Nach dem Mythos erklärte sie sich später aus Liebe bereit, an Stelle ihres Gatten Admet zu sterben. Die Geschichte vom stellvertretenden Tod war ein idyllisches Märchenmotiv, wie es ähnlich auch in anderen Ländern und zu anderen Zeiten erzählt wurde. Euripides stellte diese Idylle auf den Kopf, indem er eine auf den ersten Blick unbedeutende Veränderung am überlieferten Mythos vornahm. Im Märchen muß die Frau gleich nach dem Gelöbnis sterben, Euripides läßt geraume Zeit zwischen dem Versprechen und seiner Einlösung verstreichen. Das Ehepaar lebt noch eine Weile zusammen, immer den bereits bestimmten Tag vor

Augen, an dem Alkestis an Stelle ihres Mannes sterben wird. So kann der Dichter – ohne daß er es aussprechen muß – die Unmöglichkeit des stellvertretenden Todes zeigen. Admet, der König, ist bei Euripides beinahe ein weinerlicher Schlappschwanz. Alkestis erwirbt durch ihr Opfer den Ruhm, der in der Auffassung der Zeit dem Mann zukäme. Das ändert aber nichts daran, daß ihr Opfertod absolut sinnlos ist. Wenn Admet weiterlebt, als sei nichts geschehen, hat er das Opfer nicht verdient. Erkennt er aber, was seine Frau für ihn getan hat, kann ihm sein durch ihren Tod verlängertes Leben nichts mehr wert sein. Apollon, der dem Todesgott die Stellvertretung abgelistet hat, steht deshalb bei Euripides fast als Trottel da. Das Stück ist weniger ein Lobgesang auf Frauentugend als ein Tadel an der griechischen Männerwelt. Trotz dieser deutlichen Kritik fiel das Stück nicht völlig durch, es erhielt immerhin einen zweiten Preis.

Die *Alkestis* des Euripides zeigt auch das Verblassen des Unsterblichkeitsglaubens in den dreißiger Jahren. Auf dem Grabmal der bei Potidäa Gefallenen standen die Worte: »Wie die Erde den Leib, empfing ihre Seelen der Äther.« Der Äther ist dabei als Träger der Weltseele gedacht, in dem die Persönlichkeit des Toten aufgeht. Damit wurde die individuelle Fortdauer der Seele bestritten. Euripides formulierte in seinen Tragödien die aufkommende Unsicherheit über das Schicksal der Seele. Es gab in seiner Zeit geradezu eine Hoffnung auf ein endgültiges Erlöschen des Bewußtseins im Tod. Von der Seligkeit der Toten ist bei ihm wenig die Rede.

Wenige Jahre vor der *Medea* (wohl 434) hat Euripides in seiner ersten *Hippolytos*-Tragödie Phädra als ein schamloses, mannstolles Weib gezeichnet. Sie ist unsterblich in ihren

Stiefsohn Hippolytos verliebt und bietet sich ihm an, will ihn – auf offener Bühne! – verführen, wie Potiphars Weib in der Bibel Joseph zu verführen sucht. Angewidert wendet der keusche Prinz sich von seiner Stiefmutter ab und verhüllt sein Haupt. Deshalb wurde diese Hippolytos-Tragödie später *Der sich verhüllende Hippolytos* genannt. Leider ist das Stück nicht erhalten, wir wissen nur, daß die Szene einen deftigen Skandal auslöste. Phädra war immerhin die Gemahlin des attischen Nationalheros Theseus und damit Königin von Athen, wenn auch Euripides sicherlich in seinem Stück darauf hingewiesen haben wird, daß sie eine kretische Prinzessin – also eine Ausländerin – war.

Euripides hatte sich folglich in Athen bereits mit neuen und schockierenden Theaterszenen einen Namen gemacht. Das Publikum war deshalb sicher gespannt darauf, wie er den Mythos der Medea erzählen würde.

Für uns ist Medea die Furie, die ihre eigenen Kinder schlachtet, um sich für die Untreue des Gatten zu rächen, und ihm die Leichen vor die Füße wirft. So kennen wir die Geschichte, viele Dramatiker haben sie in der Version des Euripides immer wieder erzählt: Seneca, Corneille, auch Grillparzer, in der Oper Cherubini und Georg Benda. Auf zahlreichen Gemälden vom Barock bis zum Klassizismus wird Medea als Kindermörderin dargestellt. Die Zuschauer in Athen wußten an dieser Stelle der Tragödie noch nicht, wie Medea ihre Rache ins Werk setzen würde. Die heute als klassisch geltende Fassung des Mythos hat Euripides für die Aufführung des Jahres 431 erfunden.

Auch Aischylos, der älteste der drei großen attischen Tragiker, hat eine monströse Mörderin auf die Bühne gebracht: Klytaimestra, die ihren Gatten Agamemnon am Tag der

Heimkehr vom trojanischen Krieg erschlägt. Aber welch andere Gestalt ist diese Mörderin, die 458 auf der Bühne stand, 27 Jahre vor der Medea des Euripides!

Es liegt eine tiefe innere Wahrheit in der Gruppierung der Lebensdaten der attischen Tragiker um das Jahr der für die griechische Geschichte so entscheidenden Seeschlacht von Salamis, bei der die Flotte des Xerxes den Untergang fand. Danach hat 480 Aischylos in der Blüte seiner Jahre als Soldat die Freiheit verteidigen helfen. Sophokles durfte den Siegespaian der Knaben anführen, seine Jugend konnte den Triumph des Sieges auskosten, ohne die Schrecken des Kampfes selbst miterlebt zu haben. Euripides wurde auf der Insel Salamis im Flüchtlingslager der Athener geboren. Kampf und Sieg kannte er nur aus den Erzählungen der Alten. Seine Jugend fiel in die aufkeimende geistige Unsicherheit der Nachkriegszeit.

Den Dichter Aischylos sah die Antike als eine seelisch wie körperlich kraftvolle Erscheinung, gottesfürchtig, aber ohne Furcht vor den Menschen. Noch als Greis betrachtete er sich als Lernenden, als immerfort Strebenden, bescheiden, aber gewiß auch selbstbewußt. Die dämonische Figur seiner Klytaimestra ist von finsterer Größe, ganz Leidenschaft und Rachgier, von einer Tatkraft und Klugheit, die alle äußeren Schwierigkeiten überwindet. Sie ist eine Natur voll Herrschsucht und Stolz, deren Grausamkeit sich in eine Mordlust entsetzlichen Hohns steigert. Doch sie ist auch ängstlich und schwach, eine Frau, die mit kleinen Mitteln jämmerlich die furchtbarste Schuld abzuwaschen versucht.

Nachdem Orest den Mord an seinem Vater dadurch rächt, daß er die eigene Mutter erschlägt, wird er bei Aischylos in einem Verfahren vor dem Athener Areopag vom

Muttermord freigesprochen. Die Auseinandersetzung in den *Eumeniden* um die Schwere der Schuld des Orest gipfelt in der Überlegung, wie weit die Mutter dem Vater hinsichtlich des Ursprungs der Kinder nachsteht. Während Klytaimestra mit Agamemnon einen Mann und einen Helden getötet hat, hat Orest »nur« eine Frau beseitigt. Daß er schon deshalb weniger schuldig ist, ist die Anschauung, die Aischylos und seine Zeit hatten.

Das Schlußstück der *Orestie* feiert einerseits eine große Errungenschaft der griechischen Zivilisation, vielleicht die größte, die sie zur Keimzelle dessen werden ließ, was in den folgenden Jahrhunderten und Jahrtausenden die europäische Kultur wurde: die Abschaffung der individuellen Blutrache, die nur immer weitere Schuld gebiert. An ihrer Statt wird ein Gewaltmonopol des Staates etabliert und dem zur Bestrafung des Täters eingesetzten Gericht übertragen. Das Stück des Aischylos ist zugleich eine Polemik gegen die Demokratie. Denn der Gerichtshof des Areopag, den die Stadtgöttin Athene im Stück ausdrücklich für alle Zeiten einrichtet, ist bei der Einführung der totalen Demokratie entmachtet worden.

Euripides war, als die *Orestie* gespielt wurde, kaum 20 Jahre alt. Die Sicherheit, die der Sieg über das mächtige Persien gebracht hatte, war schon weitgehend verflogen. Die politische Entwicklung führte dahin, daß das demokratische Athen den Bruderstädten die eben errungene Freiheit wieder nahm. Neuer Krieg kündigte sich an. Athen wurde zur Blüte Griechenlands, aber mit der fragwürdigen Pracht und dem trügerischen Glanz der Perikleischen Zeit drang auch die tiefe Skepsis zumal der jonischen Naturphilosophie in das Denken der attischen Jugend ein. Dieses neue Denken ging nicht spurlos an Euripides vorüber. Er konnte die alten Mythen nicht mehr erzählen, ohne sie einer kritischen Überprüfung zu unterziehen.

Darum mußte er die Mythen verändern. Er formte sie nicht um, weil schon zu viele andere vor ihm die alten Heroengeschichten tragisch bearbeitet hatten und er seinem Publikum um jeden Preis etwas Neues bieten wollte. Er versuchte vielmehr, durch behutsame Veränderungen den Mythos, den er seinem Drama zugrunde legte, für seine Gegenwart wieder »wahr« zu machen, indem er in den Vordergrund stellte, was ihm an den alten Geschichten aktuell erschien. Er verstand es, in ihnen Probleme und Ängste der Gegenwart aufzuzeigen, neue Gedanken, die mit den Philosophen Kleinasiens in Athen eingedrungen waren, auf der Bühne auszusprechen und darzustellen.

Euripides erklärte sich auch gegen den Mythos, wenn er ihm falsch erschien. War er in seinen Augen eine Bestätigung für traditionelle Vorurteile, kündigte er ihm geradezu den Glauben auf. Obwohl Bestandteil des zweithöchsten Staatskultes nächst der Verehrung der Stadtgöttin Athene, ließ er die Tragödie nicht in rückwärtsgewandter religiöser Orthodoxie erstarren. Er lebte in seiner Gegenwart, ihn beschäftigten die Fragen, die seine Zeit stellte und die seiner Zeit gestellt waren. Er sah die Heroen des Mythos nicht, wie der Dichter Hesiod 250 Jahre vor ihm, als ein Geschlecht, das »gerechter und besser, ein göttlich Geschlecht von Helden« war. Euripides verlegte den Mythos in die Realität des Lebens, er machte aus den Heroen Menschen. Und die Götter des Euripides sind oft voll Willkür gegenüber den Sterblichen. Leidenschaft, nicht Gerechtigkeit ist die Ursache ihres Handelns.

So entdeckte der Dichter für das Theater die breite Skala menschlicher Schwäche und Niedrigkeit. Er weckte in seiner *Medea* zugleich Grauen vor der Schuld und Mitleid mit der Schuldigen (was ihm im ersten *Hippolytos* offenbar nicht ganz geglückt ist). Seine Zuschauer fanden sich in den Tragödiengestalten wieder, fühlten sich direkt und konkret angesprochen.

Daß solche Neuerungen als unerhörte Kühnheit empfunden wurden, sehen wir an den wütenden Hieben, zu denen etwa Aristophanes gegen den Dichter ausholte. In seiner Komödie *Die Frösche* läßt er Aischylos im Streit mit Euripides sich rühmen, er, Aischylos, habe in seinen Tragödien nie eine liebende Frau zugelassen.

In Athen erzählte man sich, Euripides sei ein so großer Weiberfeind, weil er eines Tages seine Frau mit einem im Haus geborenen Sklaven in flagranti ertappt habe. Da es ihm nicht gelungen sei, das Verhältnis der beiden zu unterbinden, habe er dem Sklaven seine Frau schließlich überlassen. Der junge Mann hieß Kephisophon, Aristophanes brachte ihn in seiner Komödie *Die Acharner* als Assistenten des Euripides auf die Bühne. Kephisophon soll dem Dichter vor allem bei den Chorgesängen zugearbeitet haben.

Vielleicht spielte Aristophanes auf dieses Gerücht an, als er über Euripides sagte:

> Der Schüler des Anaxagoras schaute immer mürrisch drein. Er lachte nie, höhnte nur und wurde auch beim Wein nicht lustig. Aber wenn er dichtete, waren seine Gesänge süß wie die der Sirenen.
>
> *Aristophanes Fragment 676 b*

Medea

Das Wasser der heiligen Flüsse
fließt zu den Quellen zurück,
das Recht und alles auf Erden hat sich verkehrt.
Die Herzen der Männer sind falsch,
nichts gelten ihnen die heiligsten Eide.
Alles hat sich gewandelt,
Ehre und Lob gilt fortan den Frauen,
üble Nachrede erreicht sie nicht mehr.
Die alten Gesänge der Dichter,
daß wir nur Lug und Trug kennen,
müssen jetzt verstummen.
Wenn Phoibos, der Gott der Dichter,
auch den Frauen göttliche Begeisterung verliehen hätte,
dann tönten den Männern jetzt andere Lieder entgegen.
Die Zeit weiß viel vom Sinnen der Frauen
und den Taten der Männer zu erzählen.

Du bist auf dem Schiff dem Vaterhaus entflohn,
von Liebe betört, hast die Felsen
am Eingang des Schwarzen Meers durchsegelt
und wohnst hier als Fremde im Haus,
des Gatten beraubt.
Dein eheliches Recht wird dir genommen, du Arme,
schmachvoll wirst du aus dem Land getrieben.
Heilige Schwüre gelten nichts mehr,
göttliche Scheu wohnt nicht länger
im großen Griechenland,

sie entfloh in das Weltall.
Du hast kein Vaterhaus mehr, Unglückliche,
in das du dich flüchten kannst in deiner Not.
Eine andere hat dir dein Bett geraubt,
sie ist die Stärkere und herrscht jetzt im Haus.

410-445

Parmenides oder Der Weise

Daß alles sich gewandelt hat, nichts von dem, was man bisher zu wissen glaubte, noch als verläßlich genommen werden kann, daß damit auch nicht mehr sicher ist, was Moral, was Anstand, was Treue ist, das haben die Zuschauer im Theater des Dionysos in den Jahren zuvor wiederholt von Weisen oder sich als weise ausgebenden Männern gehört, die in den vierziger und dreißiger Jahren des 5. Jahrhunderts nach Athen gekommen waren. 445 sollen zum Beispiel die beiden Philosophen Parmenides aus Elea in Süditalien und sein Schüler Zenon, Sohn des Teleutagoras, in Athen gewesen sein.

Parmenides stammte aus einer vornehmen und reichen Familie. Als junger Mann war er Anhänger der Lehren des Pythagoras, doch später reihte er sie unter die »menschlichen Meinungen« ein, das heißt, er hielt sie für irrig und falsch. Sein großes Lehrgedicht, dessen erster Teil mit »Die Wahrheit« überschrieben war, veröffentlichte er bereits um 480.

Nach Parmenides gibt es in der Welt das Seiende, das für ihn das Wahre ist, und daneben nur Trug und Schein. Das Seiende, mit dem allein sich der Philosoph befassen soll, ist eine ununterbrochene, geschlossene Einheit, ungeworden und unvergänglich, stets gegenwärtig, ohne Vergangenheit und ohne Zukunft, immer sich selbst gleich. Es ist mit den körperlichen Sinnen nicht wahrnehmbar und deshalb ist auch keine Aussage über dieses einzig Wahre möglich. Es erschließt sich nur dem Denken (dem *lógos*), weil es selbst Denken ist. Was die Sinne erfassen, ist nur eine Scheinwelt:

die Vielheit, die Veränderung, die Bewegung, das Werden und Vergehen.

Parmenides beschreibt in reichen Bildern seine Reise in die Welt der Gedanken:

> Die Rosse, die mich dahintrugen, sie brachten mich, soweit mein Herz nur begehrte, nachdem mich die Göttinnen (*daímones*) auf den vielgerühmten Weg geleitet hatten, der den wissenden Mann unversehrt zum Ziel führt …
>
> Weil es nicht geworden ist, ist das Seiende auch unvergänglich, ganz einzig, unerschütterlich und ohne Ende. Und nie war es oder wird es sein. Was solltest du denn auch für einen Ursprung für das Seiende erfinden? Und wie könnte das Seiende in der Zukunft sein? Wie könnte es jemals geworden sein? Denn wenn es einmal geworden ist, dann ist es nicht. Es ist aber auch nicht, wenn es jemals in Zukunft sein sollte. So ist das Werden ausgelöscht und das Vergehen abgetan.

> *Parmenides, Fragment 1, 8 pass.*

In Athen verkündete der greise Parmenides seine dunklen Wahrheiten, wurde dabei unterstützt von seinem Schüler Zenon. Der hatte zur Verteidigung der Lehre vom Seienden Argumente gegen das Werden und gegen das, was wir wahrzunehmen glauben, entwickelt, die er *Paradoxien* nannte. Das griechische Wort *parádoxos* kann sowohl »unglaublich« als auch »wunderbar« bedeuten. Am bekanntesten wurde Zenons Paradoxie von Achill und der Schildkröte, die zu beweisen suchte, daß das langsamste Wesen beim Laufen niemals von dem schnellsten eingeholt werden kann. Wenn die langsame Schildkröte und der schnelle Achill einen Wettlauf machen und die Schildkröte einen Vorsprung erhält, wird Achill sie nie überholen können. Denn bis Achill den Startpunkt der Schildkröte erreicht, hat sich die Schildkröte von dieser Stelle fortbewegt, und wenn Achill diese zusätzliche Strecke durchlaufen hat, hat sich die Schildkröte von dort wieder fortbewegt, und weiter so bis ins Unendliche: Achill kann die Schildkröte also niemals einholen. Eine andere von Zenons Paradoxien will beweisen, daß ein fliegender Pfeil in Wirklichkeit ruht. Denn der Pfeil kann sich nur an einem Ort bewegen, an dem er ist, oder an einem Ort, an dem er nicht ist. An dem Ort, an dem er ist, kann er sich aber nicht bewegen, da er ja an dem Ort *ist*. An einem Ort, an dem er nicht ist, kann er sich erst recht nicht bewegen. Also bewegt er sich nicht.

Die *Paradoxien* waren als Verteidigungsschrift der Lehre des Parmenides gerade erschienen, Zenon war mit seinem Lehrer sozusagen auf einer Lesereise in die attische Hauptstadt gekommen. Seine gedanklichen Spielereien, mit denen zu jonglieren ein intellektuelles Vergnügen sein kann, die aber auch nachhaltig verunsichern können, machten in Athen großes Aufsehen. Platon berichtet in seinem *Parmenides* vom Besuch der beiden Philosophen:

Zu den großen Panathenäen sollen Zenon und Parmenides nach Athen gekommen sein. Parmenides sei schon hoch bejahrt und ganz grau gewesen, aber noch immer schön und von stattlichem Aussehen, gegen 65 Jahre alt, vielleicht auch darüber. Zenon habe damals nahe an die 40 gezählt (tatsächlich muß er schon 50 gewesen sein), sei schlank und von anmutigem Äußeren gewesen und habe dafür gegolten, einst der Geliebte des Parmenides gewesen zu sein. Die beiden logierten bei Pythodoros außerhalb der Stadt im Kerameikos, und dahin seien denn auch Sokrates und viele andere mit ihm gekommen, in der Absicht, den Zenon aus seiner Schrift vorlesen zu hören. Sokrates sei damals noch sehr jung gewesen (er war etwa 25 Jahre alt). Vorgelesen habe ihnen Zenon selbst, Parmenides sei gerade außer Haus gewesen.

Nach der Lesung habe Sokrates den Zenon gebeten, die erste Hypothese des ersten Abschnitts noch einmal vorzutragen, und als dies geschehen war, habe er ihn gefragt: »Wie meinst du das, wenn das Seiende Vieles ist, daß es dann notwendig sowohl ähnlich als unähnlich sein müsse, was aber unmöglich ist. Denn das Unähnliche kann doch unmöglich ähnlich und das Ähnliche unmöglich unähnlich sein. Wenn das aber unmöglich ist, so ist es auch unmöglich, daß Vieles ist. Denn wenn Vieles wäre, so würde ihm jenes Unmögliche widerfahren.«

Platon, Parmenides 127 a-d pass.

Mit Zenon und Parmenides kam die spekulative Philosophie nach Athen. Bisher waren die Philosophen – auch Anaxagoras, etwa 10 Jahre jünger als Parmenides, gehörte noch zu ihnen – Natur-Philosophen gewesen. Sie hatten die Naturerscheinungen studiert, aus ihnen ihre Erklärung für die Welt und das Sein gezogen. Zu den noch naturwissenschaftlich orientierten Spekulationen des Parmenides gehörte die Annahme, die Erde habe die Gestalt einer Kugel. Er wußte, daß der Mond sein Licht von der Sonne bekommt, er kannte die Milchstraße. Daneben aber pflegte Parmenides das abstrakte Denken um seiner selbst willen. Er suchte herauszufinden, was hinter den Naturerscheinungen, hinter der *phýsis*, lag, begründete die »Meta-Physik«, die Lehre von den eigentlichen Ursachen des Wirklichen, und die philosophische Ontologie.

Zenon entwickelte zur Verteidigung dieser Lehre ein besonderes Verfahren: er gab seinem Gegner eine Grundvoraussetzung zu, leitete daraus durch dauerndes Fragen zwei einander ausschließende, doch unausweichliche Schlußfolgerungen ab und führte ihn damit in eine Ausweglosigkeit, eine *aporía*, so daß der seine Voraussetzung fallenlassen mußte. Dazu dienten auch seine Trugschlüsse, die Paradoxien. Zenon erfand die Dialektik, die ursprünglich nichts weiter ist, als der Wahrheit im Gespräch durch Frage und Antwort und immer neues Infragestellen näherzukommen.

Ob wirklich, wie Platon in seinem *Parmenides* erzählt, der junge Sokrates den alten Philosophen in Athen getroffen hat, ist nicht sicher. Dafür, daß Platons Schrift wirklich auf eine historische Überlieferung zurückgeht, könnte sprechen, daß hier nicht der erst fünfundzwanzigjährige Sokrates das Gespräch führt, wie in fast allen anderen platonischen Dialogen, sondern der ältere Philosoph dem wißbegierigen jungen Mann sein Denken und die Art seines Denkens nahezubringen sucht.

Platons *Parmenides*, der zu seinen spätesten Veröffentlichungen gehört, also Jahrzehnte nach dem geschilderten Ereignis geschrieben wurde, ist wegen seiner fast undurchschaubaren Rätselhaftigkeit in der Spätantike sehr geschätzt worden. Aber man war sich nie ganz sicher, ob Platon diese Rätselhaftigkeit wirklich ernst gemeint hat. Es ist nicht auszuschließen, daß sein *Parmenides* eine Parodie auf die spekulative Philosophie seiner Zeit ist. »Das Eins selbst ist also gleich groß und größer und kleiner als es selbst und als das andere«, läßt Platon seinen Parmenides sagen, und an einer anderen Stelle:

So dürfte wohl am ersten das Seiende sein und das Nicht-seiende nicht sein, wenn einerseits das Seiende teil hat am wirklichen Sein des Seiendseins und am Nichtsein des Nichtseiendseins, falls es anders vollständig und schlechthin sein, und wenn andererseits das Nichtseiende am Nichtsein des Nichtseiendnichtseins und am wirklichen Sein des Nichtseiendseins, falls anders wiederum das Nichtseiende vollständig und schlechthin nicht sein soll ...

Platon, Parmenides 162 a

Das hätte auch Loriot nicht schöner formulieren können. Im Athen des Jahres 445 werden jedenfalls viele Hörer des Parmenides seine Thesen kaum verstanden, andererseits sich nur wenige getraut haben, in ihnen eine belanglose künstliche Bedeutsamkeit zu sehen. Parmenides und sein Schüler Zenon konstruierten unlösbare Rätsel, die dem gesunden Menschenverstand nicht mehr zugänglich waren. Die Quintessenz der Lehre des Parmenides bei Platon ist denn auch: »Wenn das Eins nicht ist, ist überhaupt nichts.«

Trotzdem wäre es falsch, Parmenides zum geschwätzigen Scharlatan zu erklären. Seine Ontologie hat für die Entwicklung der Philosophie eine große Bedeutung gehabt. Bei aller intellektuellen Verstiegenheit hatte sein Denken irgendwie noch eine praktisch nachvollziehbare Grundlage. Für Parmenides stand, wie Aristoteles in seiner *Metaphysik* sagt, bei der Entstehung der Welt eine Macht am Beginn, die die Menschen elementar erfahren: »Eros, der Oberste unter den Göttern«.

Anaxagoras versuchte noch, zwischen den Thesen des Parmenides und den Naturerscheinungen zu vermitteln.

Die jüngeren Philosophen trieben das Infragestellen aller Sicherheit des Wissens zum äußersten Paradoxon, machten die Verkündung der totalen Relativität aller Dinge und Gedanken – und damit auch der Moral und Ethik – zu ihrem Programm. Im Jahr 431 werden Parmenides und Zenon nicht mehr in Athen gewesen sein. Aber ihr Denken war in den Köpfen vieler Zuschauer, auch in den Charakteren, die Euripides auf die Bühne gebracht hat.

Medea

JASON

Nicht zum ersten Mal erfahre ich heute,
daß wilder Zorn nur üble Folgen hat.
Ich weiß es seit langem.
Man hätte dir erlaubt,
hier in Korinth Haus und Hof zu haben,
wenn du dich willig den Stärkeren gebeugt hättest.
Doch mit deinen wilden Reden hast du erreicht,
daß du ausgewiesen wirst.
Mir persönlich macht es zwar nichts aus,
daß du überall verkündest,
Jason sei ein durch und durch schlechter Mann.
Doch für deine Hetze gegen den König und seine Tochter
erhältst du jetzt als Quittung die Verbannung.
Ich habe den Zorn des empörten Königs
zu beschwichtigen gesucht und darum gebeten,
daß du hier bleiben darfst.
Doch du warst so töricht,
mit deinen Schmähungen gegen das Königshaus
nicht aufzuhören,
und deshalb mußt du nun das Land verlassen.
Doch auch jetzt noch will ich,
ohne Rücksicht auf Nachteile für mich,
den Meinen beistehen und komme deshalb zu dir, Frau.
Du sollst nicht ohne Geld
mit den Kindern von hier weggehen müssen,
oder wenn du sonst etwas brauchst.
Verbannung bringt ja Not mit sich.

Wenn du mich auch noch so sehr haßt,
ich kann dir nichts Böses wünschen.

MEDEA

Du elender Wicht! Mit Worten läßt sich gar nicht sagen,
wie unmännlich feig du bist! Du wagst es, herzukommen?
Du, mein schlimmster Feind? Das ist nicht Kühnheit,
das ist kein beherzter Mut,
wenn man den Seinen vor die Augen tritt,
nachdem man ihnen das Ärgste angetan hat!
Nein, das ist das allerschlimmste Laster auf der Welt,
ist schamlose Frechheit!
Aber es tut auch gut, daß du gekommen bist.
Es erleichtert mein Herz, wenn ich dir
deine Schandtaten ins Gesicht schreien kann und sehe,
wie es dich ärgert, daß du mich anhören mußt.
Ich beginne mit dem Anfang:
Ich habe dich gerettet, alle Griechen wissen es,
die mit dir an Bord der Argo waren,
als du die Aufgabe hattest,
die feuerschnaubenden Stiere unter das Joch zu spannen
und auf dem Mordacker auszusäen.
Ich habe den Drachen erlegt,
der vielfach gewunden um das goldene Vlies lag
und, ohne je zu schlafen, es bewachte.
So bist du gerettet worden!
Ich habe für dich meine Familie aufgegeben,
meinen Vater verraten,
bin mit dir nach Jolkos am Hang des Pelion gegangen.
Es hat mich mehr die Leidenschaft dazu getrieben
als der Verstand.
Ich ließ Pelias durch seine Töchter
einen schlimmen Tod sterben, nahm von dir alle Angst.

Das, elender Kerl, tat ich für dich!
Dafür hast du mich verraten
und dir eine andere Frau genommen.
Und das, obwohl wir Kinder haben.
Wäre deine Ehe mit mir kinderlos geblieben,
dann wäre es vielleicht noch zu verstehen,
daß du hier eine neue Frau nehmen willst.
Alle Treueschwüre hast du vergessen,
und ich weiß nicht, ob du meinst, die Götter,
bei denen du sie geschworen, seien abgesetzt,
ein neues Recht gelte bei den Menschen –
falls du dir überhaupt Gedanken machst,
daß du mir gegenüber eidbrüchig geworden bist.
Ach, wie oft hast du diese Hand gedrückt!
War es nur Heuchelei,
wenn der Schurke sich an meine Knie geschmiegt
und mein liebendes Herz betört hat?
Antworte, ich will es aus deinem Mund hören,
als ob du weiterhin mein Freund wärst –
aber was kann ich von dir noch erwarten?
Sei's drum, meine Worte zeigen dir,
wie niederträchtig du bist.
Wohin soll ich jetzt gehen?
Ins Haus meines Vaters, das ich dir zuliebe
mitsamt der Heimat verraten habe?
Zu den armen Töchtern des Pelias?
Großartig würden die an ihrem Herd
die Mörderin ihres Vaters willkommen heißen!
So steht es: Alle, die mir wohlgesinnt waren,
habe ich tief gekränkt,
denen ich nie Böses hätte tun dürfen,
sie habe ich mir zu Feinden gemacht, dir zuliebe.

Dafür bin ich nun glücklich
vor allen Frauen Griechenlands,
habe einen wunderbaren, treuen Gatten!
Ich unglückseliges Weib,
ich werde aus dem Lande ausgewiesen,
muß fort, ohne Freunde zu haben,
verlassen, mit verlassenen Kindern!
Das ist ein feiner Ruhm
für den frisch vermählten Ehemann,
daß seine Retterin bettelnd mit den Kindern
umherirren muß.
O Zeus, warum hast du einen Stein geschaffen,
mit dem man untrüglich prüfen kann, ob Gold echt ist,
aber dem Menschen hast du kein Merkmal eingeprägt,
an dem man sieht, ob er gut oder schlecht ist?!

CHOR

Schlimm wütet die Leidenschaft
und sie ist nicht zu bändigen,
wenn Menschen, die einander geliebt haben,
in Streit geraten.

446-521

Sokrates oder Der Philosoph

Ob der Mensch gut oder schlecht ist, und warum er schlecht oder gut ist, bewegte den dreißigjährigen Sokrates. Er muß zur Zeit der *Medea* in Athen bereits stadtbekannt gewesen sein, sonst hätte ihn Aristophanes nicht wenige Jahre später in seinen *Wolken* als Hauptfigur einer Komödie auf die Bühne gebracht. Im Prozeß des Jahres 399 wird Sokrates in seiner Verteidigungsrede von einer Anklage gegen ihn sprechen, die Jahrzehnte zurückliegt. Diese erste Anklage war die eigentlich gefährliche, denn sie wurde in Form von anonymem Gerede erhoben, gegen das man sich nicht wehren kann, weil seine Urheber nicht zu fassen sind. Das Gerede kam auf in der Zeit der *Medea*: Sokrates sei ein weiser Mann, der die Dinge am Himmel und unter der Erde erforsche und die schwächere Rede zur stärkeren mache.

Das Zentrum seines Denkens bildete nicht länger die Beobachtung der Natur und der Himmelserscheinungen. Mit Sokrates trat das Menschliche in den Mittelpunkt des Interesses und der Betrachtung, deshalb sagt Cicero von ihm, er habe die Philosophie vom Himmel auf die Erde herabgeholt. Zweifel und Unsicherheit verdichteten sich bei Sokrates zum Bewußtsein von der Unzulänglichkeit menschlichen, vor allem des eigenen Wissens, führten zur Erkenntnis des Nicht-Wissens. Die oft zitierte Quintessenz sokratischer Weisheit: »Ich weiß, daß ich nichts weiß«, ist so allerdings von ihm nicht formuliert worden. Wie oft, verfälscht die griffige Verkürzung. In seiner Verteidigungsrede vor Gericht sagte Sokrates vielmehr, er habe sich vor einiger Zeit mit einem damals in Athen bekannten Politiker unterhalten und dabei den Eindruck gewonnen, dieser werde von vielen Menschen und am meisten von sich selbst für weise gehalten, ohne es tatsächlich zu sein.

Und ich suchte ihm dann klarzumachen, er sei zwar überzeugt, weise zu sein, sei es in Wirklichkeit aber nicht. Damit machte ich mich bei ihm und bei vielen Anwesenden unbeliebt. Als ich fortging, sagte ich zu mir: »Verglichen mit diesem Mann bin ich freilich weiser. Denn es mag wohl eben keiner von uns beiden etwas Gescheites wissen, aber dieser meint zu wissen, weiß aber nichts. Ich weiß genau so wenig, bilde mir aber auch nicht ein, etwas zu wissen. Es scheint also, daß ich um dieses Wenige doch weiser bin als er, da ich, was ich nicht weiß, auch nicht zu wissen glaube.«

Platon, Apologie 21 c

Wenn Sokrates sich um wahres Wissen bemühte, war das auch ein Kampf gegen die Selbstgefälligkeit der Menschen. Er weckte seine Gesprächspartner aus dem Dämmer einer falschen Zufriedenheit und zwang sie zur Selbsterkenntnis. Triebfeder war dabei die Überzeugung – und in dieser Überzeugung steckt ein gutes Stück Naivität – das Wissen um das Gute, das Gerechte und Fromme werde automatisch ein entsprechendes Verhalten nach sich ziehen. Sokrates glaubte, Tugend sei Wissen. Er überwand damit den sophistischen Subjektivismus und Relativismus, war, jedenfalls in methodischer Hinsicht, der Begründer einer wissenschaftlichen Philosophie, wenn er auch kein fest umrissenes philosophisches System entwickelt hat. Vielleicht war es nicht nur Koketterie, wenn er sich selbst nicht als weise bezeichnete, sondern als einen »Liebhaber der Weisheit«, einen *philósophos*.

Sokrates hat seine Gedanken nicht selbst niedergeschrieben. Seine Lehre entwickelte sich im Gespräch mit seinen Freunden und (philosophischen) Gegnern. Wenn wir uns ein Bild von ihm machen wollen, sind wir auf die Darstellungen seiner Schüler angewiesen, vor allem auf Platon und Xenophon. Die Zuverlässigkeit ihrer Überlieferungen, wieviel Eigenes auch jeweils von ihnen in ihre sokratischen Schriften eingeflossen sein mag, läßt sich naturgemäß nicht mehr überprüfen. Manches wird auf unmittelbarer Erinnerung an Gehörtes und Erlebtes beruhen, vielleicht unterstützt durch eigene Aufzeichnungen oder die anderer Gesprächspartner des Sokrates. Auch mancher eigene Gedanke wird Sokrates in den Mund gelegt worden sein (von Platon wohl mehr als von Xenophon). Darüber zu spekulieren können wir getrost der Sokrates-Philologie überlassen. Denn selbst wenn einzelne Gedanken in den sokratischen Schriften von Platon oder Xenophon stammen, es sind Gedanken, die im 5. Jahrhundert in Athen gedacht wurden, und nur das interessiert in unserem Zusammenhang.

Xenophon und Platon, die beide kurz nach der Aufführung der *Medea* geboren wurden und um 410 in den Kreis um Sokrates kamen, haben ihre Schriften erst im 4. Jahrhundert nach seiner Hinrichtung (im Jahr 399) verfaßt. Beide haben etliche ihrer Dialoge durch eine Art Rahmenhandlung ins Jahr 431 oder in die Nähe dieses Jahres datiert: der *Protagoras* Platons spielt 432, die Begegnungen mit Sokrates, über die Alkibiades im *Symposion* Xenophons berichtet, fanden zwischen 432 und 430 statt, das Gespräch, das dem *Oikonomikos* zugrunde liegt, ist ebenfalls in diese Zeit datiert, wie auch der *Alkibiades*, eine pseudoplatonische Schrift. Platons *Staat* spielt 435, *Charmides* 431, *Gorgias* 429 oder bald danach. Zwar enthalten diese Schriften auch Gedanken und Überlegungen aus der tatsächlichen Entstehungszeit, aber wir können doch annehmen, daß die Datierungen ein Indiz dafür sind, daß wesentliche Elemente des sokratischen Denkens in diesen für die griechische Kultur so wichtigen Jahren formuliert worden sind. Jedenfalls müssen Xenophon und Platon der Überzeugung gewesen sein, daß die Zeit um 431 eine entscheidende Rolle gespielt hat, nicht nur in der geistigen Entwicklung ihres Lehrers, sondern allgemein für die griechische Kultur und das antike Denken.

Sokrates wurde 469 in Athen als Sohn eines Steinmetzen und Bildhauers geboren, seine Mutter Phainarete arbeitete als Hebamme. Er wuchs in durchaus bescheidenen Verhältnissen auf. Anscheinend hat er das Handwerk seines Vaters erlernt. Ob er es in seinen jüngeren Jahren auch ausgeübt hat, wissen wir nicht. Irgendwann scheint er über Mittel verfügt zu haben, die ihm ein – wenn auch bescheidenes – Leben ohne feste Erwerbstätigkeit ermöglichten. Jedenfalls tritt er uns in den Dialogen als ein Mann gegenüber, der frei über seine Zeit verfügen kann. Er entwickelt keinen politischen Ehrgeiz, in seinen privaten Angelegenheiten wünscht er in Ruhe gelassen zu werden.

Als Beweggrund für seine Liebe zur Weisheit nennt er die Suche nach dem Schönen. Sokrates erzählt in Platons *Symposion*, Diotima, eine weise Frau aus Mantinea, habe ihm die Geheimnisse des Eros offenbart, und nach seinen Worten hat diese Initiation etwa im Jahr 440 stattgefunden. Da war Sokrates 30 Jahre alt. Diotima habe damals zu ihm gesagt:

Wenn der Mensch das Schöne selbst schaut, hat sein Leben, wenn irgend, einen wahrhaften Wert. Wenn du dies Schöne einstmals erblicken solltest, dann wird es dir nicht mit der Schönheit des Goldes und der Kleidung und mit schönen Knaben und Jünglingen vergleichbar erscheinen, bei deren Anblick du jetzt außer dir gerätst und, wie viele andere, bereit sein würdest, für den steten Anblick des Geliebten und das stete Zusammenleben mit ihm, wenn es nur möglich wäre, Essen und Trinken aufzugeben und ihn immerfort nur anzuschauen und mit ihm zusammen zu sein. Wie soll es also erst dem ergehen, der das Schöne an sich lauter, rein und unvermischt erblickt, nicht verunreinigt mit Fleisch und Farben und allem übrigen irdischen Tand, sondern das göttliche Schöne selbst in seiner ureigenen Gestalt zu sehen vermöchte? Nur wenn er das Schöne mit dem Auge anschaut, wird es ihm gelingen, nicht bloße Schattenbilder der Tugend zu gebären, sondern die wahre Tugend, weil er nicht Schattenbilder berührt, sondern das Wahre. Und nur so wird es ihm gelingen, ein Gottgeliebter zu werden. Nur so kann, wenn überhaupt, ein Mensch unsterblich sein.

Platon, Symposion 211 d-212 a pass.

Der junge Sokrates hat auch den Umgang mit Aspasia gesucht. Wenn er später sagte, daß er von ihr die Redekunst habe lernen wollen, weil sie den größten Redner herangebildet habe, nämlich Perikles, war das sicher nicht nur ironisch gemeint. Die Kunst der Rhetorik verdankte er allerdings tatsächlich Antiphon aus Rhamnus. Der Sohn des Sophisten Sophilos war etwa 10 Jahre älter als Sokrates. Er gehörte zu den ersten, die Mandanten vor Gericht verteidigten, nicht in Person, sondern durch den Verkauf von Verteidigungsreden. Dabei sei es ihm egal gewesen, ob angeklagte Klienten schuldig waren oder nicht.

In seinem Unterricht behandelte Antiphon erfundene Fälle, wie sie heute noch in der Juristenausbildung üblich sind: Ein nächtlicher Mord, bei dem ein Täter von einem Sklaven erkannt worden sein soll (wie ist das Zeugnis eines Sklaven zu behandeln, der gegen einen freien Bürger aussagt?), ein Sportunfall, bei dem ohne Vorsatz ein Speerwerfer einen Zuschauer tötet, oder eine Körperverletzung mit tödlichem Ausgang bei einer Schlägerei. Zu diesen Fällen entwickelte Antiphon jeweils zwei Reden, eine der Anklage und eine der Verteidigung, die weniger Erzählung als spitzfindige Beweisführung sind.

Eine seiner Geschichten ist uns überliefert: Ein Mann, der zu Reichtum gekommen war, wurde von einem anderen gebeten, ihm gegen Zinsen zu leihen. Ob der Reiche ihm nun nicht traute oder ihm nicht helfen wollte, er trug sein Geld fort und vergrub es. Ein Dritter beobachtete ihn dabei und stahl alles. Nun ärgerte sich der Mann, daß er es nicht verliehen hatte, denn dann wäre es ihm erhalten geblieben und hätte zudem Zinsen gebracht. Als er dem gegenüber, dem er es nicht hatte leihen wollen, sein Unglück beklagte und erklärte, jetzt reue es ihn, ihm nicht den Gefallen getan zu haben, denn nun sei das ganze Geld verloren, riet der ihm, er solle einfach glauben, es gehöre ihm noch. Er brauche nur einen Stein an die Stelle zu legen, wo er es vergraben habe. »Auch, als dir das Geld noch gehörte, hast du keinen Gebrauch davon gemacht.« Und was man nicht gebraucht habe noch gebrauchen werde, an dem leide man weder mehr noch weniger Schaden, ob es einem nun gehöre oder nicht.

Antiphon stellte die zu seiner Zeit kühne These auf, daß alle Menschen von Natur aus gleich seien und es deshalb unzivilisiert sei, Menschen nach ihrer Abstammung zu beurteilen und zu klassifizieren. In der Politik hielt sich Antiphon zurück, er wirkte nur als Berater von Politikern. Die Demokratie schien ihm sehr suspekt. Vielleicht war Antiphon auch der Lehrer des Geschichtsschreibers Thukydides, der ihn so charakterisiert:

> Antiphon war ein Mann, der an großen Eigenschaften keinem Athener seiner Zeit etwas nachgab und der mit gleicher Stärke zu denken wie seine Gedanken auszudrücken wußte. Ohne selbst vor dem Volk zu erscheinen oder sich sonst freiwillig an öffentlichen Debatten zu beteiligen (man hielt ihn für einen Schlaukopf, dem nicht zu trauen war), bot er seine Dienste denen an, die vor Gericht oder beim Volk etwas durchsetzen wollten, und wußte ihnen wie kein anderer nützliche Ratschläge zu geben.

> *Thukydides 8, 68*

Was Antiphon von dem knapp 20 Jahre älteren Anaxagoras unterschied, war der praktische Gebrauch, den er von seinem Wissen machte. Er lebte nicht von freiwilligen Zuwendungen seiner Schüler und Anhänger, er verkaufte sein Wissen. Sokrates hielt er einmal vor:

> »Ich halte dich ja für einen ehrlichen Menschen, aber ganz und gar nicht für einen, der etwas Gescheites weiß. Und das scheint dir auch selbst klar zu sein. Jedenfalls nimmst du von keinem Geld für deinen Unterricht. Du würdest aber deinen Mantel oder dein Haus oder was du sonst besitzen magst, keinem, ich will gar nicht sagen umsonst, nein, nicht einmal unter seinem Wert weggeben.

Wenn dir also dein Unterricht irgend etwas wert zu sein schiene, würdest du dir sicher dafür auch den vollen Preis zahlen lassen. Du magst also immerhin rechtschaffen sein, weil du niemanden mit deinem Wissen aus Habsucht betrügst, ein Weiser bist du aber wohl nicht, da du ja nur weißt, was keinen Wert hat.« Hierauf erwiderte Sokrates: »Wir alle glauben, Antiphon, daß sich von der Schönheit genau wie von der Weisheit ein ehrenwerter wie auch ein schimpflicher Gebrauch machen läßt. Wenn einer seine Schönheit jedem danach Lüsternen für Geld verkauft, nennt man den einen Strichjungen (*pórnos*). Wenn aber jemand einen Liebhaber, den er als ehrenhaft erkannt hat, sich zum Freund macht, halten wir den für ehrbar. Wer seine Weisheit genau wie die Strichjungen an jeden Beliebigen für Geld verkauft, den nennen wir einen Sophisten.«

Xenophon, Memorabilien 1, 6, 11-13

Sokrates wollte sich für die Weitergabe des Wissens nicht bezahlen lassen, deshalb war für ihn Bedürfnislosigkeit eine elementare Eigenschaft des Philosophen (den er gegen den Sophisten abgrenzte), und er forderte sie auch von seinen Anhängern. Antiphon hatte dafür kein Verständnis:

»Ich war immer der Ansicht, die Liebe zur Weisheit müsse die Menschen glückseliger machen. Du aber führst ein Leben, wie es kein Sklave, wenn ihn sein Herr so behandelte, aushalten würde. Du ißt und trinkst nur das Allerschlechteste. Dein Mantel ist abgetragen und obendrein derselbe bei Hitze und Kälte. Schuhe und Unterkleider trägst du überhaupt nicht. Und Geld nimmst du schon gar nicht an, dabei macht doch schon das Geldverdienen selbst Freude, und sein Besitz erlaubt uns ein angenehmeres und freieres Leben. Wenn der Lehrer ein Beispiel für seine Schüler ist, bist du der Lehrer eines wahren Jammerlebens!« Sokrates antwortete ihm darauf: »Du scheinst dir mein Leben so jämmerlich vorzustellen, daß du lieber stürbest, als so zu leben wie ich. Aber was hast du denn so Unerträgliches an meinem Leben gefunden? Wer sich Geld zahlen läßt, ist gezwungen, seinen Lohn abzuarbeiten. Weil ich aber keines nehme, muß ich mich auch nicht mit jedem einlassen, ob er mir zusagt oder nicht.«

Xenophon, Memorabilien 1, 6, 2-5

Sicher ist zur Zeit der *Medea* der damals etwa fünfundzwanzigjährige Antisthenes schon im Kreis um Sokrates gewesen. Er wurde einer seiner treuesten Gefolgsleute und eröffnete nach seinem Tod eine Schule, die die Philosophie der Kyniker (von *kynikós*, hündisch) begründete, die Lehre von der absoluten Bedürfnislosigkeit. Der bekannteste Vertreter des Kynismus, Diogenes aus Sinope, ein Schüler des Antisthenes, trieb 100 Jahre später die Verachtung allen Besitzes so weit, daß er behauptete, selbst Sokrates habe Luxus getrieben, denn das Haus, in dem er lebte, das Bett, in dem er schlief, die Sandalen, die er bisweilen zu tragen pflegte, seien viel zu aufwendig gewesen.

Das Zurschaustellen von Bedürfnislosigkeit wurde in den dreißiger Jahren des 5. Jahrhunderts in gewissen Kreisen vor allem der Jugend Athens geradezu eine Mode, gar nicht so unähnlich den kunstvoll zerrissenen Jeans unserer Tage. Als Sokrates einmal bemerkte, wie Antisthenes immer den durchlöcherten Teil seines Gewandes nach außen kehrte, soll er ihn gemahnt haben: »Willst du nicht endlich aufhören, vor uns anzugeben?«

Nur durch die Geringschätzung von Besitz, die wir schon bei Anaxagoras gefunden haben, war die Seelenruhe zu erreichen, die ein wichtiges Ziel der sokratischen Lehre war. Sokrates' Frau Xanthippe soll nach seinem Tod gesagt haben, bei all den Tausenden von Veränderungen, die die Stadt und sie persönlich betroffen hätten, habe das Gesicht des Sokrates, ob er von Hause wegging oder heimkehrte, stets gleich ausgesehen. Er habe sich allem geduldig angepaßt, sei immer freundlich und über jede Trauer erhaben gewesen. Und er habe sich vor nichts und niemandem gefürchtet.

Das berichtet Aelian in seiner Anekdotensammlung, in der wir auch erfahren, Sokrates habe vom Theater nicht allzuviel gehalten, da er in der Tragödie wie in aller Kunst nur ein falsches Ablenken von der Wirklichkeit sah. Nur wenn Stücke von Euripides gespielt wurden, sei er ins Theater gegangen und habe nicht einmal den Weg nach Piräus gescheut.

Platon legt Sokrates mehrfach Kritik an der Scheinwelt der Dichtung, die nur Lügen zu berichten wisse, in den Mund. Falls das wirklich die Überzeugung von Sokrates wiedergibt und nicht gänzlich die Meinung Platons ist, wird erst der sehr viel ältere Sokrates so gedacht haben. Sokrates hat in jungen Jahren selbst erwogen, als Tragödiendichter an die Öffentlichkeit zu treten. Jedenfalls gibt es den antiken Bericht, daß er Euripides bei dem Stück *Die Phryger* zugearbeitet habe. Wann Euripides dieses Drama aufgeführt hat, wissen wir nicht. Es dürfte vor der *Medea* gewesen sein.

Medea

JASON

Hier darf ich, scheint mir,
kein ungeschickter Redner sein.
Ich muß mich vor deiner scharfen Zunge ducken,
wie ein erfahrener Steuermann darauf achtet,
daß der Wind nur die Ränder der Segel erfaßt.
Du hast deine Verdienste mächtig aufgebauscht.
Ich denke, auf meiner Seefahrt hat mich
von Göttern und Menschen allein die Liebe gerettet.
Du hast es selbst gesagt, wenn auch von Haß entstellt,
nur die Liebe hat dich dazu gebracht,
mir in aussichtsloser Not zum Sieg zu verhelfen.
Doch ich will keine kleinkarierte Rechnung aufmachen.
Wie auch immer du mir geholfen hast –
du warst nicht schlecht!
Wenn ich aber meine Rettung wirklich dir verdanke –
deine Hilfe wurde dir reich vergolten.
Ich will es dir beweisen.
Du lebst nicht mehr im Land von Wilden,
wohnst vielmehr jetzt in Griechenland
und hast gelernt, nach Recht und Gesetz zu leben,
statt roh dem Faustrecht zu gehorchen.
Deine Klugheit ist in ganz Griechenland bekannt,
du bist geradezu berühmt geworden.
Lebtest du noch immer am fernsten Rand der Welt,
würde deinen Namen bis heute niemand kennen.
Was aber nützt es, das Haus voll Gold zu haben,
besser singen zu können als Orpheus,

wenn niemand in der Welt davon weiß!
Jedoch genug von dem, was du mir verdankst –
du hast mit dem Thema angefangen.
Was deine Kritik an meiner Heirat
mit der Prinzessin angeht,
werde ich dir beweisen,
daß sie erstens wohlüberlegt ist,
zweitens auch ehrenhaft,
und daß ich dabei nur dein
und meiner Kinder Bestes im Auge habe.
Hör mir also zu und unterbrich mich nicht!
Als ich aus Jolkos hierher kam, als Flüchtling,
von mancher aussichtslosen Not verfolgt,
welch größeres Glück hätte ich finden können,
als die Hand einer schönen Prinzessin?
Nicht weil ich deiner überdrüssig wäre,
wie du in deiner Eifersucht glauben willst,
noch, weil ich mich nach einer anderen Frau sehne,
oder um die Wette Kinder zeugen will –
die beiden Kinder, die ich von dir habe,
sind genug und sind mir recht – nein,
ich tat das nur, damit wir ehrsam leben können.
Das war der erste Grund.
Und auch, damit wir keine Not leiden,
denn ich sehe ja:
dem armen Mann geht jeder Freund gern aus dem Weg.
Ich möchte meinen Söhnen eine Erziehung bieten können,
die meiner Herkunft angemessen ist.
Ich will deinen Söhnen Brüder zeugen,
sie alle gleichstellen und glücklich zusehen,
wie sich beide Stämme vereinigen.
Du brauchst doch keine Kinder mehr!

Ich aber muß versuchen, den gesellschaftlichen Stand
der Lebenden durch Nachgeborene zu erhöhen.
Habe ich also schlecht gehandelt?
Das wirst du nicht behaupten können,
es sei denn, Eifersucht beherrscht dich.
So seid ihr Frauen nun einmal:
wenn ihr einzig euch von einem Mann geliebt wißt,
fehlt nichts an eurem Glück.
Doch nimmt man euch, weil es nicht anders geht,
dieses alleinige Recht,
dann ist, was vorher wunderbar und schön war,
nur noch schlimm und böse.
Die Menschen sollten sich
auf andere Weise fortpflanzen,
es sollte überhaupt keine Frauen geben.
Dann wäre die Welt von allem Bösen frei!

522-575

Protagoras und Hippias
oder Die Sophisten

Im Jahr vor der Aufführung der *Medea* hielten sich mehrere Vertreter der Sophisten in Athen auf. Das Wort *sophistés* (Unterrichter, Kunstverständiger) war vielleicht ursprünglich ein Gegenbegriff zum *poietés* (Schöpfer, Urheber). Der Poet verfertigt Dichtungen, der Sophist vermittelt Erkenntnisse. Welcher Art diese Erkenntnisse sind, und damit die »Weisheit«, die der Sophist vermittelt, sagt das Wort nicht. Es erhielt erst später, vor allem durch die sokratischen Schriften Platons, seinen negativen Beigeschmack. Die Sophisten führten die spekulative Philosophie des Parmenides fort, aber im Zentrum ihres Denkens stand nicht eine abstrakte Wahrheit, sondern der Mensch. Als professionellen und damit auch kommerziell orientierten Lehrern bot ihnen gerade Athen mit seinem neuen demokratischen Bildungsideal ein weites Betätigungsfeld. Neben den Sportlehrer und den Musiklehrer trat der Sophist, der gegen Bezahlung geistige Bildung vermittelte.

Protagoras aus Abdera hat als erster von seinen Hörern Honorare gefordert. Er unternahm Vortragsreisen, gab Kurse, ließ sich als Gast reicher, bildungsbeflissener Häuser einladen. Als er sich 432 mit etwa 60 Jahren in Athen aufhielt, wohnte er bei Kallias, einem Sohn von Perikles' erster Frau. Kallias war etwa 20 Jahre alt, sein Vater Hipponikos einer der reichsten Männer Athens. Der junge Mann führte das unbeschwerte Leben eines Playboys und konnte es sich leisten, als Mäzen aufzutreten.

Sokrates gehörte zu den ständigen Gästen im Haus des

Kallias, und so traf er dort den Sophisten. In Platons Dialog *Protagoras* sagt Sokrates zu einem Freund (nicht ohne seine gewohnte Ironie): »Ich bin heute dem Allerweisesten unter den heutigen Menschen begegnet«, und fügt hinzu: »Du brauchst ihm nur Geld zu geben, dann macht er dich auch weise.«

Protagoras verkauft seine Weisheit nicht billig, er verlangt ein hohes Honorar, doch das Geld ist nicht das einzige Problem. Sokrates erinnert seinen Freund auch daran, daß er als Schüler des Protagoras seine Seele der Pflege eines Mannes anvertraut, der ein Sophist ist. Und diesen – offenbar in Athen neuen – Begriff erklärt er so: »Er versteht sich darauf, einen zu einem geschickten Redner zu machen.« Das war in einer demokratischen Stadt, in der man es nur dann zu etwas bringen konnte, wenn man in der Volksversammlung durch geschicktes Reden das Volk zu überzeugen verstand, viel wert. Doch Sokrates gibt zu bedenken, ob es wirklich klug sei, »seine Seele diesem hergelaufenen Fremden anzuvertrauen«.

Protagoras stammte aus Abdera, einer griechischen Kolonie in Thrakien, galt also in Athen als Ausländer. Er war ein religiöser Zweifler, nahm die Religion aber noch ernst und leugnete die Existenz der Götter nicht rundheraus. Der erste Satz seiner Schrift *Über die Götter* lautete: »Über die Götter kann ich nichts feststellen, weder, daß es sie gibt, noch daß es sie nicht gibt, noch welche Gestalt sie haben. Denn vieles hindert das Erkennen: die Nichtwahrnehmbarkeit und die Kürze des menschlichen Lebens.« Bei einem späteren Aufenthalt in Athen im Jahr 416 soll er dieses Werk im Haus des Euripides vorgelesen haben. Da war Protagoras etwa 70 Jahre alt. Er wurde von einem reichen Athener des Religionsfrevels angeklagt und mußte aus der Stadt fliehen, um einer Verhaftung zu entgehen. Die ausgegebenen Exemplare seiner Schrift wurden eingesammelt und verbrannt. Das Schiff, auf dem Protagoras Athen verließ, ging auf der Fahrt nach Sizilien unter und der Philosoph ertrank dabei.

Auch von seiner Schrift *Die Wahrheit* ist nur der erste Satz überliefert: »Aller Dinge Maß ist der Mensch, der Seienden, daß sie sind, der Nichtseienden, daß sie nicht sind.« Platon läßt in seinem Dialog *Theaitetos* Sokrates den Lehrsatz des Protagoras erläutern: »Er meint das doch so: Wie ein jedes Ding mir erscheint, so ist es auch für mich, und wie es dir erscheint, so ist es für dich. So kommt es, daß beim Wehen eines Windes der eine friert, der andere nicht, und wir können deshalb nicht behaupten, daß der Wind an sich kalt oder nicht kalt sei.« Das heißt, jede durch die Sinne vermittelte Wahrnehmung und also alle Erkenntnis ist nur subjektiv. Jede positive wie negative Aussage enthält keine absolute, sondern nur eine für den Aussagenden gültige Wahrheit. Wie ein Mensch die Dinge wahrnimmt, so sind sie, aber nur für ihn allein.

Selbstbewußt machte Protagoras die Ergebnisse seiner Beobachtungen und seines Nachdenkens zur Grundlage seiner Anschauung über die Welt und das Leben. In seinen *Anthologien* vertrat er die These, daß über jeden Gegenstand zwei entgegengesetzte Behauptungen möglich seien.

Die Konsequenz dieses Satzes war für ihn allerdings nicht, daß jede Möglichkeit der Diskussion aufhört, weil ja jeder von seinem Standpunkt aus recht hat, sondern, daß es Aufgabe des Lehrers sei, das subjektiv berechtigte und damit auch, solange es besteht, für den Schüler gültige Urteil zu entwickeln, ihn zu besserer Erkenntnis anzuleiten.

Protagoras war 432 nicht der einzige fremde Sophist in Athen, auch Hippias aus Elis und Prodikos aus Keos waren, wie wir bei Platon lesen, in der Stadt. Zahlreiche Bewunderer, die heranwachsenden Söhne aus den besten Häusern, drängten sich um sie. Die Sophisten verstanden sich ja darauf, Eindruck besonders auf junge Menschen zu machen.

Hippias, damals kaum 30 Jahre alt, hatte es auf das umfassende Wissen abgesehen: in allen Gebieten Bescheid geben können, alles glänzend, schlagfertig, schlau verwenden. Er machte das prahlerische Versprechen, über jedes Thema, das man ihm stelle, sich sofort aus dem Stegreif verbreiten zu können. Er hielt Vorträge über Arithmetik, Geometrie und Astronomie, befaßte sich mit Grammatik, Malerei, Bildhauerei, aber auch mit der Genealogie der Heroen und der Menschen, mit Siedlungsgeschichte, wie man in alter Zeit Städte gegründet hat, mit einem Wort: mit der ganzen Altertumskunde. Er schrieb eine Liste der Sieger bei den Olympischen Spielen und trat als Gedächtniskünstler auf. Wenn er sie nur einmal gehört hatte, konnte er 50 Namen auswendig hersagen. Er veröffentlichte auch eine Sammlung denkwürdiger Begebenheiten. Im Vorwort erklärte er, daß er aus Dichtung und Prosa von Griechen und Nichtgriechen das Wichtigste ausgewählt habe. Hippias ist also der Erfinder der Anthologie.

Er brüstete sich, nicht bloß alles zu wissen, sondern auch alles selbst anzufertigen. Er war eitel und hielt sehr auf sein Äußeres. Bei den Wechslertischen auf dem Markt von Athen hörte Sokrates, wie Hippias sich rühmte, bei seinem Auftritt in Olympia sei alles, was er am Leib getragen habe, von ihm selbst hergestellt gewesen. Den Ring an seinem Finger, einen weiteren Siegelring, auch das Schabeisen und Ölfläschchen habe er selbst verfertigt. Seine Sandalen habe er selbst geschustert, seinen Mantel und sein Unterkleid selbst gewebt. Und sogar seinen Gürtel von der Art, wie ihn sonst nur die reichen Perser besitzen, habe er selbst geflochten. Und zusätzlich habe er nach Olympia eigene Dichtungen mitgebracht, Epen, Tragödien, Dithyramben und zahlreiche Prosastücke.

Das dürfte zu den Olympischen Spielen des Jahres 432 gewesen sein, wenige Wochen vor seinem Aufenthalt in Athen. Hippias stammte aus Elis, der Gemeinde auf dem Peloponnes, die alle vier Jahre die Spiele in Olympia veranstaltete. Er hatte sich an den Spielen beteiligt, aber nicht als Sportler, sondern um aus seinem Wissen Geld zu machen. Am Tempel des Zeus stellte er sich wie ein Straßenmusiker auf und bot vorbereitete oder Vorträge aus dem Stegreif an. In Athen rühmte er sich, keiner habe ihn in Olympia in Verlegenheit bringen oder an rhetorischer Begabung übertreffen können.

Was Hippias von einem Straßenmusiker unserer Tage unterschied, waren die Honorare, die er forderte – und die ihm gezahlt wurden. Sophisten, die sich in der griechischen Welt einen Namen gemacht hatten, und die Olympischen Spiele boten dazu wegen der zahlreichen Zuschauer aus aller Welt ein ideales Forum, konnten so viel verdienen wie heute Popsänger. Und wie deren Fans benahm sich auch ihre Anhängerschar. Es fehlte, wie Platon sagt, nur, daß sie sie auch noch auf ihren Schultern herumtrugen. Während einer Tournee durch Sizilien, die Hippias wohl nach seinem Aufenthalt in Athen gemacht hat, verdiente er 150 Minen, das sind 15.000 Drachmen, das dreißigfache der Prämie, die ein Olympiasieger aus Athen erhielt.

In seinem *Protagoras* schildert Platon sehr lebendig und mit vielen Einzelheiten, wie Sokrates 432 im Haus des Kallias den Superstars der Weisheit begegnete.

Der Türsteher, ein Eunuch, schien wegen der Menge der Sophisten allen, die das Haus besuchten, sehr wenig gewogen zu sein. Jedenfalls sagte er, als er uns sah: »Ha, schon wieder Sophisten! mein Herr hat keine Zeit«, und schlug ohne Umstände mit beiden Händen die Tür wieder zu. Wir hatten alle Mühe, eingelassen zu werden.

Als wir eintraten, wandelte Protagoras im bedeckten Gang herum. Neben ihm gingen auf der einen Seite Kallias, der Sohn des Hipponikos und sein Halbbruder von mütterlicher Seite, Paralos, der Sohn des Perikles. Auf der anderen Seite der zweite Sohn des Perikles, Xanthippos und andere Athener, aber auch Fremde, die Protagoras aus allen Städten, die er besucht, mitbringt. Er kirrt sie mit der Gewalt seiner Stimme wie Orpheus, und sie folgen ihm und lassen sich behexen. Als ich diesen Chor betrachtete, machte es mir besonderen Spaß, wie artig sie sich in acht nahmen, niemals dem Protagoras vor die Füße zu laufen. Wenn er sich mit seinen Begleitern umdrehte, teilten sich seine Hörer geschickt zu beiden Seiten, schwenkten dann im Kreis herum, um brav immer hinten zu sein.

In der Säulenhalle gegenüber sah ich Hippias aus Elis auf einem Sessel sitzen. Um ihn herum saßen auf Bänken Athener und einige Fremde. Sie schienen Hippias allerlei Fragen über die Natur und die Himmelserscheinungen vorzulegen. Und der, auf seinem Thron sitzend, ging mit jedem seine Frage durch und gab seine Entscheidung bekannt.

Prodikos aus Keos war auch da. Er befand sich in einem Zimmer, das Hipponikos früher als Vorratskammer verwendet hatte. Kallias hatte es wegen der Menge seiner Gäste ausgeräumt und zum Gastzimmer gemacht. Prodikos lag noch im Bett, in Decken und Felle eingehüllt, und zwar in sehr viele, wie man sah. Auf Polstern um ihn her saßen Pausanias aus Kerameis und neben ihm ein junger Mensch, fast noch ein Kind, der einen edlen Eindruck machte und jedenfalls sehr gut aussah. Ich meine, gehört zu haben, daß man ihn Agathon nannte, und es sollte mich nicht wundern, wenn er der Liebling des Pausanias wäre. Diesen Jüngling also und noch einige andere sah ich da. Worüber sie sprachen, konnte ich von draußen nicht verstehen. Dabei hätte ich gerade Prodikos gern gehört, denn er scheint mir sehr weise und göttlich zu sein. Aber seine tiefe Stimme verursachte in dem Zimmer einen dumpfen Widerhall, der alles Gesprochene unverständlich machte.

Wir waren kaum in das Haus eingetreten, da kamen noch Alkibiades, den du den Schönen nennst, und ich gebe dir recht, und Kritias, der Sohn des Kallaischros ...

Platon, Protagoras 314 d-316 a pass.

Wir werden Prodikos später wiederbegegnen und erfahren, was er vermutlich im Haus des Kallias vorgetragen hat. Alle Männer, die sich dort von den Sophisten beeindrucken ließen, werden im Jahr darauf in der *Medea* des Euripides bei der Selbstverteidigungsrede des Jason die Spitzfindigkeiten wiedergefunden haben, die sie an der Argumentation des Protagoras und Hippias so begeistert hatte.

Paralos und Xanthippos, die beiden Söhne des Perikles aus seiner ersten Ehe, haben wir schon kennengelernt. Xanthippos, der älteste Sohn des Perikles, der etwa 25 Jahre alt gewesen sein dürfte, hatte sich mit seinem Vater total zerstritten. Er war sehr verschwenderisch, auch seine junge Frau stellte hohe Ansprüche. Mit der Knauserigkeit des Pe-

rikles, der seinem Sohn das Geld in kleinen Beträgen zu-
zählte, konnte er sich nur schwer abfinden. Xanthippos ließ
seinem Ärger darüber freien Lauf und verlästerte den Vater
überall. Vor allem versuchte er, ihn damit lächerlich zu machen, daß er die Gespräche, die Perikles mit den Sophisten
führte, an die Öffentlichkeit brachte.

So habe, als ein Fünfkämpfer einen seiner Gegner ohne
Absicht mit dem Wurfspieß traf und tötete, Perikles einen
ganzen Tag mit Protagoras die Frage diskutiert, wer bei diesem Unglück nach streng logischer Beurteilung der Schuldige sei: der Speer oder eher der Speerwerfer, oder vielleicht
gar dessen Trainer. Die Geschichte, die Plutarch erzählt, ist
vermutlich eine spätere Erfindung und geht vielleicht auf einen Fall aus den Musterreden des Antiphon zurück.

Daß sich Xanthippos mit seinem Vater überworfen hatte,
was auch von Plutarch berichtet wird, könnte dagegen hi-
storisch sein. Sein Zorn wird jedesmal neue Nahrung erhalten haben, wenn Xanthippos im Haus seines Halbbru-
ders Kallias war, denn der konnte mit dem Geld nur so um
sich werfen. Im Gegensatz zu Perikles beließ es dessen Vater
Hipponikos bei bloßen Ermahnungen zu mehr Sparsam-
keit.

Der junge Liebling des Pausanias, der mit ihm dem Prodikos zuhörte, war mit seinen erst 15 Jahren wirklich fast
noch ein Kind. Agathon sollte schon wenige Jahre später ein
erfolgreicher Tragödiendichter werden. Alkibiades, Sohn
des Kleinias und Neffe des Perikles, war 20 Jahre alt. Kritias, der Sohn des Kallaischros, war ein Vetter der Mutter
Platons. Er galt als Schüler des Sokrates und spielte am Ende
des Jahrhunderts eine verhängnisvolle Rolle in der Politik
Athens. Daß außer Sokrates alle von Platon erwähnten Zuhörer der Sophisten noch so jung waren, wird seinen Grund

darin gehabt haben, daß auch der Gastgeber Kallias erst Anfang zwanzig war.

Vor allem die jungen Männer der Oberschicht Athens ließen sich von den Sophisten begeistern: die Enkel der Kämpfer, die in den Perserkriegen die Freiheit Griechenlands verteidigt, die Söhne derer, die in der Nachkriegszeit das Land wieder aufgebaut hatten. In der dritten Generation machte sich bereits eine Dekadenz bemerkbar, für die ihre Väter mit verantwortlich waren, wie Sokrates dem Protagoras zu erklären sucht:

Selbst die klügsten und besten unserer Mitbürger sind nicht imstande, die Vorzüge, die sie selber besitzen, an andere weiterzugeben. Denn Perikles, der Vater dieser beiden jungen Männer, ließ sie in allem, was Lehrer beibringen können, gut und trefflich unterrichten. In dem aber, wo er selbst das größte Talent hat, unterrichtet er sie weder selbst, noch übergibt er sie einem anderen, sondern sie laufen gleichsam ohne Hirten auf der Weide umher, ob sie dabei vielleicht von selbst darauf stoßen möchten. Oder wenn du lieber den Kleinias als Beispiel nimmst, den jüngeren Bruder unseres Alkibiades hier: ihn trennte derselbe Perikles, der sein Vormund ist, von seinem älteren Bruder, aus Furcht, er könnte verdorben werden, und gab ihn zur Erziehung in das Haus seines Bruders Ariphron. Doch bevor sechs Monate verstrichen waren, schickte ihn dieser zu Perikles zurück, weil er nichts mit ihm anzufangen wußte.

Platon, Protagoras 319e-320a

Sokrates versteht seine Beobachtungen auch als Beweis dafür, daß Tugend nicht lehrbar ist, somit das Bildungsprogramm der Sophisten auf tönernen Füßen steht. In Platons *Protagoras* werden auch die zu dieser Zeit in Athen üblichen Erziehungs- und Bildungsmethoden beschrieben:

> Schon von der zartesten Kindheit an werden sie unterwiesen und ermahnt. Sobald ein Kind nur versteht, was man zu ihm sagt, bemühen sich die Amme, die Mutter, der Erzieher (*paidagogós*, Knabenführer) und der Vater selbst, daß er aufs beste gedeihe, indem sie ihn immerfort belehren und ihm sagen, dies ist recht, jenes unrecht, dieses gut, das schlecht, dieses fromm, jenes gottlos, tu das, jenes aber nicht. Wenn das Kind gutwillig gehorcht, ist es gut. Wo nicht, suchen sie den Knaben wie ein Holz, das sich verbogen hat, durch Drohungen und Schläge wieder gerade zu machen.
> Wenn sie ihn danach in die Schule schicken, schärfen sie dem Lehrer weit dringender ein, für die Sittsamkeit der Kinder zu sorgen als für ihr Lesen und ihr Spiel auf der Lyra. Wenn die Kinder nun Lesen gelernt haben und auch das Geschriebene schon verstehen wie vorher nur das Gesprochene, legen sie ihnen die Gedichte der großen Dichter auf die Bänke und lassen sie sie auswendig lernen. Darin sind viele Zurechtweisungen enthalten und Erläuterungen, auch Lob und Verherrlichung alter beispielhafter Männer, die der Knabe bewundernd nachahmen soll, in dem Bestreben, selbst ein solcher zu werden. Die Musiklehrer sehen ebenso auf die Sittsamkeit, und daß ihre Schüler nicht Unfug treiben. Und indem sie lernen, den Ton und den Takt zu halten, werden sie auch innerlich mit Rhythmus und Harmonie erfüllt und dadurch geschickter im Reden und Handeln. Denn überall im Leben braucht der Mensch richtiges Maß und Wohlklang.

Schließlich schicken sie die Knaben noch zum Turnlehrer, damit auch ihre körperliche Verfassung besser wird und sie es nicht nötig haben, sich wegen der Schwäche des Körpers feige zurückzuziehen, sei es im Krieg oder bei anderen Gelegenheiten.

Platon, Protagoras 325 c-326 c pass.

Platon bietet uns zwar nicht unbedingt eine realistische Beschreibung des Auftretens der Sophisten in Athen, wir werden ironische Übertreibungen einkalkulieren müssen. Aber trotzdem dürfte viel vom Geist und vom Denken kurz vor Beginn des Krieges, der ganz Griechenland verändern sollte, in seine Schilderung eingegangen sein.

Die Sophistik hatte in Athen eine fieberhafte intellektuelle Diskussion angeregt, aber auch eine begriffliche und sittliche Verwirrung verursacht. Das griechische Denken hat um das Jahr 431 endgültig den Übergang von der Naturphilosophie zur Geistesphilosophie vollzogen. Wissenschaft teilte sich fortan in Disziplinen. An die Stelle des mythischen Glaubens trat eine philosophische Weltanschauung.

Der moderne Mensch des 5. Jahrhunderts verlangte, daß das, was er anerkennen und befolgen sollte, sich als begründet und vernünftig ausweisen konnte. Was früher als unverrückbare Norm galt, war fragwürdig geworden, das Vertrauen zum bislang Gültigen verlorengegangen. Aus der Dialektik, dem bohrenden Fragen, um die Wahrheit zu finden, entwickelte sich die Eristik (von *éris*, Streit), eine Disputierkunst, der es nur um die Zurschaustellung der eigenen geistigen Gewandtheit ging. Sie führte zum intellektuellen Bluff.

Durch die Thesen der Sophisten, namentlich durch die Lehren des Protagoras, daß der Mensch das Maß aller

Dinge sei, daß man über die Existenz oder Nichtexistenz von Göttern nichts wisse, daß es überhaupt keine objektive Wahrheit gebe, war alle Gewißheit und Sicherheit verloren, ohne daß eine neue an die Stelle der alten getreten wäre. Wenn die Sophisten keine objektiven Ordnungen gelten ließen oder zumindest alles Objektive für unerkennbar hielten, blieb nur das individuell Subjektive als Norm und Maßstab, sofern man es überhaupt noch Norm und Maßstab nennen wollte und konnte. Da es keine allgemein gültigen Regeln mehr gab, war für jeden das gut, gerecht und fromm, was er für gut, gerecht und fromm erklärte.

Die Wahnidee vom schrankenlosen Recht des Einzelnen, vom Recht des Stärkeren, vom Recht der Leidenschaft griff um sich. Die Sophistik führte in die Irre einer Weltsicht, in der die Überheblichkeit eines kalten Verstandes zu einer Verruchtheit führen konnte, wie die Welt noch keine erlebt hatte. Sie prägt auch die Gestalten der *Medea*.

Medea

CHOR

Jason, ich muß zugeben, daß du deine Worte
geschickt gewählt hast,
aber auf die Gefahr, mich bei dir unbeliebt zu machen:
ich finde, daß du Unrecht tust,
wenn du deine Frau verläßt.

MEDEA

In vielem denke ich anders,
als die Mehrzahl der Menschen.
Ich glaube, der Verbrecher,
der seine Tat durch schöne Worte zu bemänteln versteht,
verdient gerade deshalb die härteste Strafe.
Weil er seine Schurkereien hübsch einzukleiden weiß,
wagt er sie um so mehr,
und seine Klugheit bringt nur Schaden.
Darum versuch gar nicht erst,
dich vor mir reinzuwaschen
und brüste dich nicht mit gedrechselten Reden.
Dich widerlegt ein einziger Satz:
Würdest du es wirklich ehrlich meinen,
hättest du mein Einverständnis gesucht,
bevor du deine neue Ehe eingegangen bist,
hättest nicht alles hinter meinem Rücken eingefädelt.

JASON

Behaupte noch, du hättest mir geholfen,
wenn ich dir von meinen Heiratsplänen erzählt hätte,
wo du jetzt nur Gift und Galle spritzen kannst.

MEDEA

Nicht das hat dich zurückgehalten.
Dir schien eine Ehe mit einer ausländischen Frau
nicht standesgemäß, noch dazu, wo sie langsam alt wird.

JASON

Du kannst mir glauben, ich heirate die Prinzessin nicht,
weil sie schön und jünger ist als du.
Nein, ich habe schon gesagt,
ich wollte nur, daß meine Kinder
mit fürstlichen Geschwistern aufwachsen.

MEDEA

Ich will kein gutes Leben, das nur Schmerzen bringt,
keinen Reichtum, der im Herzen weh tut.

JASON

Dreh den Wunsch um, und du bist vernünftig.
Laß dir nicht vom Guten Kummer machen
und rede dir nicht ein, unglücklich sein zu müssen,
wo du glücklich sein könntest.

MEDEA

Verhöhne mich noch!
Du hast hier ein Haus und ein Dach!
Ich muß fort, allein in die Verbannung gehn.

JASON

Du selbst hast es so gewollt.
Klage also niemanden an.

MEDEA

Ich habe es gewollt? Habe ich dich geheiratet
und dann verlassen?

JASON

Du sprichst in einem fort gottlose Flüche
gegen das Königshaus aus.

MEDEA
Auch gegen dein Haus
habe ich meine Flüche ausgestoßen.

JASON
Ich will mit dir nicht länger streiten.
Wenn du für dich oder für die Kinder
Geld für das Exil brauchst, dann sag es.
Ich gebe es dir gern.
Ich gebe euch auch Empfehlungen an meine Freunde.
Wenn du meine Hilfe ausschlägst,
bist du selber schuld.
Es geht dir besser, wenn du deinen Zorn vergißt.

MEDEA
Nicht einer deiner Freunde soll mir helfen,
und von dir nehme ich erst recht kein Geld.
Behalte, was du hast. Die Gaben schlechter Menschen
bringen keinen Segen.

JASON
So rufe ich die Götter zu Zeugen an,
daß ich dir und den Kindern Hilfe angeboten habe.
Doch du verschmähst mein Geld,
bist trotzig, stößt die Freunde von dir.
Es muß ja schlimm mit dir enden!

MEDEA
Geh nur! die Sehnsucht
nach deiner jungen Frau verzehrt dich,
wenn deine Augen sie nur kurze Zeit nicht sehen.
Geh, heirate sie, heirate sie so –
mach es wahr, o Gott – daß du es tief bereuen wirst!

Alkibiades oder Die Jugend

Der Jason des Euripides ist eine Gestalt des athenischen Zeitgeistes: ein Mann des kalten Egoismus, der bei all seinem Tun und Trachten immer nur an sich selbst denkt. Allein seine Neigungen, seine Wünsche, seine Vorteile bestimmen sein Handeln. Er scheint nichts um eines inneren Wertes willen zu lieben, er sieht immer und überall nur auf seinen eigenen Vorteil. Das Höchste ist ihm der Ruhm, ein glänzendes, gepriesenes Lebensgeschick zu erlangen. Moralische oder persönliche Verpflichtungen kennt er nicht. Alles, was ihn daran hindert, sein Ziel zu erreichen, ist ihm nichts als eine Last, die er mit der größten Selbstverständlichkeit von sich abschüttelt. Es wäre ihm zwar durchaus lieber, wenn er vermeiden könnte, Böses zu tun. Aber wo es sein muß und sein kann, um seine Person voranzubringen, da haben alle Bedenken zurückzustehen. Er würde es kaum anders als Dummheit nennen, in so einem Fall nicht rücksichtslos zu handeln. Seine Ziele erreicht er, wenn es nicht anders geht, mit Gewalt, sonst mit der kühlen Sophistik seiner Rede. Jason ist ganz und gar von der neumodischen Denkungsart geprägt, die das Recht des Stärkeren und des Schlaueren über jedes Gesetz und alle Pflicht setzt. Er glaubt an kein sittliches Gebot. Kalt und herzlos würde er den größten Frevel begehen, wenn Neigung und Willkür es ihm nahelegt.

Euripides wird allerdings in seiner Tragödie zeigen, wie die Macht einer leidenschaftlichen Rache die frostigen Berechnungen des Egoisten zerstört, wie Medea den eigensüchtigen Gemahl zu Boden wirft.

Im Theater des Dionysos hörte die Verse des Jason ein junger Mann von gerade 20 Jahren, schön, gesund, intelligent, aus vornehmer Familie, der, wie man so sagt, allseits zu den schönsten Hoffnungen berechtigte. Alkibiades, der Sohn des Kleinias, wird 15 Jahre später zum Verhängnis Athens werden, nicht zuletzt durch die Bedenkenlosigkeit, mit der er seine Ziele verfolgte und durchsetzte. Eine Bedenkenlosigkeit, die der Charakter des euripideischen Jason geradezu prophetisch vorwegnahm.

Der Vater des Alkibiades war 447 im Krieg gegen die Böoter gefallen. Der etwa dreijährige Waise kam ins Haus seines Onkels und Vormunds Perikles, der mit der Erziehung seines Neffen wenig Ehre eingelegt hat.

Es muß kurze Zeit vor der *Medea*-Aufführung gewesen sein, als Alkibiades mit Perikles über die Gesetze diskutierte:

»Kannst du mir sagen, Perikles, was ein Gesetz ist? Wer gesetzestreu sein möchte, muß doch wissen, was das ist, ein Gesetz.« Perikles habe geantwortet: »Das ist gar nicht schwer. Alles das gilt als Gesetz, was das versammelte Volk beschließt und aufschreiben läßt, um festzulegen, was man tun und was man lassen muß.« – »In der Meinung, daß das Gute getan werden müsse oder das Böse?« – »Das Gute natürlich«, habe Perikles geantwortet, »das Gute, junger Mann!, doch nicht das Böse.« – »Wenn aber nicht das Volk sich versammelt, sondern, wo eine Oligarchie herrscht, nur wenige zusammenkommen und niederschreiben, was man tun soll, wie ist es dann?« – »Alles, was die jeweils herrschende Staatsgewalt zu tun gebietet, wird Gesetz genannt.« – »Also auch, wenn ein Tyrann sich des Staates bemächtigt und den

Bürgern vorschreibt, was sie tun sollen, auch das ist ein Gesetz?« – »Solange er die Herrschaft in Händen hat, führt auch das, was er vorschreibt, den Namen eines Gesetzes.« – »Was aber, Perikles, ist Gewalttätigkeit und Gesetzlosigkeit? Herrscht sie nicht da, wo der Stärkere den Schwächeren statt durch Überzeugung durch Gewalt nötigt, zu tun, was ihm, dem Stärkeren, beliebt?« – »So ist es«, habe Perikles geantwortet, »und ich nehme zurück, was ich vorhin sagte, daß auch das ein Gesetz ist, was ein Tyrann den Bürgern vorschreibt, ohne sie überzeugt zu haben. Überhaupt scheint mir alles, wozu einer den anderen nicht überredet, sondern zwingt, möge er es niederschreiben oder nicht, mehr Gewalt zu sein als Gesetz.« – »Und wenn nun die große Masse, nur weil sie an Zahl mehr ist als die Begüterten, denen ohne überzeugende Gründe etwas vorschreibt, dann ist das doch auch eher Gewalttätigkeit als Gesetz, oder nicht?« – »Weißt du, Alkibiades«, habe Perikles geantwortet, »als ich in deinem Alter war, waren wir auch in derlei Spitzfindigkeiten stark. Wir haben uns genauso etwas ausgedacht und darüber gegrübelt, wie du das jetzt tust.« Darauf soll Alkibiades ausgerufen haben: »Ach wäre ich doch damals, Perikles, dabei gewesen, als du deiner selbst noch ganz sicher warst!«

Xenophon, Memorabilien 1, 2, 40-46

Alkibiades entstammte einer reichen, hoch angesehenen Familie und war als junger Mann von hinreißender Schönheit und Liebenswürdigkeit. Ihn umdrängten Schmeichler und Lüstlinge. Er war nicht dumm, sehr bald hatte er herausgefunden, wie leicht sich die meisten Menschen einfangen und täuschen ließen. Nachdem er einmal und auf einfache Weise die Lust erlebt hatte, nach Belieben Macht über Menschen auszuüben, suchte er nach immer neuer Befriedigung.

Er wollte jedoch nicht nur seiner Schönheit und Körperkraft wegen bewundert werden, auch geistig wollte er der Erste sein. Er lernte Lesen, Schreiben und Rechnen, sodann Zitherspielen und schließlich Ringen. Nur das Aulósspielen wollte er nicht üben, weil es unfein und eines Freien unwürdig sei. Denn wenn ein Mensch den Aulós blase, dann könnten selbst seine besten Freunde nur mit Not sein Gesicht wiedererkennen. »Sollen doch die Söhne der Thebaner Aulós spielen, denn reden können sie ja nicht. Wir haben Athene zur Gründerin unseres Staates, und sie hat den Aulós weggeworfen.« Mit solchen Worten, halb im Scherz, halb im Ernst gesprochen, soll Alkibiades nach Plutarch das Flötenspiel in Athen aus der Mode gebracht haben. Er bestimmte schon als junger Mann so sehr, was »man« tat, was Mode war, daß es durchaus denkbar ist, daß die Geringschätzung dieses Instruments im Athen der zweiten Jahrhunderthälfte auf eine Laune des Alkibiades zurückging.

Er verstand es, die fortwährende Aufmerksamkeit seiner Landsleute zu erregen. Fast sein ganzes Leben trug er sein Haar lang, was als besonders geckenhaft galt. Man gewöhnte sich, alles an ihm zu bemerken, zu besprechen und wohl auch nachzuahmen. Daß Alkibiades beim Sprechen mit der Zunge ein wenig anstieß und sein »r« eher wie ein »l« klang, empfand man mehr als reizvolle Eigentümlichkeit denn als Sprachfehler. Sein Lispeln berührte nicht unangenehm, sondern verlieh seinem Plaudern noch zusätzliche Überzeugungskraft.

Ohne Scheu verletzte Alkibiades alle Gesetze des Anstands, es freute ihn, Skandal zu erregen. Er hatte einen Hund von ungewöhnlicher Größe und Schönheit, den er für

7000 Drachmen gekauft hatte. Dem schnitt er seinen besonders schönen Schwanz ab, und als seine Freunde ihm deshalb Vorwürfe machten und sagten, allen Leuten täte es leid um den Hund und jeder schimpfe auf ihn, da lachte er und sagte: »Das ist ja gerade, was ich will. Die Athener sollen sich über meinen Hund das Maul zerreißen, statt Schlimmeres über mich zu verbreiten.«

Im schönheitstrunkenen Athen wurde von Männern und Frauen um seine Gunst gebuhlt, man ertrug Unglaubliches von seinen Launen und seiner Unverschämtheit. Selbst in seinen Unarten fand man Reiz und Charme. Hipponikos, dem Vater des Kallias, der wegen seines Reichtums und seiner vornehmen Herkunft hohes Ansehen genoß und großen Einfluß hatte, gab Alkibiades einmal eine Ohrfeige. Nicht im Zorn oder wegen eines Streites, sondern zum Spaß. Er hatte mit seinen Freunden darauf gewettet. Als von dieser Frechheit in der Stadt ein großes Gerede war und alle sich, wie natürlich, mit dem Beleidigten entrüsteten, erschien Alkibiades am frühen Morgen vor dem Haus des Hipponikos, klopfte an die Tür, trat ein, legte sein Gewand ab und forderte ihn auf, ihn zu peitschen und zu bestrafen. Hipponikos aber konnte nicht anders, als seinen Zorn fahrenlassen, und verzieh ihm.

Als Alkibiades kaum sechzehn war, entwickelte sich zwischen ihm und dem etwa 20 Jahre älteren Sokrates eine lebhafte gegenseitige Zuneigung. 416 fand im Haus des Dichters Agathon ein Gelage statt, bei dem Alkibiades, stark angetrunken, aus den Anfängen seiner Bekanntschaft mit Sokrates erzählte. Sein Bericht verrät viel vom Alltag in Athen und von der Lebensweise der Oberschicht.

Wenn ich nicht befürchten müßte, volltrunken zu erscheinen, würde ich unter Eid aussagen, was ich bei des Sokrates Reden empfunden habe und noch jetzt empfinde. Wenn ich ihn höre, klopft mir das Herz weit stärker, als wenn ich vom Korybantentaumel (dem ekstatischen Kulttanz der kleinasiatischen Fruchtbarkeitsgöttin Kybele) ergriffen wäre, und die Tränen kommen mir, wenn er redet. Und ich sehe, daß es auch sehr vielen anderen so geht. Wenn ich dagegen Perikles und ähnliche gute Redner hörte, hat es mich nie so erregt, daß ich mich in einem Zustand befunden hätte, der eines freien Mannes unwürdig ist.

Auch jetzt noch, ich weiß es ganz genau, hätte ich nicht Kraft genug zum Widerstand, würde ich ihm Gehör schenken. Es würde mir wieder genauso gehen. Was mir niemand zutrauen mag, daß ich mich nämlich vor irgend jemandem schäme, das ist mir tatsächlich bei ihm begegnet: vor Sokrates allein schäme ich mich. Denn ich bin mir bewußt, daß ich tun müßte, was er verlangt. Wenn ich ihn aber verlassen habe, überwältigt mich mein Ehrgeiz. Daher fliehe ich ihn, und wenn ich ihn wiedersehe, dann schäme ich mich. Oft ertappe ich mich sogar bei dem Wunsch, ihn nicht mehr unter den Lebenden zu sehen. Wenn es aber wirklich so wäre, würde ich einen noch viel größeren Schmerz darüber empfinden.

Ich muß euch sagen (anwesend sind bei dem Gelage neben Sokrates auch Agathon mit seinem Freund Pausanias sowie Aristophanes), daß niemand von euch diesen Mann wirklich kennt. Ich aber will ihn euch kundmachen, nachdem ich einmal damit begonnen habe.

Ihr wißt, wie sehr Sokrates in schöne Jünglinge verliebt ist, sie beständig umschwärmt und außer sich vor Entzücken ist über sie. Tatsächlich legt er aber nicht den geringsten Wert darauf, ob jemand schön oder reich ist oder sonst einen der Vorzüge besitzt, die von der Menge gepriesen werden. Er verachtet das alles so sehr, wie niemand es für möglich halten wird. All diese Besitztümer hält er für wertlos, und auch uns achtet er gering. Das hütet er sich freilich zu sagen, vielmehr übt er schon sein ganzes Leben lang Ironie und Verstellung gegenüber allen Menschen und treibt mit ihnen sein Spiel.

Ob schon ein anderer, wenn Sokrates ausnahmsweise ernst ist und sein Inneres aufschließt, die in ihm verborgenen Götterbilder gesehen hat, weiß ich nicht. Ich habe sie einmal gesehen, und sie erschienen mir so göttlich und reich, so über alles schön und bewundernswert, daß ich ohne Zögern tun zu müssen glaubte, was er von mir verlangte.

Ich dachte damals, daß er ernstlich darauf aus war, meine Reize zu genießen, und ich hielt es für einen herrlichen Glücksfall für mich, da ich glaubte, wenn ich Sokrates zu Willen wäre, würde er mir alles mitteilen, was er selber wisse. Ich bildete mir nämlich auf meine Schönheit wunder wieviel ein (was Alkibiades jetzt erzählt, muß sich wenige Jahre vor der Aufführung der *Medea* abgespielt haben, als er zwischen 16 und 18 Jahre alt war, Sokrates Ende 30). Ich war nie allein mit ihm zusammen, immer war ein Diener um uns. Den schickte ich einmal fort und blieb mit Sokrates ganz allein. Ihr sollt jetzt die volle Wahrheit hören, und wenn ich irgend etwas Unwahres sage, Sokrates, kannst du gegen meine Worte Einspruch erheben.

Ich blieb also allein mit ihm und erwartete, daß er sofort zu mir sprechen würde, wie ein Liebhaber zu seinem Geliebten zu sprechen pflegt, wenn sie ohne Zeugen sind, und freute mich schon darauf. Aber es geschah von alledem gar nichts, sondern er sprach mit mir ganz wie gewohnt, und nachdem er den Tag mit mir verbracht hatte, ging er nach Hause. Darauf lud ich ihn ein, mit mir Sport zu treiben, nur um zu meinem Ziel zu kommen. Wir taten das also, und rangen miteinander, ohne daß jemand dabei war (wir sollten uns hier daran erinnern, daß in Athen das sportliche Training nackt ausgeführt wurde). Was soll ich viele Worte machen, ich hatte keinen Erfolg.

Da ich nun auf keinem dieser Wege mein Ziel erreichte, glaubte ich, ihm stärker zusetzen zu müssen und nicht nachlassen zu dürfen, nachdem ich einmal angefangen hatte. Ich wollte wissen, woran ich bei ihm war. Ich lud ihn also ein, mit mir zu Abend zu essen, so wie es ein Liebhaber mit einem Geliebten macht. Er nahm die Einladung nicht sofort an, ließ sich aber mit der Zeit überreden. Als er das erste Mal zu mir kam, wollte er nach dem Essen gleich weggehen und ich ließ ihn auch, weil ich mich genierte. Das zweite Mal machte ich es so: Nachdem wir gegessen hatten, hielt ich ihn mit Gesprächen bis in die Nacht hinein auf, und als er schließlich gehen wollte, machte ich ihm klar, daß es schon zu spät sei, und nötigte ihn zu bleiben. So legte er sich auf dem Sofa nieder, das an meines stieß, auf dem er auch bei Tisch gelegen hatte. Und kein anderer schlief in dem Zimmer als wir beide. Bis hierher könnte ich alles wohl jedermann erzählen. Was danach folgte, würdet ihr von mir ganz sicher nicht hören, wenn nicht erstens der Wein die Wahrheit sagte, und wenn es mir ferner nicht ungerecht erschiene, die Überheblichkeit des Sokrates zu verheimlichen.

Als nämlich das Licht ausgelöscht war und die Sklaven

das Zimmer verlassen hatten, glaubte ich, ohne Umschweife zur Sache kommen zu können. Ich stieß ihn also an und fragte ihn: »Schläfst du, Sokrates?« – »Nein«, erwiderte er. – »Weißt du, was ich möchte?« – »Nun, was denn?« fragte er. – »Ich habe den Eindruck«, erwiderte ich, »daß du der einzige meiner Liebhaber bist, der es zu sein verdient, daß du aber Hemmungen zu haben scheinst, mir deine Begierde zu gestehen. Ich denke aber, es wäre dumm von mir, würde ich dir nicht ganz zu Willen sein. Ich habe keinen größeren Wunsch, als ein möglichst tüchtiger Mann zu werden. Kein anderer kann mir mehr dazu verhelfen als du. Und ich fürchte eher den Tadel aller Vernünftigen, wenn ich mich den Wünschen eines solchen Mannes versage, als den der breiten Masse, wenn ich mich ihm hingebe.«

Als er das gehört hatte, antwortete er mit seiner gewohnten Ironie: »Mein lieber Alkibiades, du scheinst wirklich nicht dumm zu sein, wenn es so mit dir steht und es wahr ist, daß ich eine Kraft in mir habe, dich besser zu machen. Denn dann würdest du eine wunderbare Schönheit in mir erblicken, die deine Wohlgestalt weit übertrifft. Wenn du infolge dessen deine Schönheit gegen meine austauschen möchtest, wüßtest du recht wohl, daß du mich nicht nur um ein Geringes übervorteilst, sondern vielmehr versuchst, für den bloßen Schein von Schönheit dir die wahre Schönheit zu erwerben, und es wäre dasselbe, als wolltest du eine goldene Rüstung für eine eherne eintauschen. Vielleicht solltest du erst genauer hinsehen, um sicher zu sein, daß ich nicht wertlos bin. Denn das Auge des Geistes kann erst dann richtig sehen, wenn das des Leibes seine Schärfe zu verlieren anfängt. Davon bist du aber noch weit entfernt.«

»Wie es mit mir steht«, entgegnete ich, »hast du gehört. Ich habe nur das gesagt, was ich denke. Überlege also, was für mich und dich das Beste zu sein scheint.« – »Du hast recht«, erwiderte er, »wir wollen in Zukunft immer zuerst überlegen und dann tun, was uns das Beste scheint.«

Ich hatte nun alle meine Pfeile gegen ihn abgeschossen und glaubte, ihn getroffen zu haben. Ich stand also auf, ließ ihn nicht weitersprechen, sondern warf mein Gewand über ihn – es war nämlich Winter – und legte mich unter seinen Mantel, schlang meine Arme um diesen wunderbaren und wahrhaft dämonischen Mann. Und so lag ich die ganze Nacht neben ihm. Und du wirst nicht behaupten, daß ich lüge, Sokrates. Als ich dies alles tat, zeigte dieser Mann seine Überlegenheit in einem staunenswerten Grade und verachtete und verspottete meine blühende Schönheit, auf die ich mir so viel eingebildet hatte, ihr Richter – denn Richter sollt ihr sein über den Hochmut des Sokrates. Bei allen Göttern und Göttinnen, ihr könnt es glauben, nachdem ich eine Nacht lang das Bett mit ihm geteilt hatte, stand ich wieder auf, ohne daß das geringste passiert wäre, ganz so, als ob ich bei meinem Vater oder meinem älteren Bruder geschlafen hätte.

Wie glaubt ihr wohl, wie meine Stimmung war, da ich mich für verschmäht hielt, aber zugleich den Charakter dieses Mannes, seine Beherrschung und Seelenstärke bewunderte. Ich konnte ihm weder zürnen noch seinen Umgang missen, und sah auch kein Mittel, ihn an mich zu fesseln. Daß er durch Geld nicht verwundbar war, wußte ich, und die einzig mögliche Methode, durch die ich ihn in meine Gewalt zu bringen gehofft hatte, hatte er eben vereitelt. Ratlos blieb ich und in der Gewalt dieses Mannes wie wohl niemals sonst ein Mensch in der eines anderen.

Platon, Symposion 215 d-219 e pass.

Der schönste junge Mann von Athen war bis über beide Ohren verliebt in Sokrates, der nun wirklich nicht mit äußerer Schönheit glänzen konnte. Sokrates war eher häßlich. Er verglich sein Aussehen selbst mit dem eines Silens, eines Waldschrats, hatte vorstehende Augen, wulstige Lippen und eine Himmelfahrtsnase. Die Liebe des schönen Alkibiades zum häßlichen Sokrates muß um 432 in Athen stadtbekannt gewesen sein.

Bei dem erwähnten Gelage berichtete Alkibiades auch von gemeinsamen Erlebnissen mit Sokrates im Krieg:

Dies alles geschah, bevor wir gemeinsam den Feldzug nach Potidäa mitmachten und am selben Tische aßen (der Abfall Potidäas, einer zum attischen Bund gehörenden Stadt auf der Chalkidike, war im März 432, der Krieg zog sich bis zum Winter 430/29 hin; die geschilderten Ereignisse spielten sich also entweder im Winter vor der Aufführung der *Medea* ab, oder, was wahrscheinlicher ist, im Winter danach). Dort war er im Ertragen aller Strapazen nicht nur mir, sondern auch allen anderen überlegen. Wenn uns, wie es im Feld zu geschehen pflegt, die Zufuhr abgeschnitten war, konnte niemand so gut wie er den Mangel an Speise aushalten. Wenn es dagegen reichlich zu essen gab, verstand er am besten zu genießen, nicht nur beim Essen, sondern auch beim Trinken, ohne daß er vom Alkohol abhängig gewesen wäre. Aber wenn er mitzutrinken genötigt wurde, tat er es allen zuvor, und was das

Seltsamste ist, kein Mensch hat jemals Sokrates betrunken gesehen.

Die Beschwerden des Winters – und es war damals ein sehr rauher Winter – ertrug er nicht bloß mit der wundersamsten Leichtigkeit, sondern, als die Kälte am stärksten war und sich alle entweder gar nicht hinauswagten oder, wenn einer dies tat, in dichteste Bekleidung eingemummt und so, daß die Füße nicht nur mit untergebundenen Sohlen versehen, sondern auch in Filz und Schafpelz eingewickelt waren, da ging er mit derselben Bekleidung hinaus, die er auch sonst zu tragen pflegte, und schritt barfuß leichter über den gefrorenen Erdboden als die anderen mit ihren dicken Schuhen. Und die Soldaten sahen ihn scheel an, als wolle er sich über sie lustig machen.

Soll ich euch auch erzählen, wie er im Kampf war? Auch hier muß ich ihm meine Schuld abtragen. In der Schlacht, nach der mir die Feldherrn den Kampfpreis zuerkannten, hat kein anderer als er mich gerettet, weil er mich, als ich verwundet war, nicht im Stich gelassen hat. Er brachte meine Waffen und mich selbst in Sicherheit. Ich bat deshalb auch die Feldherrn, dir den Preis zuzuerkennen, Sokrates, und du wirst mich auch hier nicht Lügen strafen. Als sie aber aus Rücksicht auf meinen höheren militärischen Rang mir diese Auszeichnung geben wollten, da plädierte er am meisten dafür, daß ich sie erhalten müsse und nicht er selbst.

Platon, Symposion 219 e-220 e pass.

Einer der Feldherrn, die in diesem Krieg Vorgesetzte von Sokrates und Alkibiades waren, war übrigens Xenophon, ein Sohn des Euripides. Er fiel 429 bei Potidäa.

Die enge Bindung, die um 431 zwischen Sokrates und Alkibiades bestand, berechtigt uns zu vermuten, daß sie auch
nebeneinander im Theater des Dionysos gesessen haben,
um sich die *Medea* anzusehen. An diesem Tag war noch
nicht zu erkennen, welche Entwicklung der junge Mann
nehmen würde. Der genialische Alkibiades wäre vielleicht
als einziger fähig gewesen, das politische Werk des Perikles
fortzusetzen und zu vollenden. Aber sein maßloses Streben stand seinem Genie im Weg. Das vergnügungssüchtige
Athen verführte zuerst den Alkibiades und rief dann den
Verführten an die Spitze des Staates, damit er der Verführer
der Stadt werde.

Der Historiker Thukydides, fünf Jahre älter als Alkibiades, charakterisierte ihn später so:

> Er stand bei seinen Mitbürgern in hohem Ansehen, wollte
> aber mit seinen Pferden und anderem Luxus höher hin-
> aus, als sein Vermögen zuließ. Das war eine der Haupt-
> sachen für den Niedergang von Athen. Denn seine ganz
> und gar unbürgerlichen privaten Ausschweifungen und
> sein politischer Ehrgeiz machten ihn der Menge suspekt.
> So betrugen sich die Athener als seine Feinde, als wolle er
> die Herrschaft mit Gewalt an sich reißen.
>
> *Thukydides 6, 15*

Neben Alkibiades gab es noch einen anderen jungen Mann
in der Gefolgschaft des Sokrates, der später eine verhängnisvolle Rolle im politischen Leben Athens spielen sollte:
Kritias. Auch ihn haben wir 432 im Haus des Kallias beim
Besuch der Sophisten getroffen. Er machte sich in den folgenden Jahrzehnten als Lyriker, Dramatiker und philosophischer Schriftsteller einen Namen.

Solange Kritias und Alkibiades mit Sokrates Umgang hatten, waren sie imstande, ihre unschönen Begierden mit seiner Hilfe zu unterdrücken. Sobald sie sich aber von ihm losgemacht hatten, entwich Kritias nach Thessalien und hatte dort Umgang mit Menschen, die mehr Unrecht taten als Recht; Alkibiades aber, auf den wegen seiner Schönheit viele und vornehme Frauen Jagd machten, dem wegen seines Einflusses in der Stadt und bei den Bundesgenossen von vielen in der Schmeichelei geübten Männern Hochmut in den Kopf gesetzt wurde, der beim Volk in hohen Ehren stand und sich daher mit Leichtigkeit zum Ersten im Staat aufschwingen konnte, dem ging es wie den Athleten bei sportlichen Wettkämpfen: wenn sie ohne Mühe für die Ersten gelten, vernachlässigen sie das Training, und so wurde auch er leichtsinnig.

Xenophon, Memorabilien 1, 2, 24

Beim Prozeß, in dem Sokrates im Jahr 399 zum Tode verurteilt wurde, hat seine Bekanntschaft mit diesen beiden jungen Männern, die um das Jahr 431 besonders eng war, eine große Rolle gespielt. Der Ankläger brachte, wie Xenophon berichtet, gegen Sokrates vor, sowohl Kritias wie Alkibiades hätten mit ihm vertrauten Umgang gehabt, und niemand habe Athen größeren Schaden zugefügt als diese beiden. Kritias sei von allen Oligarchen, die Athen nach dem Krieg drangsaliert hätten, der habsüchtigste, brutalste und mordlustigste gewesen, Alkibiades von allen Demokraten der zügelloseste, übermütigste und gewalttätigste. Beider maßloser Ehrgeiz habe die Stadt ruiniert.

Die Moral des Jason war ihre geworden.

Medea

CHOR

Wenn allzu heftige Liebe
den Mann aus seinem Gleis wirft,
bringt sie ihm kein Ansehen und keinen Ruhm.
Wo sich die Liebe dagegen bescheiden naht,
ist kein anderer Gott so bezaubernd.
Verletze mich, Göttin, nicht mit deinem goldenen Bogen,
triff mich nicht mit dem unentrinnbaren Pfeil,
der mit süßer Sehnsucht getränkt ist.

Das schönste Geschenk der Himmlischen,
das Maß, sei immer bei mir.
Verzweifelte Leidenschaft und frechen Streit
möge die Göttin fern von mir halten.
Sie soll nie mein Herz
für einen fremden Mann entflammen.
Einen friedlichen Ehestand gönne sie mir
und schütze mit Klugheit meine Frauenrechte.

Das Vaterland und den heimischen Herd
möchte ich nie missen,
möchte nie leben, aller Hilfe beraubt,
in unabsehbar großem Elend, in Jammer und Leid.
Lieber wünsche ich mir den Tod,
als einen Tag so leben zu müssen.
Die allergrößte Not ist es, keine Heimat zu haben.

Ich sehe es selbst,
habe es nicht aus dem Mund anderer gehört:
keine Stadt und kein Freund erbarmt sich dein
in deiner schlimmsten Not.
Ohne Gnade gehe der Falsche zugrunde,
der nicht sein Herz öffnet, um Freunden zu helfen.
Mein Freund kann er nicht sein.

627-662

Agathon oder Die Liebe

Das Gelage, bei dem Alkibiades über die Faszination berichtete, die Sokrates auf ihn in seiner Jugend ausgeübt hat, wurde vom Tragödiendichter Agathon ausgerichtet, der als etwa Sechzehnjähriger die *Medea* des Euripides gesehen haben wird. Der jugendliche Agathon saß im Dionysostheater sicher an der Seite seines Liebhabers Pausanias, der ihn im Jahr zuvor mit in das Haus des Kallias genommen hatte, um die Sophisten Protagoras und Hippias zu hören. Dort sind wir den beiden bereits begegnet.

Sollte der etwa 10 Jahre ältere Pausanias während der Aufführung Agathon hin und wieder geliebkost und vielleicht auch geküßt haben, werden das die um sie herumsitzenden Zuschauer kaum registriert haben. So ungewöhnlich Zärtlichkeiten zwischen Eheleuten waren, so normal waren sie zwischen Männern, zumindest zwischen einem Mann, der noch nicht 30 war, und einem jüngeren unter 20.

Auf dem Marktplatz von Athen stand eine Statuengruppe, die man die »Tyrannenmörder« nannte. Sie stellte die beiden jungen Athener Harmodios und Aristogeiton dar, die 514 ein Attentat auf Hippias und Hipparchos, die Söhne des Tyrannen Peisistratos, verübt hatten. Das Attentat war fehlgeschlagen, Harmodios hatte bei dem Anschlag den Tod gefunden, Aristogeiton wurde nach brutaler Folterung hingerichtet. Trotzdem galt 80 Jahre später die Tat dieser beiden als Symbol für den Beginn der attischen Demokratie.

Das Denkmal, das auf der Agora neben dem Altar des

Ares stand, war zugleich ein Denkmal der Knabenliebe, denn das Attentat hatte eigentlich gar keinen politischen Hintergrund gehabt. Der eigentliche Anlaß war eine Liebesaffäre. Thukydides erzählt die Vorgeschichte so: Aristogeiton, ein Bürger aus dem Mittelstand, hatte sich in einen schönen Jüngling namens Harmodios verliebt. Auch Hipparchos machte dem Harmodios Anträge, hatte aber keinen Erfolg. Weil Hipparchos wiederholt abgewiesen wurde, demütigte er Harmodios in aller Öffentlichkeit. In seiner leidenschaftlichen Verliebtheit fürchtete Aristogeiton, der mächtige Hipparchos könne versuchen, mit Gewalt zum Ziel zu kommen, und plante deshalb seine Ermordung. Der Grund zu der Verschwörung gegen die Tyrannis sei also gekränkte Liebe und Eifersucht gewesen.

Die Knabenliebe war in Athen eine gesellschaftliche Konvention, die wohl auf die Adelszeit zurückging. Wahrhafte Liebe konnte nur zwischen ebenbürtigen Partnern bestehen, sie mußte auf seelisch-geistigen Gleichklang gegründet sein. Eine Frau konnte für einen gebildeten Mann ein solcher Partner nicht sein, schon deshalb nicht, weil sie so gut wie nichts gelernt hatte. Knabenliebe war darum in Athen normal – und tabuisiert zugleich. Das erotisch-sexuelle Ausleben wird häufig (auch von Sokrates) abgelehnt.

Das Verhältnis Agathons zu Pausanias sollte nicht, wie anscheinend sonst üblich, ein auf beschränkte Zeit angelegtes Verhältnis vor der Eheschließung bleiben. Die beiden haben ihr ganzes Leben lang zusammengelebt und sind ein Paar geblieben. Agathon wird deshalb einige Jahre nach der *Medea* als weibisch verspottet werden. Er rasiere sich (das Rasiermesser gehört zu den Schönheitsmitteln einer Hetäre), in seiner Tasche sei immer ein Spiegel (Spiegel dienen der weiblichen Selbstgefälligkeit, werden zum Schmeichler), er habe ein Haarnetz, trage ein mit Safran gefärbtes Gewand. »Mein Kleid entspricht der Stimmung meines Geistes, wenn man Weiberdramen dichtet, muß auch den Körper Weiblichkeit umkleiden«, läßt ihn Aristophanes in der Komödie D*ie Frauen am Fest der Thesmophoren* sagen.

Eine von Aelian behauptete Liebesbeziehung zwischen Agathon und Euripides ist eher unwahrscheinlich. Danach soll Euripides sein Drama *Chrysippos* aus Liebe zu Agathon verfaßt haben (Chrysippos, ein Sohn des Pelops, wurde seiner Schönheit wegen vom thebanischen König Laios entführt, in der Antike galt dies als die Einführung der Knabenliebe in Griechenland). Den *Chrysippos* hat Euripides wahrscheinlich nicht in Athen, sondern erst nach 411 am Hof des Makedonenkönigs Archelaos geschrieben, wo sich zu dieser Zeit allerdings auch der jüngere Dichter Agathon aufhielt (selbst in Makedonien lebte er noch mit seinem Freund Pausanias zusammen, von dem wir außer seinem Namen und der lebenslangen Verbindung mit Agathon nichts weiter wissen). Richtig dürfte nur sein, daß Agathon mit Euripides befreundet war. Jedenfalls bestand eine enge künstlerische Verwandtschaft zwischen den beiden Tragödiendichtern. Agathon hat die Neuerungen des Euripides aufgenommen und weitergeführt.

Er war der erste, der in seinen Stücken nicht mehr nur den griechischen Mythos dramatisch gestaltete. Bis zu ihm war die Handlung einer Tragödie zumindest in den wichtigsten Grundzügen dem Publikum bekannt, ihre handelnden Personen ihm vertraut. Agathon ging über Euripides hinaus, der nur einzelne Handlungselemente hinzuerfand. Agathon habe Tragödien geschrieben, in denen kein Name bekannt sei, wie den *Antheus*, erfahren wir bei Aristoteles, sowohl die Handlung wie auch die Personen seien frei erfunden, doch sei das Vergnügen an diesem Stück deshalb nicht geringer.

Agathons Tragödien sind – ebenso wie die des Phrynichos – sämtlich verlorengegangen. Wir können also seine Originalität heute nur indirekt erschließen. Die häufige Erwähnung bei Aristoteles beweist immerhin, daß er im 4. Jahrhundert noch hochgeschätzt war und für die Entwicklung der Tragödie viel geleistet hat.

Aelian berichtet, Agathon habe reichlich und häufig Antithesen verwendet. Als jemand ihn verbessern und die Antithesen (also Spitzfindigkeiten, die sich an die zu seiner Zeit moderne sophistische Disputierkunst anlehnten) aus seinen Werken beseitigen wollte, soll er gesagt haben: »Aber mein Lieber, du übersiehst, daß du so den Agathon aus dem Agathon entfernst!«

Nach Aristoteles hat Agathon damit begonnen, Chorgesänge als bloße Einlagen zu behandeln, die mit der Handlung keinen direkten Zusammenhang mehr haben mußten. Die Chorgesänge wurden bei ihm zu lyrischen Intermezzi (*embólima* – Einschübe).

15 Jahre nach der *Medea* debütierte Agathon als Bühnendichter und gewann auf Anhieb den ersten Preis. Das Trinkgelage, das Platons *Symposion* schildert, fand zur Feier dieses Sieges statt. Zum Gastmahl bei Agathon geht Sokrates frisch gewaschen und mit eleganten Sandalen an den Füßen, was sonst selten bei ihm vorkam, wie Platon anmerkt (meistens ging Sokrates barfuß). Er macht dem jungen erfolgreichen Dichter bei der Begrüßung Komplimente: er hoffe, von ihm mit viel herrlicher Weisheit erfüllt zu werden. Agathon habe ja mit der seinen trotz seiner Jugend großen Eindruck gemacht, erst gestern habe er mit ihr vor mehr als dreißigtausend Griechen geglänzt.

Ob wirklich so viele Zuschauer zu den Tragödienaufführungen kamen, ist nicht sicher. Die von Platon genannte Zahl zeigt immerhin, daß praktisch alle Bewohner Attikas (und sicher auch viele Touristen, die eigens zum Theaterfest nach Athen gereist waren) Jahr für Jahr die Aufführungen sahen und die Bemerkung des Aristophanes, in Athen gebe es ein besonders sachverständiges und gebildetes Publikum, nicht als ironisches Aperçu zu verstehen ist.

In der musikalischen Komposition folgte Agathon dem neuen Geschmack: weich, süßlich, geschnörkelt, einschmeichelnd. Sprichwörtlich wurde das »Agathonische Aulósspiel«. Die Liebe als persönliche Neigung oder Leidenschaft war das ausschlaggebende Element, das ihn zum Dichten begeisterte, wobei er vor Sentimentalitäten nicht zurückschreckte. Deshalb mußten beim Trinkgelage zur Feier seines ersten Sieges alle Anwesenden eine Lobrede auf Eros halten.

Platon überliefert diese Reden in seinem *Symposion*. Der Buchtitel wird im Deutschen gewöhnlich mit *Das Gastmahl* wiedergegeben. Das griechische Wort heißt »gemeinsames Trinken«, und es käme der Wirklichkeit am nächsten, es mit »Saufgelage« zu übersetzen. Das Gelage bei Agathon sollte allerdings nicht wirklich in ein sinnloses Besäufnis ausarten. Zu Beginn wurde verabredet, an diesem Abend ausnahmsweise nicht auf einen Rausch auszugehen. Jeder müsse nur so viel trinken, wie er wolle.

Agathons Liebhaber Pausanias beschreibt in seiner Rede die Ambivalenz, mit der die Knabenliebe in Athen zu dieser Zeit angesehen und praktiziert wurde:

Unsere Sitte ist sehr schön, allerdings nicht leicht zu verstehen. Denn es wird für schöner gehalten, öffentlich zu lieben als heimlich. Dem Liebhaber wird eine ungemeine Aufmunterung von allen zuteil, und niemand denkt, daß er etwas Schändliches tue. Vielmehr gilt es für schön, den Geliebten für sich zu gewinnen, und für schimpflich, ihn nicht zu gewinnen. Die Sitte gestattet dem Liebhaber, zur Erreichung dieses Ziels wunderliche Dinge zu tun, die, wenn jemand sie bei der Verfolgung eines anderen Zwecks anwenden würde, zu den schlimmsten Vorwürfen führt. Denn wenn einer, um Geld oder ein öffentliches Amt oder sonstigen Einfluß zu erlangen, täte, was die Liebhaber ihren Geliebten tun, nämlich demütige und flehentliche Bitten an sie richten, ihnen Eide schwören, des Nachts vor ihren Türen liegen und zu jedem sklavischen Dienst, wie nicht einmal ein wirklicher Sklave, bereit sein: so würde er von Freunden und sogar Feinden zurückgehalten werden, und sie würden ihm Kriecherei und knechtische Gesinnung vorwerfen. Die aber, denen gegenüber er sich so verhielte, würden ihn zurechtweisen und sich seinetwegen schämen. Dem Liebenden dagegen wird dies alles zugestanden, ohne daß es ihm Schande bringt, wegen der Herrlichkeit des Ziels, das er zu erreichen sucht. Was aber das Wichtigste ist: es sind, wie man allgemein annimmt, seine Eide die einzigen, deren Brechen sogar von den Göttern verziehen wird. Denn ein Liebesschwur, heißt es, gelte nicht. So gestatten die Götter und Menschen dem Liebenden alle mögliche Freiheit.

Folglich möchte man glauben, daß es in unserer Stadt für schön gelte, zu lieben und ein Liebhaber zu sein. Tatsächlich aber verhindern die Väter durch Erzieher, die ihre Söhne dauernd begleiten müssen, daß ein Liebhaber mit ihnen ein Gespräch anknüpft, und sie machen dem Erzieher zur Pflicht, hierauf zu achten. Altersgenossen und Freunde schmähen sie, wenn sie bemerken, daß so etwas doch vorkommt, und die Älteren hindern sie nicht daran, so daß man wiederum glauben müßte, dergleichen gälte hier für das Allerschändlichste.

Dabei ist es weder grundsätzlich schön noch schändlich, sondern auf eine schöne Weise praktiziert, ist es schön, sonst aber ehrlos. Schlecht ist der sinnliche Liebhaber, der den Körper mehr als die Seele liebt. Denn ein solcher ist nicht beständig, da er ja auch etwas nicht Beständiges liebt. Denn zugleich mit dem Verwelken der Blüte des Leibes eilt auch er, wenn er nur diese liebt, von dannen und vergißt alle seine Reden und Versprechungen. Der Liebhaber eines edlen Charakters aber bleibt zeitlebens bei ihm, da er sich mit dem Bleibenden verschmolzen hat. Unsere Sitte will deshalb, daß man die Liebhaber genau und lange genug prüfe, und nur denen der schönen Art zu Willen ist, die anderen aber meide. Darum ermuntert sie die Liebhaber zum Verfolgen, die Geliebten aber zum Fliehen, damit sie gegenseitig erproben, zu welcher von beiden Arten der Liebende und der Geliebte gehört. Aus diesem Grund wird es für schimpflich gehalten, sich sofort miteinander einzulassen. Und es gilt auch für schimpflich, sich für Geld hinzugeben.

Platon, Symposion 182 d-184 a pass.

Medea

ÄGEUS
Guten Tag, Medea! Ich freue mich, dich zu sehen.
MEDEA
Auch du, Sohn des weisen Pandion, sei gegrüßt.
Woher kommst du, Ägeus, was führt dich in dieses Land?
ÄGEUS
Ich komme von Delphi, habe dort das Orakel befragt.
MEDEA
Und was wolltest du vom Gott erfahren?
ÄGEUS
Wie ich zu Nachwuchs kommen könnte.
MEDEA
Du hast in deinem Alter noch keine Kinder?
ÄGEUS
Das Schicksal hat mir bis jetzt keine vergönnt.
MEDEA
Hast du eine Frau, oder lebst du unverheiratet?
ÄGEUS
Ich bin schon lange mit meiner Frau vermählt.
MEDEA
Und welche Antwort gab der Gott auf deine Frage?
ÄGEUS
Ein Wort, so sinnig, daß kein Mensch es deuten kann.
MEDEA
Darf ich den Spruch des Gottes wissen?
ÄGEUS
Die Worte schon, doch nur ein Weiser mag sie verstehen.

MEDEA

Was also sprach der Gott? Sag es mir.

ÄGEUS

Ich soll das vordere Ende des Schlauchs nicht lösen –

MEDEA

Bevor du was getan – wohin gelangt bist?

ÄGEUS

Bevor ich wieder zu Hause bin.

MEDEA

Und warum machst du hier in Korinth Station?

ÄGEUS

Es lebt ein Fürst namens Pittheus in Troizen.

MEDEA

Ein Sohn des Pelops. Ich habe von ihm gehört.
Er soll gerecht und fromm sein.

ÄGEUS

Ihn will ich nach der Bedeutung des Orakels fragen.

MEDEA

Er wird es vielleicht deuten können, denn er ist klug.

ÄGEUS

Und außerdem mein bester Freund aus Kriegszeiten.

MEDEA

So wünsche ich dir Glück und viel Erfolg.

ÄGEUS

Doch du, was ist mit dir? Du wirkst bedrückt.

MEDEA

Ägeus, mein Gatte tut mir Schlimmes an.

ÄGEUS

Was meinst du? Sprich dich aus,
sag mir, was dich quält.

MEDEA

Jason brüskiert mich, ohne jeden Grund.

ÄGEUS
Sprich deutlicher, was tut er dir an?
MEDEA
Er heiratet eine andere Frau,
und sie soll die erste in seinem Haus sein.
ÄGEUS
Er wäre wirklich dazu fähig?
MEDEA
Er hat mich schon verstoßen.
ÄGEUS
Macht ihn die neue Liebe trunken,
oder mag er dich nicht mehr?
MEDEA
Es ist wohl Liebeswahnsinn, Treue kennt er nicht.
ÄGEUS
Laß ihn gehen, wenn er so gemein ist.
MEDEA
Er möchte der Mann einer Prinzessin sein.
ÄGEUS
Und wer vermählt ihm seine Tochter? Sag es mir!
MEDEA
Kreon, der König von Korinth.
ÄGEUS
Dann tust du recht, zu jammern, arme Frau!
MEDEA
Ich bin verloren.
Zu allem werde ich auch noch ausgewiesen.
ÄGEUS
Von wem? Du nennst ein neues Unglück.
MEDEA
Kreon vertreibt mich aus Korinth, ich bin heimatlos.

ÄGEUS
Und Jason läßt das zu? Wie schändlich!
   MEDEA
Er spricht es nicht aus,
aber offensichtlich will er es selbst.
So faß ich deinen Bart und deine Knie,
bitte und beschwöre dich, erbarm dich meiner,
erbarme dich des armen Weibs
und laß die Ausgestoßene nicht heimatlos werden.
Gib mir Asyl in deinem Land,
gib mir in Athen Haus und Herd.
Dann werde ich beten,
daß alle deine Wünsche in Erfüllung gehen
und du reichen Kindersegen hast.
Du ahnst nicht, was du an mir haben wirst.
Ich kann dir helfen.
Ich verstehe mich auf Zauberei.
   ÄGEUS
Aus vielen Gründen will ich deinen Wunsch erfüllen.
Einmal, weil mich dein Flehen rührt.
Dann um der Kinder willen, die du mir verheißt.
Denn für sie würde ich alles tun.
So sei es also: Kommst du in mein Land,
wird dich das heilige Gastrecht schützen.
Eines allerdings muß ich dir sagen:
Ich werde dir nicht bei der Flucht
aus diesem Land helfen.
Doch wenn du selbst den Weg zu meinem Herd findest,
verspreche ich dir eine sichere Bleibe.
Ich werde dich niemandem ausliefern.
Noch einmal: wie du aus Korinth heraus kommst,
ist deine Sache. Denn hier bin auch ich nur ein Fremder.

MEDEA

Gut so. Wenn ich noch ein Ehrenwort
von dir darauf erhielte, wäre ich ganz beruhigt.

ÄGEUS

Traust du mir nicht? Was zweifelst du?

MEDEA

Ich traue dir. Aber ich habe mächtige Feinde:
die Familien des Pelias und die des Kreon.
Wenn du durch einen Schwur gebunden bist,
wirst du nicht zulassen,
daß sie mich aus deinem Land entführen.
Gibst du dein Versprechen nur mit Worten,
die die Götter nicht verbürgen, könnte es sein,
daß du einem Antrag auf Auslieferung stattgibst.
Denn ich bin nur ein schwaches Weib,
sie sind reiche und mächtige Fürsten.

ÄGEUS

Du bist sehr vorsichtig.
Wenn es dich beruhigt, ich weigere mich nicht.
Auch ich fühle mich wohler,
wenn ich gegenüber deinen Feinden eine Ausflucht habe.
Und du bist sicherer.
Nenne mir die Götter, bei denen ich schwören soll.

MEDEA

Beim Schoß der Erde und bei meinem Großvater,
dem Sonnengott, und bei allen Göttern insgesamt
sollst du schwören –

ÄGEUS

Zu tun oder zu lassen? Sag!

MEDEA

Daß du mich nie aus eigenem Antrieb
aus deinem Land ausweisen wirst,

noch mich einem meiner Feinde freiwillig auslieferst,
solange du lebst.

ÄGEUS

Ich schwöre bei der Erde und dem reinen Sonnenlicht
und allen Göttern,
daß ich so handeln werde, wie du gesagt.

MEDEA

Das reicht! Welche Strafe soll dich treffen,
solltest du den Eid brechen?

ÄGEUS

Alles, was ein meineidiger Mensch verdient.

MEDEA

So geh in Frieden deines Wegs! Jetzt wird alles gut.
Ich komme in deine Stadt, sobald ich hier getan,
was ich tun muß, und vollbracht, was ich will.

CHOR

Der Gott, der die Reisenden schützt,
führe dich und geleite dich heim,
und dein sehnlicher Wunsch möge bald sich erfüllen.
Denn, Ägeus, du bist, wie ich sehe, großmütig.

Herodot und Thukydides
oder Die Geschichte

Ägeus war ein sagenhafter König der Frühzeit Athens. Alle Zuschauer der *Medea* wußten, daß er von Korinth nach Troizen zu seinem Kriegskameraden Pittheus gegangen war und dessen Tochter Aithra im Rausch geschwängert hatte. Sie gebar nach neun Monaten einen Sohn. Als er herangewachsen war, schickte sie ihn mit Erkennungszeichen, die Ägeus in Troizen zurückgelassen hatte, nach Athen. Es war Theseus, der auf seinem Weg nach Attika das Land von allen gefährlichen Banditen säuberte. Als er in Athen ankam, hatte Medea Ägeus geheiratet und ihm ebenfalls einen Sohn geboren. Sie erkannte sofort, daß Theseus der Erstgeborene ihres Mannes war und versuchte, ihn zu vergiften. Doch sein Vater bemerkte im letzten Moment die Erkennungszeichen und verbannte Medea mit dem gemeinsamen Sohn aus Athen. Theseus wurde König und neben Herakles zum größten griechischen Helden.

Die Medea-Geschichte war für die Athener des 5. Jahrhunderts nicht irgendein Märchen aus vergangenen Zeiten. Der Mythos erzählte geschichtliche Wahrheit. So sah es auch der im Aufführungsjahr etwa sechzigjährige Herodot aus Halikarnassos. Er hatte seine Heimat aus politischen Gründen verlassen müssen, war nach ausgedehnten Reisen, die ihn nach Ägypten, Mesopotamien und in das Gebiet der Skythen geführt hatten – nach damaligen Begriffen eine Weltreise –, spätestens 445 nach Athen gekommen. Von dort ist er 444 mit Auswanderern nach Süditalien gegangen (unter ihnen war auch der Architekt Hippodamos). Sie hatten am Golf von Tarent an der Stelle des in Kriegen zerstörten Sybaris die Stadt Thurioi gegründet (heute Turio). 433 war Athen die Ehre, Thurioi gegründet zu haben, aberkannt worden, der Gott von Delphi wurde offiziell zu ihrem Gründer erklärt. Wahrscheinlich mußten die Anhänger Athens die Stadt verlassen. Noch in Unteritalien hat Herodot sein Geschichtswerk geschrieben und ist vermutlich mit dem fertigen Buch nach Griechenland zurückgekehrt.

Der in römischer Zeit lebende Lukian erzählt, Herodot habe überlegt, wie er möglichst schnell und ohne große Mühe seinen Namen und seine Schrift bekannt machen und berühmt werden könne.

Weil das Fest in Olympia bevorstand, dachte er bei sich, daß dort die geeignete Gelegenheit sein werde. Er wartete, bis das Fest seinen Höhepunkt erreicht hatte und von überall her die Menschen zusammengeströmt waren. Dann schritt er, nicht als Zuschauer, sondern geradezu als Wettkämpfer, zur hinteren Halle des Zeustempels und las dort aus seinen Historien vor. Er bezauberte die Zuhörer so, daß seine Bücher, deren eben neun an der Zahl sind, jedes mit dem Namen einer Muse bezeichnet wurde. Alle Welt kannte ihn nun ebensogut wie die olympischen Sieger. Denn wer ihn nicht zu Olympia mit eigenen Ohren gehört hatte, wußte von ihm aus dem Munde derer, die von da zurückkamen, so daß er sich nirgends sehen lassen konnte, ohne daß jedermann mit dem Finger auf ihn wies und sagte: Das ist Herodot, der die Perserkriege in jonischer Mundart beschrieben und unsere Siege so herrlich besungen hat!

Lukian, Herodot 1-2 pass.

Herodots Auftritt in Olympia muß bei den Spielen des Jahres 432 gewesen sein, und nach deren Beendigung ist er vermutlich nach Athen weitergereist, um in der geistigen Hauptstadt Griechenlands, in der er seit seinem Aufenthalt zehn Jahre zuvor viele Freunde hatte, sein Geschichtswerk vorzustellen. Er wird also auch im Theater gewesen sein, um Euripides' *Medea* zu sehen.

Im Vorspruch zu seinem Geschichtswerk erklärt er, darlegen zu wollen, was er erkundet habe, damit weder mit der Zeit in Vergessenheit gerate, was von Menschen geschehen, noch große und bewunderungswürdige Leistungen, die Griechen und Barbaren vollbracht hätten, ruhmlos blieben. »Besonders aber hat er erforscht, weshalb sie gegeneinander Krieg führen.«

Für Herodot war der Mythos um Medea ein wichtiger Mosaikstein im Entstehen der Erbfeindschaft zwischen Asien und Europa, zwischen Griechen und Persern. Von persischen Geschichtskundigen hatte er gehört, an dem Streit seien die Phöniker schuld. Sie hätten die argivische Königstochter Io aus Argos entführt, und zur Vergeltung hätten Kreter in Tyros die Königstochter Europa geraubt. Damit sei aber nur Gleiches mit Gleichem vergolten worden. Danach hätten sich die Griechen ins Unrecht gesetzt. Sie seien nämlich auf einem Kriegsschiff nach Aia in Kolchis gekommen und hätten Medea, die Tochter des Königs, geraubt. Der König von Kolchis habe einen Herold nach Griechenland geschickt, um seine Tochter zurückzufordern. Es sei ihm erwidert worden, die Griechen hätten für den Raub der Io aus Argos auch keine Genugtuung erhalten und sähen deshalb keine Veranlassung, ihrerseits solche zu geben.

Die überlieferten Mythen waren für Herodot eine wichtige Quelle der Geschichtsschreibung. Aber der Mythos war nicht alles. Herodot bemühte sich um eine vom Verstand gefilterte Beobachtung der Welt. Er wollte selbst sehen und prüfen. Da er keine fremden Sprachen beherrschte, war er auf seinen Reisen bei allem, was sich nicht durch Augenschein klären ließ, auf priesterliche und populäre Traditionen angewiesen. Er glaubte noch an das wunderbare Eingreifen göttlicher Mächte, aber er übernahm nicht kritiklos jede Überlieferung. »Ich muß zwar alles anführen, was jeweils erzählt wird, brauche aber darum doch nicht alles zu glauben, und diesen Grundsatz will ich in meinen Historien befolgen«, beschreibt er sein Arbeitsprinzip. Herodot wollte sein Geschichtswerk von den Mythen der Dichter unterschieden wissen. Er machte sich quasi zum Rivalen des tragischen Dichters, der in seiner *Medea* auch Zeitgeschichte schrieb, nämlich Tagesaktualität in mythischem Gewand. Aristoteles formulierte hundert Jahre später, wie Herodot mit seiner Methode die Geschichtsschreibung zur Wissenschaft machte:

Der Unterschied zwischen Geschichtsschreiber und Dichter besteht nicht darin, daß der eine Verse schreibt und der andere nicht. Ein Herodot in Versen – und das ließe sich ja leicht machen – würde um nichts weniger ein Geschichtswerk sein. Der Unterschied liegt vielmehr darin, daß der eine berichtet, was geschehen ist, der andere, was geschehen sein könnte. Und eben darum, weil die Dichtung mehr das Allgemeine, die Geschichte mehr das Einzelne betont, ist erstere philosophischer und bedeutender. Das Allgemeine besteht darin darzustellen, welche Äußerungen oder Handlungen von bestimmten Charakteren zu erwarten sind. Darauf geht die Dichtung aus.

Das Einzelne ist zu berichten, was Alkibiades tat oder erlebte.

Aristoteles, Poetik 9

Herodot betrachtete die Welt als freier und frommer Mann. Er bemühte sich, zu einer Gesamtvorstellung der Erde zu gelangen, und verkündete eine multikulturelle Toleranz: Man greift ein Volk in seinem innersten Wesen an, wenn man seine Sitten lächerlich macht. Echte Bildung ist duldsam. Die Mythen und Märchen der Völker versuchte er rationalistisch zu deuten. In seinem Bemühen, alles Merk-Würdige der Erde, der Völker, der Kulturen zu berücksichtigen, zeigte sich ein kosmopolitischer Sinn.

Das griechische Mutterland war in Herodots Augen gerade wegen seiner Armut dem reichen Kleinasien, in dem er aufgewachsen war, überlegen. Er war der Auffassung, daß in den Perserkriegen entschieden wurde, ob der Osten über den Westen Macht haben solle, oder die Griechen berufen seien, Asien zu beherrschen. Den Sieg der Griechen über die Perser betrachtete er als Sieg des Geistes über die Masse. Es war der Sieg eines Landes, das durch natürliche Armut zur höchsten Tätigkeit angespornt wird, über Völker, die durch Üppigkeit träg und feige geworden sind; der Sieg der Freien, die nur das Gesetz als Herrn über sich haben, über die Geknechteten, die nur die Peitsche des willkürlich befehlenden Despoten vorwärts treibt. Das ausschlaggebende Verdienst an diesem Sieg hatte in seinen Augen Athen:

Ich will offen meine Meinung sagen, auch wenn sie den meisten Menschen mißfallen wird. Aber ich kann nicht ungesagt lassen, was ich für wahr halte. Hätten die Athener voller Panik über das drohende Unglück ihr Land verlassen oder hätten sie sich Xerxes kampflos ergeben, niemand in Griechenland hätte es gewagt, dem König noch entgegenzutreten. Es ist deshalb nur die Wahrheit, wenn man die Athener die Retter von Griechenland nennt. Sie blieben und erwarteten voll Mut, die in ihr Land eingefallen waren.

Herodot, 7, 139

Eine Bemerkung über die Verderbnis, die der Besitz von Macht auf den Menschen ausüben kann, die Herodot einen vornehmen Perser machen ließ, wurde in der Antike als auf Perikles gemünzt angesehen:

Wenn du Macht selbst dem besten Mann auf Erden anvertraust, wirst du sehen, daß er seiner Gesinnung untreu wird. Denn *hybris* (Übermut, Gewalttätigkeit) wird nicht ausbleiben, und der Neid gehört zur Natur des Menschen, und er wird deshalb viele Freveltaten begehen. Den Besten mißgönnt er Wohlstand und Leben, und gerade den Schlechtesten tut er Gutes. Und niemand ist so bereit wie er, Verleumdungen Glauben zu schenken. Das Sonderbarste von allem aber ist: Wenn du ihn ohne Übertreibung lobst, ist er unzufrieden, daß du ihn nicht hofierst, und machst du ihm Komplimente, ist ihm deine Schmeichelei zuwider.

Herodot 3, 80

Im Athener Dionysostheater saß im Jahr 431 auch der fünfundzwanzigjährige Thukydides, Sohn des Oloros (nicht zu verwechseln mit dem Politiker gleichen Namens). Vielleicht hat ihn das neuartige Geschichtswerk Herodots angeregt, mit Tagebuchaufzeichnungen über die politischen Ereignisse in Athen zu beginnen, die zur Basis seiner Darstellung des sich bereits am Horizont abzeichnenden Peloponnesischen Krieges werden sollten:

> Thukydides aus Athen hat in diesem Buch den Krieg beschrieben, den die Peloponnesier mit den Athenern geführt haben. Er hat sich gleich beim Ausbruch dieses Krieges an die Arbeit gemacht, weil er damals schon erwartete, daß es einer der wichtigsten und denkwürdigsten aller bisherigen Kriege in Griechenland werden würde, denn beide Staaten waren auf dem Gipfel ihrer Macht und alle übrigen Griechenstädte schlugen sich zu einer der beiden Kriegsparteien. Er bewirkte die bei weitem größten Veränderungen in Griechenland.
>
> *Thukydides 1, 1*

Ein wichtiges Gestaltungsmittel im Geschichtswerk des Thukydides sind Reden, in denen er die jeweilige historische Situation schildert und politische oder militärische Persönlichkeiten charakterisiert. Wir müssen bedenken, daß die literarische Form der Biographie und der Charakterdarstellung noch nicht geschaffen war, um zu ermessen, wie neu das Werk des Thukydides gewesen ist. Nur in der Tragödie wurden menschliche, oder besser heroische Charaktere sprechend dargestellt, und das Theater war vielleicht die wichtigste Schule dieses großen Historikers. Anders als den tragischen Dichtern ging es ihm aber um ein rücksichtsloses Forschen nach der Wahrheit, nicht um eine mythische Schilderung von Geschichte und Gegenwart. Dabei ist die Geschichtsschreibung des Thukydides gleichzeitig auch Dichtung. Seine Reden sind wie Theatermonologe gestaltet. Geprägt von tragischer Geschichtsauffassung bewirkt sein

Werk nicht weniger Erschütterung als die Dichtungen der Tragiker, weil seiner Darstellung bei aller Sachlichkeit nicht die Anteilnahme an menschlichem Leiden fehlt. In der Methodik entwickelte Thukydides Grundregeln des Journalismus:

> Die Begebenheiten des Krieges habe ich nicht nach den ersten besten Nachrichten noch nach meinem eigenen Gutdünken berichtet, sondern ich habe nur solche Dinge aufgezeichnet, bei denen ich entweder selbst zugegen gewesen bin oder worüber ich von anderen möglichst genaue Nachrichten einziehen konnte. Es hat mich oft viel Mühe gekostet, hinter die eigentliche Wahrheit zu kommen, weil die Berichte der Augenzeugen nicht immer übereinstimmten, da sie aus Parteilichkeit oder weil ihr Gedächtnis sie im Stich ließ, die Ereignisse verschieden erzählt haben. Meine von allen fabelhaften Ausschmückungen freien Nachrichten mögen dem Leser vielleicht nicht so unterhaltend vorkommen. Wem es aber auf die Zuverlässigkeit der erzählten Begebenheiten ankommt, der wird zufrieden sein. Es soll kein Buch werden, das den Leser für kurze Zeit angenehm unterhält, vielmehr beständigen Wert haben.
>
> *Thukydides 1, 22*

Die Bücher des Thukydides sind das erste, um sachliche Genauigkeit bemühte Geschichtswerk, geschrieben von einem Zeitzeugen. Aber gerade weil der Historiker dem Leser suggeriert, er erlebe die Geschehnisse selbst, und weil er ihm scheinbar das Urteil darüber völlig freigibt, beeinflußt er seine Meinung um so sicherer. In der Auswahl der Nachrichten, in dem, was er einer ausführlichen Erzählung für wert hält, was er in nüchternen und oft abgerissenen Sätzen mitteilt, in dem, was er verschweigt, steckt sein Urteil. Die äußerliche Objektivität seines historischen Stils ist die Subjektivität des kritischen Forschers. Zwischen der Niederschrift von Herodots Historien und dem Werk des Thukydides liegen nur zwei Jahrzehnte – und doch eine ganze Welt.

Von Frauen übrigens ist bei Thukydides so wenig die Rede, daß man sich mitunter in eine bloße Männergesellschaft versetzt glaubt. Darin ist er dann doch ganz Kind seiner Zeit.

Nicht nur die beiden Historiker, auch die anderen Zuschauer werden bei der Ägeus-Szene der *Medea* aufmerksam zugehört haben, und es wird ihnen nicht entgangen sein, daß Euripides den König von Athen der Kolcherin zwar Asyl in seiner Stadt versprechen läßt, aber nur, wenn sie aus Korinth verbannt wird. Es mag uns heute von überflüssiger Deutlichkeit erscheinen, daß Ägeus ausdrücklich die von Medea gar nicht ausgesprochene Bitte zurückweist, ihr bei einer etwaigen Flucht aus Korinth behilflich zu sein. Und er hält es für sinnvoll, sein Asylversprechen durch einen Eid zu bekräftigen, um gewichtige Argumente gegen ein mögliches Auslieferungsbegehren der Korinther zu haben.

Das Thema Asyl bot wie kaum ein anderes Gelegenheit, die Bedeutung moralischer Prinzipien in der Politik durchzuspielen. Sicherlich kannten die meisten Zuschauer eine Geschichte, die man von Themistokles erzählte. Als der um 467 nach seiner Verbannung aus Athen in Abwesenheit wegen Hochverrats zum Tode verurteilt worden war und befürchten mußte, die Athener könnten seine Auslieferung von Admetos, dem König der Molosser, fordern, der ihm

Asyl gewährt hatte, soll er des Königs kleinen Sohn an sich gerissen und sich mit ihm am Herd des Hauses niedergeworfen haben. Diese Form der Bitte galt den Molossern als besonders heilig, und sie wagten es nicht, den so Flehenden abzuweisen. Es wurde damals gemutmaßt, Admetos habe diese Szene vorher mit Themistokles abgesprochen, damit er gegenüber dessen Verfolgern religiöse Bedenken vorschützen konnte, die ihm eine Auslieferung unmöglich machten.

Im Frühling des Jahres 431 herrschte zwischen Athen und Korinth eine politisch äußerst gespannte Atmosphäre. Der Konflikt zwischen den beiden Städten war der eigentliche Auslöser des Peloponnesischen Krieges.

Fast der gesamte Handel im westlichen Mittelmeer ging damals über Korinth. Athen wollte nun seinen Einfluß, der im östlichen Mittelmeer bereits einem Monopol gleichkam, durch Einbeziehung der Griechenstädte in Unteritalien und Sizilien nach Westen ausdehnen. Auch dazu hatte die Gründung von Thurioi im Jahr 444 gedient, an der sich Hippodamos und Herodot beteiligt hatten. Die Neugründung war von Athen initiiert und nur deshalb als »panhellenische« Kolonie etikettiert worden, um eine offene Herausforderung Korinths zu vermeiden.

Die militärische Stärke des attischen Seebundes (neben Attika und Euböa umfaßte er vor allem die Inseln des Ägäischen Meeres und die Küstenstädte von der Chalkidike bis zum westlichen Kleinasien) beunruhigte die Spartaner und ihre Verbündeten (die Staaten des gesamten Peloponnes außer Argos, sowie Korinth und Theben). Im 446 zwischen Sparta und Athen vereinbarten »Dreißigjährigen Frieden« war vor allem festgelegt worden, daß beide Seiten die jeweilige Machtsphäre des anderen Bündnisses zu respektieren hätten, der »Status quo« also nicht angetastet werden sollte.

Dieser Friede war von Anfang an sehr brüchig gewesen. Über kurz oder lang, das war allen Zuschauern der *Medea* klar, mußte es zum offenen Krieg kommen. Es ging eigentlich nur noch darum, wer gewissermaßen den ersten Schuß tun würde und später als Aggressor angeprangert werden konnte.

Im 8. Jahrhundert hatten Kolonisten aus Korinth die Stadt Kerkyra (Korfu) auf der gleichnamigen Insel gegründet. Die Stadt hatte sich schon bald von Korinth unabhängig gemacht, und bereits im 7. Jahrhundert gab es kriegerische Auseinandersetzungen zwischen der Kolonie und ihrer Mutterstadt. 435 kam es erneut zu Kämpfen zwischen Korinth und Kerkyra.

Euripides mag noch an seiner Tragödie gearbeitet haben, als im Jahr 432 Gesandte aus Kerkyra in Athen Beistand gegen Korinth suchten. Wie Thukydides berichtet, behaupteten sie, es verstoße keineswegs gegen den Vertrag mit den Spartanern, wenn die Insel in den Attischen Bund aufgenommen würde. Denn dort sei ausdrücklich festgelegt: Jedem griechischen Staat, der weder dem einen noch dem anderen Bündnis angehöre, stehe es frei, sich einem von beiden anzuschließen. Die Delegation aus Kerkyra argumentierte in Athen:

»Es wäre kurzsichtig, sich für den bevorstehenden und bereits so gut wie erklärten Krieg nicht das Bündnis eines Staates zu sichern, auf dessen Freundschaft oder Feindschaft so viel ankommt. Kerkyra liegt besonders günstig für die Fahrt nach Italien und Sizilien. Gegen unseren Willen kann kein Schiff von dort nach dem Peloponnes kommen, von uns aus hingegen allemal ein Geschwader bequem dahin abgehen. Es gibt in Griechenland drei ansehnliche Flotten: eure, die unsere und die der Korinther. Laßt ihr es geschehen, daß zwei davon unter einen Hut gebracht und wir den Korinthern zur Beute werden, werdet ihr es im Krieg zur See um so schwerer haben.«

Thukydides 1, 36 pass.

Gesandte aus Korinth machten dagegen unmißverständlich klar, daß man ein Bündnis der Athener mit Kerkyra als Vertragsverstoß ansehen würde, da es nur gegen Korinth gerichtet sein könne. Thukydides erzählt weiter:

Die Athener hielten zweimal eine Volksversammlung ab. In der ersten war man überwiegend geneigt, sich für Korinth zu entscheiden. In der zweiten aber schlug die Stimmung um, und es wurde beschlossen, zwar kein förmliches Kriegsbündnis mit Kerkyra einzugehen, denn wenn die Kerkyräer verlangt hätten, daß sie mit ihnen gegen Korinth losgehen sollten, würde das ein Friedensbruch mit den Peloponnesiern gewesen sein. Sie schlossen aber ein Verteidigungsbündnis, nach dem sie einander beistehen sollten, wenn Kerkyra oder Athen jemals feindlich angegriffen würde. Denn einen Krieg mit den Peloponnesiern hielten die Athener für unvermeidlich.

Thukydides 1, 40, 44

Im Herbst 432 – Euripides wird schon begonnen haben, mit Chor und Schauspielern die *Medea* einzustudieren – kam es südlich von Kerkyra vor der Küste von Thesprotien zu einer Seeschlacht, in die auch athenische Schiffe verwickelt wurden. Kerkyra und Korinth betrachteten sich beide als Sieger dieser Schlacht, sie hatte also keine Seite weitergebracht. Aber zwischen Korinth und Athen war es – im offiziellen »Frieden« – zu feindseligen Handlungen gekommen.

Athen als rettender Hafen für eine Frau, die ungerechterweise aus Korinth ausgestoßen wird, der mythische König Ägeus verspricht ihr Asyl, will aber nicht aktiver Fluchthelfer sein: die Szene auf dem Theater beschreibt im Frühjahr 431 auch die politischen Spannungen zwischen Athen und den Peloponnesiern.

Medea

MEDEA
O Zeus, göttliches Recht, Sonnenlicht!
Nun, liebe Freundin, werde ich
über meine Feinde triumphieren.
Ich habe gewonnen,
stehe wieder fest auf dem Boden.
Ich kann jetzt hoffen,
daß meine Feinde werden büßen müssen.
Als meine Not am schlimmsten war,
hat dieser Mann mir den rettenden Hafen gewiesen,
in dem ich sicher vor Anker gehen kann,
nachdem ich meine Rache vollbracht habe.
Ich muß nur die Stadt
und die hohe Burg der Athene erreichen.
Nun will ich euch meinen Plan verraten,
und was ich jetzt sage, sage ich nicht einfach so dahin.
Ich werde zu Jason eine meiner Dienerinnen schicken
und ihn bitten, daß er noch einmal zu mir kommt.
Erscheint er, sage ich ihm
mit beschwörenden Worten,
mir scheine mittlerweile ganz in Ordnung,
daß er die Prinzessin heiratet und mich verstößt.
Das alles sei von ihm nur gut gemeint
und für alle von Vorteil.
Meine einzige Bitte sei, daß die Kinder bleiben dürfen –
das sage ich nicht, weil ich sie hier zurücklassen
und dem Spott meiner Feinde aussetzen will, nein,
um die Königstochter hinterlistig zu ermorden!

Mit Geschenken, einem Prachtgewand
und einem goldenen Diadem,
schicke ich die Kinder zur Braut.
Wenn sie den Schmuck nimmt und ihn anlegt,
wird sie gräßlich sterben,
auch jeder, der sie danach nur berührt.
Denn die Geschenke sind mit starken Giften getränkt.
Mehr sage ich darüber nicht.
Wenn das geschehen ist – mich graust es,
wenn ich daran denke, was ich dann tun muß.
Meine eigenen Kinder muß ich töten.
Niemand soll sie mir entreißen.
Wenn ich so Jasons ganze Familie,
all sein Glück zerstört habe,
nach dem Mord an den Kindern,
verlasse ich eilends das Land,
das mich zu dieser Greueltat gezwungen hat.
Ich lasse mich nicht von meinen Feinden verhöhnen.
Doch dann – was soll mir dann noch das Leben?
Kein Vaterland, kein Obdach habe ich,
keine Zuflucht in der Not.
Als ich mein Vaterhaus verließ,
habe ich alles aufgegeben,
verführt vom Geschwätz des griechischen Mannes,
der mir jetzt, mit Hilfe der Götter,
seine Falschheit büßen soll.
Er soll die Kinder, die ich ihm geboren,
nicht mehr lebend sehen
und soll auch keine neuen Kinder zeugen
mit seiner neuen Frau, die durch mein Gift
einen schrecklichen Tod sterben wird,
das schreckliche Weib!

Niemand soll glauben, daß ich feige bin,
daß ich mich nicht zu handeln traue
oder mit endloser Geduld alles hinnehme.
Nein, ich bin Feinden ein Schrecken
wie Freunden hold gesinnt.
Die Taten solcher Menschen
werden aufs Höchste gepriesen.

CHOR

Du hast mir gesagt, was du planst.
Ich will dir helfen,
doch das Naturrecht gebietet mir,
dich von deiner Tat abzuhalten.

MEDEA

Es gibt keinen anderen Weg.
Ich verstehe ja, daß du so sprichst.
Aber du hast nicht erlitten, was ich leiden mußte.

CHOR

Du könntest wirklich deine Kinder morden?

MEDEA

Ja, weil ich meinen Mann so am tiefsten treffen kann.

CHOR

Aber du machst dich selbst
damit zur unglücklichsten Frau!

MEDEA

Laß mich! All dein Reden ist umsonst.
Du, meine Sklavin, geh und hol Jason hierher.
Du hast mir immer treu gedient.
Verrat ihm auch jetzt nichts von dem,
was ich beschlossen habe.
Du wirst mir ergeben sein, denn du bist eine Frau.

764-823

Sophokles oder Die Klassik

Wir sollten uns hier erneut daran erinnern, daß der Mord an den Kindern noch nicht zum überlieferten Mythos gehörte, um nachempfinden zu können, welchen Eindruck der Monolog der Medea auf die Zuschauer des Jahres 431 gemacht haben muß. Für sie war nicht klar, daß Medea wirklich tun würde, was sie androht, ja, sie werden sich einen solchen Ausgang des Dramas kaum haben vorstellen können.

Unter diesen Zuschauern war auch Sophokles, der gefeierte Meister der griechischen Tragödie. Er stand mit fünfundsechzig Jahren auf dem Gipfel seines Schaffens, war selbst an diesem Theaterfest aktiv als Konkurrent seines jüngeren Dichterkollegen Euripides beteiligt, kämpfte wie er um den ersten Preis. Als Anerkennung für seine *Antigone* hatten die Athener Sophokles zehn Jahre zuvor im samischen Krieg mit einem wichtigen Feldherrnamt betraut. Ein Vergleich der Medea des Euripides mit der Titelgestalt des Sophokles zeigt, daß Welten diese beiden Tragiker trennen, deren Geburtsdatum nur etwa 15 Jahre auseinanderliegt.

Sophokles zeichnet mit seiner Antigone das Wesen der Frau zwar in all ihrer Schönheit, Güte, Aufopferungsfähigkeit, Zartheit und Milde, aber er gestaltet ihren Charakter ganz aus der Sicht der männerbetonten Gesellschaft Athens. Antigones Schicksal ist, still zu erdulden, was sie als ihre Bestimmung annimmt. Dabei ist die *Antigone* des Sophokles kein Drama über die Frau, nur weil die Titelrolle weiblich ist. Das eigentliche Thema der Tragödie ist das Gesetz. Das Stück des Sophokles war vermutlich eine Polemik des Dichters gegen die Politik des Perikles.

Kreon verbietet, den Leichnam des Polyneikes, der gegen seine Vaterstadt Krieg geführt hat, zu bestatten. Dem Toten die Ruhe des Grabes zu verwehren, ist aber ein Verstoß gegen göttliches Gesetz, das höher steht als das Gesetz der Menschen. Antigone gilt die Scheu vor den Göttern mehr als die vor dem neuen Herrscher Kreon, die religiöse Pflicht ist ihr heiliger als das Gebot der weltlichen Obrigkeit.

Das Motiv von der Schwester, die dem Bruder den ihm zustehenden Grabdienst versieht, ist wahrscheinlich im wesentlichen von Sophokles erfunden, auf jeden Fall lehnt es sich weitgehend an die Bestattungsbräuche und die Gebote der Pietät den Toten gegenüber an, wie sie zu seiner Zeit in Athen geübt wurden. Gerade weil Sophokles dabei die Geschichte völlig in der mythischen Vergangenheit beließ, und die Gestalten seiner Tragödie sich nicht einfach in Gestalten seiner Gegenwart übersetzen lassen, hatte das Stück seine Wirkung und hat sie bis heute behalten. Doch im Konflikt zwischen Kreon und Antigone wurde eine damals aktuelle Problematik ausgetragen. Die Frage nach den Grenzen der Politik und der Gesetzgebung steht zur Debatte. Und es ist eine Frage, auf die es nicht nur eine Antwort gibt, denn auch Kreon vertritt im Stück ein sittliches Prinzip.

Sophokles wollte wohl zeigen, wo in der Bürgerschaft Athens, wo unter ihren Politikern, und gerade den führenden unter ihnen, der Tyrann versteckt war. Er wollte sagen, wie riskant es um die Vernunft bestellt war, wie verhängnisvoll es war, wenn sie über die Grenzen, die zu überschreiten sie wohl stets versucht war, hinausging.

Es ist nicht so, daß Kreon einfach mit Perikles gleichzusetzen wäre, aber vieles von dem, was Perikles damals tat, ist in den Kreon des Sophokles eingegangen. Der Chor (also das Volk?) hat zwar gewisse Sympathien für die Gedanken der

Antigone, aber er wagt nicht, dem Herrscher (er heißt bei Sophokles *strategós*, das war die offizielle Bezeichnung für das Staatsamt des Perikles) zu widersprechen.

Athen setzte sich – auf Perikles' Betreiben – über viele »Gebräuchlichkeiten« gegenüber den Bundesgenossen hinweg. Die Entscheidung, Geld aus dem Bundesschatz für prachtvolle öffentliche Bauten, vor allem für das Staatsheiligtum auf der Akropolis, zu verwenden, war ein besonders sichtbarer Zug dieser Politik.

Im Jahr, in dem Sophokles die *Antigone* auf die Bühne brachte, setzte sich Perikles gegen seinen politischen Hauptgegner Thukydides durch, der in die Verbannung geschickt wurde. Das Jahr 443 war ein Wendepunkt in der athenischen Politik. Man begann viele Wagnisse. Einen vorausschauenden Menschen konnte wohl die Angst davor überkommen. »Unbegreiflich ist viel, doch nichts unbegreiflicher als der Mensch«, singt der Chor der thebanischen Stadtältesten. Das Wort *deiná*, mit dem Sophokles das Unbehagen an diesem Unbegreiflichen ausdrückt, hat viele Bedeutungen: ehrwürdig, gewaltig, erstaunlich, gefährlich, schrecklich, unerhört, seltsam, empörend ...

Im Jahrzehnt zwischen der *Antigone* und der *Medea* muß das erwähnte Gespräch über die Gesetze zwischen Perikles und Alkibiades stattgefunden haben, das bei Xenophon überliefert ist. Auch wenn dieses Gespräch eine Erfindung des Schriftstellers ist – womit wir rechnen müssen –, eine Diskussion um die absolute Gültigkeit von Gesetzen hat es um diese Zeit in Athen gegeben, vielleicht hat sie mit der *Antigone* begonnen.

Daß ausgerechnet eine Frau Kreons Gebot zuwiderhandelt und ihm widerspricht, ist 442 nicht ohne Delikatesse gewesen. Zur selben Zeit hatte in Athen eine Frau großen

Einfluß auf die Politik – Aspasia. Sie wurde namentlich für den Ausbruch des samischen Krieges verantwortlich gemacht, für den Sophokles auf Grund des Erfolges der *Antigone* zum Strategen gewählt wurde.

All diese tagesaktuellen Dinge müssen wir nicht wissen, um noch heute von der Tragödie des Sophokles tief berührt zu sein. Seine Antigone verfolgt leidenschaftlich und rücksichtslos den Weg, den sie als den richtigen erkannt hat. Sie begeht einen »heiligen Frevel«. Sie hat nichts Weiches, nichts Schmiegsames, will nicht um Gnade betteln, sie erkennt nur die Liebe an, die des größten Opfers fähig ist. Sophokles hat in ihr gleichsam die vollendetste Frau geschaffen, die den gleichzeitigen Frauenbildern, vor allem auf Grabdenkmälern und Begräbnisvasen, entspricht. Doch wenn wir genau hinsehen, ist die Wesensart Antigones, ist ihre Moral männlich – oder das, was in der Zeit als männlich angesehen wurde. Und wir dürfen dabei auch nicht vergessen, daß die Frauen auf dem Theater (auch Medea und der Chor der korinthischen Frauen) von männlichen Darstellern gespielt wurden.

Vergleicht man die Antigone des Sophokles mit der Medea des Euripides, dann wird die von Aristoteles überlieferte Selbstcharakteristik des Sophokles verständlich: Er dichte Bühnengestalten, wie sie sein sollten, Euripides dagegen, wie sie sind, das heißt in all ihrer menschlichen Schwäche und Zwiespältigkeit.

Der thebanische Sagenkreis beschäftigte Sophokles auch in der Folgezeit. Wahrscheinlich zwei Jahre nach der *Medea* wurde sein *König Ödipus* aufgeführt. Die fürchterliche Epidemie, die Athen im zweiten Kriegsjahr heimsuchte und sich unter der zwischen den Mauern zusammengepferchten Be-

völkerung schnell ausbreitete, hat Sophokles die Anregung
für die Eingangsszene der machtvollsten Tragödie der Welt-
literatur geliefert. In Hölderlins Übersetzung lautet sie:

> Denn die Stadt, die du siehst,
> Sehr wankt sie schon, und heben kann das Haupt
> Vom Abgrund sie nicht mehr und roter Welle.
> Sie merkt den Tod in Bechern der fruchtbarn Erd,
> In Herden und in ungeborener Geburt
> Des Weibs; und Feuer brennt von innen
> Der Gott der Pest und leert des Kadmos Haus;
> Von Seufzern reich und Jammer wird die Hölle.
>
> *Sophokles/Hölderlin, Ödipus der Tyrann I,1,22-29*

Sophokles scheint gegenüber dem Mythos beinahe ortho-
dox gläubig zu sein. Jedenfalls tastet er ihn nicht an, nimmt
ihn mit allen Härten hin. Der Weg, den die Philosophie seiner Zeit weist, ist ihm weder verlockend noch geheuer. Er
schafft Menschen, Charaktere, die den Mythos erleiden. In
diesem Leid finden sie ihre Bestimmung, erst durch das Leid
werden sie zu wahren Menschen. Die Gestalten seiner Dramen sind idealisierte, übermenschliche Heroen, die auch im
tiefsten Elend noch gläubig vertrauend sagen können: »Es
ist nichts in allem Leiden, was nicht Zeus ist.« Sophokles
weiß sich eins mit seinen Göttern und mit seiner Stadt, die
am Tag der Aufführung der *Medea* auf dem Gipfel innerer
und äußerer Pracht und Größe stand.

Medea

CHOR

Von Anbeginn der Welt seid ihr gesegnet,
Söhne Athens, Kinder der seligen Götter.
Heilig und unantastbar ist eure Erde.
Edle Weisheit ist eure tägliche Speise.
Eure zarte Schönheit strahlt immerdar
in klarer Luft, unter leuchtendem Himmel.
Nur bei euch konnte die göttliche Weisheit
den Chor der neun Musen gebären.

Euer Land ist erfüllt vom duftenden Hauch
sanftwehender Winde. In des Kephissos Fluten
steigt Aphrodite zum Bade, die goldengelockte,
gießt ein Gewebe von duftenden Rosen
euch zum Ruhm und zur Freude aufs Land.
Der Weisheit Geleiter sendet sie euch,
Eros, den Helfer zu allem Schönen.

Wie soll dieses gastliche Land
mit seinen heiligen klaren Flüssen,
wie die Stadt des Freundes dich,
schreckliche Kindsmörderin,
dich mit Greueln befleckte, aufnehmen?
Überleg dir die blutige Tat,
überleg dir den Mord an den Kindern.
Wir alle flehen zu deinen Füßen,
verschon die Kinder!
Woher nimmst du den dreisten Mut,

in deinem Herzen, in deinem Sinn
gegen dein Blut zu wüten,
deiner Hand eine so gräßliche Tat zuzumuten?
Mußt du nicht, wenn du sie anschaust,
wenn du beim Mord ihr Leiden siehst, Tränen vergießen?
Du kannst doch nicht,
wenn die Kinder flehend vor dir kriechen,
deine Hand mit ihrem Blut beflecken!

824-865

Phidias oder Die Kunst

Die Zuschauer, die das Preislied auf Athen hörten, sahen über dem Theater die schimmernden Marmorsäulen des neuerbauten Tempels der Stadtgöttin Athene. Vor 50 Jahren waren die Heiligtümer der Akropolis von den Persern in Brand gesteckt worden, beinahe die ganze Stadt wurde ein Raub der Flammen. Nach dem endgültigen Sieg über die Perser hatten die Griechen 479 den Schwur getan, die vom Feind verwüsteten Tempel und Heiligtümer nicht wieder aufzubauen, sondern ihre Trümmer allen künftigen Generationen als Denkmäler der Ruchlosigkeit der Barbaren zu hinterlassen. Es dauerte deshalb beinahe vierzig Jahre, bis man nach dem Wiederaufbau der Stadt daran ging, auch die Burg neu zu gestalten.

Vor dem Krieg hatte es auf dem Burgfelsen neben den Tempeln auch Häuser gegeben, doch auf der neuen Akropolis sollte kein Mensch mehr wohnen. Der Felsen war Festung und Fluchtburg gewesen, das brauchte Athen nicht mehr. Die ganze Fläche des Tafelberges sollte allein den Göttern gehören. Vielleicht haben sich auch auf den Neubau der Akropolis die Gedanken des Hippodamos ausgewirkt, der ja nicht nur Architekt, sondern Stadtplaner und politischer Philosoph war.

Nichts sollte mehr an die Vergangenheit erinnern, alles aufwendig und prächtig sein. Bevor die neuen Gebäude entstanden, wurde deshalb das Burgplateau vollständig abgeräumt. Teilweise wurde der Boden des Burgberges mit dem Schutt der zerstörten Gebäude eingeebnet und an Ort und Stelle vergraben, was von den alten Heiligtümern noch übrig war: Architekturteile, Giebelreste, Weihegaben. So blieb alles, was nicht zu dem modernen Glanz paßte, weil es nicht neu war, weiterhin im Besitz der Götter der Burg und wurde ihnen nicht genommen. Aus dem »Perserschutt« der Akropolis wurden die meisten der kostbaren Kunstwerke geborgen, die heute das dortige Museum zieren.

Die ganze Burg von Athen wurde zu einem prachtvollen Staatsheiligtum ausgebaut. Die Tempel errichtete man nicht, wie bis dahin üblich, aus Kalkstein. Alle Gebäude sind aus kostbarem Marmor. Sie sollten die Macht und Größe des neuen attischen Imperiums verkünden.

Das politische Konzept, das dem Neubau der Akropolis zugrunde lag, stammte von Perikles. Es war nicht zuletzt ihm zu verdanken, daß Athen zum geistigen und kulturellen Zentrum Griechenlands geworden war. Mit einigem Recht nennen wir heute den Höhepunkt der griechischen Klassik das Perikleische Zeitalter, vergessen dabei leicht, daß dieses »Zeitalter« wenig mehr als 20 Jahre gedauert hat. Aber diese Jahre waren so reich und kreativ in Kunst und Denken, daß sie einem ganzen Jahrhundert ihren unverwechselbaren Stempel aufdrückten, daß zwei Jahrtausende in Bewunderung auf sie zurückblicken.

Ausgerechnet das, was Athen die höchste Bewunderung einbringt und bis heute die ganze Menschheit staunen macht, was allein noch vom einstigen Ruhm und der Größe Griechenlands zeugt und beweist, daß die vielen Berichte davon nicht leeres Gerede sind – ich meine die Errichtung der Tempel – gerade das kritisierten die Gegner des Perikles von allen seinen Staatshandlungen am meisten und beschimpften ihn deswegen in der Volksversammlung.

Plutarch, Perikles 12

Die Vorwürfe waren nicht so unberechtigt, wie Plutarch uns glauben machen will. Perikles hatte für die Errichtung der Bauten der Akropolis hemmungslos die Kasse des attischen Seebundes geplündert. Die Verbündeten hatten die Wahl, Soldaten zu stellen oder statt dessen Geld in die Bundeskasse zu zahlen. Athen war verpflichtet, mit diesem Geld Schiffe auszurüsten und zu bemannen. Die reichen Inseln und die Handelsstädte an der kleinasiatischen Küste hatten es vorgezogen, ihre Jugend vom Kriegsdienst buchstäblich freizukaufen. Nachdem der Bundesschatz 454 von der Insel Delos nach Athen überführt worden war, mußten die Bundesstaaten ihre Beiträge, die praktisch zu Tributen geworden waren, zu den Dionysien nach Athen bringen. Deshalb sind auch die Bevollmächtigten der Mitglieder des attischen Seebundes, die den Tribut im Schatzhaus auf der Burg hinterlegt hatten, unter den Zuschauern der *Medea* gewesen.

Weil Perikles diese Gelder für die Finanzierung der Akropolisbauten herangezogen hatte, hatten ihm seine Gegner vorgeworfen:

»Die anderen Griechen müssen sich zutiefst verhöhnt und offen tyrannisiert vorkommen, wenn sie sehen, wie wir mit den Zahlungen, die sie zwangsweise für den Krieg beigesteuert haben, unsere Stadt vergolden und herausputzen wie ein eitles Weib.«

Perikles jedoch erklärte dem Volk, daß Athen den Bundesgenossen über ihre Beiträge keine Rechenschaft schuldig sei, solange es für sie Krieg führe und sie vor den Barbaren beschütze. »Denn sie stellen uns kein einziges Pferd, kein Schiff, keinen Soldaten, sie geben nur ihr Geld. Das aber gehört nicht denen, die es zahlen, sondern denen, die es bekommen, sofern sie die dafür vereinbarte Leistung erbringen. Da unsere Stadt mit allem, was zum Krieg notwendig ist, ausreichend versehen ist, können wir das überschüssige Geld für Werke verwenden, die uns nach ihrer Vollendung ewigen Ruhm und während ihres Entstehens allgemeinen Wohlstand bringen, weil alle mögliche Arbeit gefragt sein und fast die ganze Stadt Beschäftigung und Verdienst finden wird.«

Der Heeresdienst verschaffte ja nur den jungen kriegstauglichen Männern reiche Einkünfte aus dem Bundesschatz, aber die vielen nicht kriegspflichtigen Bürger, die von ihrer Hände Arbeit lebten, hatten keinen Anteil an den öffentlichen Ausgaben. Da Perikles nicht wollte, daß sie ihnen unverdient und fürs Nichtstun in den Schoß fielen, schlug er dem Volk großartige Baupläne vor, die die unterschiedlichsten Handwerker für lange Zeit beschäftigen konnten. Vielerlei Materialien wurden benötigt: Steine, Erz, Elfenbein, Gold, Eben- und Zypressenholz. Zu ihrer Bearbeitung brauchte es Zimmerleute, Bildhauer, Kupferschmiede, Steinmetzen, Färber, Goldschmiede, Elfenbeinschnitzer, Maler, Sticker, Graveure, gar nicht zu reden von denen, die durch den Transport der Rohstoffe verdienten, wie Reeder, Matrosen und Kapitäne, und zu Lande Wagenbauer, Pferdehalter und Fuhrleute. Schließlich wurden auch noch Seiler, Leineweber, Sattler und Straßenbauer beschäftigt. Jedes Handwerk benötigte zudem noch eine Masse von ungelernten Hilfsarbeitern. Praktisch jedermann, in jedem Alter und von jedem Stand, hatte also reichliche Einkünfte.

Plutarch, Perikles 12

Der Bau des großartigen architektonischen Ensembles war nicht zuletzt eine gigantische Arbeitsbeschaffungsmaßnahme. Die Bildhauer und Architekten, die es gestaltet haben und die wir heute zu den größten Künstlern aller Zeiten zählen, waren in den Augen ihrer Zeitgenossen allerdings nichts als einfache Handwerker. Die griechische Bezeichnung dafür war *bánausos*.

Die künstlerische Oberleitung und Aufsicht über den Akropolisneubau hatte Phidias, dank seiner Freundschaft mit Perikles. Für die einzelnen Bauten wurden bedeutende Architekten herangezogen. Das Kultbild der Athene, das Phidias geschaffen hatte, stand im Parthenon, dem Tempel der jungfräulichen Athene, der als erster Neubau vor sieben Jahren eingeweiht worden war. Die Athena Parthenos war, wie das Bild des Zeus in Olympia, eine Goldelfenbeinstatue: ein hölzerner Kern war mit getriebenem Gold überzogen, die unbekleideten Teile, also Gesicht und Hände, aus Elfenbein eingefügt.

Das wichtigste religiöse Fest der Stadt, die Großen Panathenäen, begannen am Vorabend des Geburtstages der Göttin mit einer nächtlichen Feier auf dem Felsen vor ihrem Tempel. Euripides beschreibt sie in einem Chorlied:

> Immer werden dir zur Ehre, Athene,
> reiche Opfer dargebracht,
> und man vergißt nicht
> den Tag des abnehmenden Mondes.
> Dann erschallen Lieder der Jugend
> und Chöre tanzen im Reigen.
> Der Wind trägt von der Berghöhe
> das Jubelgeschrei in die Nacht,

das Jubelgeschrei der Mädchen,
die stampfend im Tanz sich drehen.

Euripides, Herakliden 777-784

Die Prozession, die zu den Panathenäen vom Heiligen Tor
am Kerameikos zum Tempel auf der Akropolis zog, war auf
dem Parthenonfries dargestellt. Dieses Reliefband war eine
völlig neue Erfindung und besonders beeindruckend. Es
zog sich hinter den Säulen am oberen Rand des inneren
Tempelbaus durchgehend um das Allerheiligste herum.
Man konnte den Fries kaum sehen, denn hoch oben an der
Außenmauer der Cella verlor er sich fast im Schatten des
Säulenumgangs. Die Skulpturen sind zum größten Teil erhalten geblieben. An der Westseite, über dem Eingang zum
hinteren Tempelraum, in dem der Bundesschatz deponiert
war, befinden sich die Platten noch an ihrem angestamm-
ten Platz. Einige wenige sind im Akropolis-Museum, die
meisten im Britischen Museum in London, zusammen mit
einem großen Teil der erhaltenen Giebelfiguren und der Par-
thenonmetopen. Lord Elgin brachte sie am Anfang des
19. Jahrhunderts nach England.

Die Skulpturen der Giebeldreiecke und der Metopen des
Parthenon halten sich noch an den Mythos. Die Kentauren-
kämpfe der Metopen feiern den Sieg der Athener über die
Perser gleichsam in mythologischer Verkleidung als Sieg des
Griechischen über die Urkräfte der Barbaren. Der Fries aber
wagt etwas Kühnes und noch nie Dagewesenes: auf ihm
wird Gegenwart abgebildet, ein Moment aus dem Leben
Athens. Nicht der Alltag zwar, vielmehr das Fest zu Ehren
der Göttin, der Festzug vom Heiligen Tor zu ihrem Tempel
auf der Burg.

Die in der Prozession des Parthenonfrieses Dargestellten

sind die Menschen, die auch im Theater sitzen. Die Jünglinge, die auf den Reliefs ihre Pferde bändigen, waren ebenso unter den Zuschauern der *Medea* wie die Greise, die Ölzweige tragen, und die Jungfrauen, die mit zu Boden geschlagenen Augen in der Prozession gehen. Zwar hat keiner der Prozessionsteilnehmer porträthafte Züge, aber doch sind sie alle lebendig wirkende Menschen. Das feierliche Schreiten der Mädchen ist ebenso realistisch wiedergegeben wie die selbstbewußte Schönheit der Alten. Und wenn man sich die Götter, die über dem Eingang des Tempels die Prozession gewissermaßen abnehmen, wenn man sich ihre Gesichter, ihre Gestalten ansieht, dann wird ganz und gar deutlich, wie kühn die Bilder des Frieses waren. Die Götter, die auf Stühlen sitzen, die denen gleichen, auf denen die Ehrengäste im Theater des Dionysos Platz nehmen durften, sind beinahe langweilig und seelenlos. Sie haben nichts von der Vitalität der Menschen, die auf den anderen Platten des Frieses dargestellt sind.

Mädchengruppen tragen Opfergeräte zum Tempel, Ordner versuchen, den Festzug zu gestalten. Er besteht aus Musikanten, unter ihnen natürlich auch Aulós-Spieler, Trägern kultischer Geräte, Opfertieren, denen ihre Treiber folgen. Das stürmische Ausbrechen eines Rindes bringt einen Zug von realistischer Reportage in die kunstvolle Komposition. Schließlich ein Wagenkorso. Jünglinge springen während der Fahrt von den Wagen und wieder hinauf. Und Pferde, Pferde, Pferde ... Nahezu 200 Pferde sind auf dem Fries zu sehen.

Weil die Bildhauerei im 5. Jahrhundert noch nicht als Kunst angesehen wurde, sind auch die Namen der »HandWerker«, die diesen Höhepunkt der griechischen Plastik geschaffen haben, nicht zweifelsfrei zu bestimmen. Wir können nur aus der Anwesenheit bestimmter Künstler in Athen während der Entstehungszeit der Parthenonskulpturen – es waren die Jahre 438 bis 432 – vermuten, daß auch sie an diesem großen Werk beteiligt waren und vielleicht im Frühjahr 431 noch unter den Zuschauern im Dionysostheater gewesen sind.

Vergessen waren die Kontroversen um die Kosten für all diese Pracht. Plutarch berichtet, Thukydides (der Politiker und Gegner des Perikles, nicht der Geschichtsschreiber) habe nach seiner Rückkehr aus der Verbannung Mitglieder seiner Partei in der Volksversammlung auftreten lassen, um Perikles vorzuwerfen, er verschleudere das Staatsvermögen und zerrütte die Finanzen. Da habe der an die Versammelten nur die Frage gerichtet, ob sie die Ausgaben für die Akropolis hoch fänden. »Ja«, lautete die Antwort, »außerordentlich hoch.« »Nun gut«, erwiderte Perikles, »so sollen die Kosten nicht auf euch fallen, sondern auf mich. Aber auf die Bauten werde ich dann auch meinen Namen setzen lassen!« Nach diesen Worten habe die Menge ein lautes Geschrei erhoben, er solle das Geld aus dem Staatsschatz nehmen, unbedenklich, und ohne zu sparen.

Unter den Bildhauern, die in diesen Jahren in Athen tätig waren, ist neben Phidias vor allem Myron zu nennen, der seine größten Erfolge als Bronzegießer hatte. Heute noch zählt sein Diskuswerfer, der in mehreren römischen Kopien überliefert ist, zu den bekanntesten Bildwerken der Antike. Vielleicht stellt er Hyakinthos dar, einen Liebling Apollons, den der Gott beim gemeinsamen Diskuswerfen versehentlich mit dem Wurfgeschoß tötete und aus dessen Blut die Blume entsprang, die seitdem den Namen des schönen Jungen trägt. Myron zeigte den Athleten nicht mehr als ruhig im

Bewußtsein seiner Kraft und seines Könnens dastehenden Jüngling, sondern in vollster Anspannung seiner Muskeln im entscheidenden Moment seiner Aktion, in der Sekunde, bevor er die Scheibe schleudert.

Myron stammte aus dem Städtchen Eleutherai an der Grenze zwischen Attika und Böotien. Für die Akropolis hat er eine Statuengruppe geschaffen, die die Stadtgöttin Athene mit dem Waldschrat Marsyas zeigt, wie er den Aulós aufnimmt, den Athene weggeworfen hat, weil sich beim Spielen ihr Gesicht verzerrte. Die vor 447 geschaffene Bronzegruppe war auf der Akropolis aufgestellt. Sie stellte den Moment dar, in dem der Satyr neugierig an das weggeworfene Instrument herantritt, während Athene ihm mit angewidertem Gesichtsausdruck nachblickt.

Vermutlich hat Myron auch an den Parthenonskulpturen mitgearbeitet. Er könnte 431 noch in Athen gelebt haben. Wahrscheinlich ist er der erste Bildhauer, der sich nicht nur als Handwerker, sondern als Künstler verstand, jedenfalls soll er auf dem Schenkel einer Apollonstatue als Signatur seinen Namen eingemeißelt haben.

Ganz sicher lebten im Aufführungsjahr der *Medea* die beiden Bildhauer Alkamenes und Agorakritos in der Stadt, beide Schüler des Phidias und erbitterte Rivalen. Alkamenes hat nach Phidias' Tod die meisten Kultbilder in Athen geschaffen. Agorakritos aus Paros war nicht nur Schüler, sondern auch Geliebter des Phidias. Wir dürfen annehmen, daß die beiden jungen Bildhauer am Skulpturenschmuck des Parthenon mitgearbeitet haben.

Als größte architektonische Leistung der Akropolisbauten galt in der Antike der monumentale Eingang zur Burg, die Propyläen, mit deren Bau 437 begonnen worden war, und die kurz vor dem Dionysosfest des Jahres 431 weitge-

hend fertiggestellt wurden. Die Gebäudegruppe des Bau-
meisters Mnesikles war ein zu seiner Zeit architektonisch
kühner Wurf, der bis in die Neuzeit immer wieder nachge-
ahmt, in seiner klassischen Schönheit nie erreicht wurde.

Die Propyläen hatten keine religiöse Funktion. Sie waren
ein reiner Prestigebau, von orientalischen Vorbildern inspiriert. Der Vorhof zur Burg wird an drei Seiten von Säulen
umfaßt, der Torbau paßt sich geschickt dem ansteigenden
Weg an. Die Säulen sind mit der äußersten Sorgfalt gearbeitet. Wie die Baudokumente ausweisen, entfielen auf jede
einzelne 350 Taglöhne. Mnesikles vereinigte bei der Gestaltung der Propyläen die jonische und die dorische Bauweise:
die beiden Vorhallen werden von dorischen, die Kassetten-
decke des Mittelraums wird von jonischen Säulen getragen. Die Anlage ist nicht symmetrisch. Um den heiligen Be-
zirk der Artemis von Brauron nicht zu verletzen, mußte der
Südflügel der Propyläen verkürzt werden. Dem Architekten gelang es, durch einen perspektivischen Kunstgriff, die
Asymmetrie für das Auge unsichtbar zu machen.

Beim Bau der Propyläen soll sich ein Wunder ereignet haben, das den Athenern bewies, daß die Stadtgöttin selbst bei
dem Werk mit Hand anlegen und die Vollendung fördern
wollte. Denn der tüchtigste und fleißigste von den Steinmetzen glitt auf dem glatten Felsen aus und stürzte aus der Höhe
herab. Er wurde so schwer verletzt, daß er von den Ärzten
aufgegeben wurde. Da erschien die Göttin Athene Perikles
im Traum und verriet ihm ein Heilmittel, durch dessen
Anwendung der Mann in kürzester Zeit wieder gesund
wurde.

Erst im 17. Jahrhundert, während des venezianisch-tür-
kischen Krieges, sind die prachtvollen Bauwerke der Akropolis schwer beschädigt worden. Noch ihre Ruinen sind ein

gewaltiges Denkmal der Größe Athens im »Perikleischen Zeitalter«.

Als die Bauten der Akropolis in ihrer einzigartigen Größe und unnachahmlichen Schönheit emporwuchsen, wetteiferten alle Meister darin, ihr handwerkliches Können zur Kunst zu adeln. Die Gebäude, von denen jedes einzelne das Werk vieler Generationen zu sein scheint, wurden alle in der Regierungszeit eines Mannes vollendet.
Deshalb verdienen auch die Bauten des Perikles um so größere Bewunderung. Sie wurden in kurzer Zeit für die Ewigkeit geschaffen. In seiner Schönheit trägt jeder Bau seit damals den Adel des Alters. In ihrer lebendigen Kraft wirken die Bauwerke bis heute wie neu. Ein Hauch von immerwährender Jugend umweht sie und schützt sie vor jeder Berührung durch die Zeit. Es ist, als sei ihnen der Atem eines ewigen Frühlings gegeben, als hätten sie eine Seele, die niemals altern kann.

Plutarch, Perikles 13

In den Kunstschöpfungen der Perikleischen Zeit (vom heutigen Ensemble der Akropolisheiligtümer fehlten 431 noch der Niketempel und das Erechtheion) wurde eine Utopie künstlerisch Wirklichkeit, die in der praktischen Politik nicht erreichbar war. Die Akropolis von Athen kündet von einem Staat, in dem innere und äußere Schönheit eins sind, feiert das Ideal eines freien Bürgertums, das allerdings auch im antiken Athen nie Realität war.

Die Stadt war nicht nur eine Hochburg der Architektur und Plastik, auch die Malerei erreichte in den 30er Jahren einen Höhepunkt. Leider ist – außer einem blassen Widerschein in den Vasenbildern – die farbige Wandmalerei der Griechen völlig verlorengegangen und wir können uns von ihr kaum einen Eindruck machen. Polygnot, den Plinius den Erfinder der Malerei nennt, war mindestens bis 440 in Athen tätig. Seine Bilder schmückten das Theseion und die Stoa Poikile, die »Bunte Halle« am Ende des Marktes. Neben mythologischen Darstellungen sah man dort auch ein Gemälde der Schlacht von Marathon, die so auf eine Ebene mit den großen Taten der Heroen gestellt wurde. Polygnot soll die Halle nicht um Lohn, sondern unentgeltlich ausgemalt haben, nur um der Ehre willen, denn er verstand sich nicht als Handwerker. Der Maler stammte von der Insel Thasos, die Athener verliehen ihm das Bürgerrecht.

Polygnot malte als erster Porträts. In seiner Darstellung der Schlacht von Marathon trug ein Krieger die Gesichtszüge des Aischylos. In den Bildern vom trojanischen Krieg poträtierte er Elpinike, die Großmutter des Kallias, als Trojanerin Laodike. Mit der einflußreichen und stolzen Frau aus dem Adelsgeschlecht der Philaiden (ihr Halbbruder Kimon war der führende athenische Politiker der siebziger und sechziger Jahre des 5. Jahrhunderts) hatte der Maler angeblich ein Verhältnis. Ihre Enkelin Hipparete war mit Alkibiades verheiratet.

Der Maler Parrhasios, in Ephesos geboren, wirkte ebenfalls in Athen. Er ist wahrscheinlich sehr viel jünger als Polygnot gewesen. In einem von Xenophon überlieferten Dialog fragt Sokrates ihn:

»Nicht wahr, Parrhasios, die Malerei ist eine Nachbildung dessen, was mit den Augen wahrgenommen wird? Jedenfalls sucht ihr das Dunkle und das Helle, das Harte und das Weiche, das Rauhe und das Glatte, die jugendlichen und die alten Körper mit Hilfe der Farben nachzuahmen. Und wenn ihr wirklich schöne Gestalten nachbilden wollt, sucht ihr, da es nicht leicht ist, einen Menschen zu finden, an dem alles untadelig wäre, von vielen Menschen das zusammen, was an jedem das Schönste ist, und schafft auf diese Weise Gebilde, die in allen Teilen vollkommen erscheinen. Warum aber ahmt ihr nicht auch seelische Eigenschaften nach, oder sollten sich die gar nicht darstellen lassen?« – »Wie könnte man etwas darstellen, Sokrates, das weder Proportionen noch Farbe hat und überhaupt völlig unsichtbar ist?« – »Aber«, entgegnete Sokrates, »kommt es nicht vor, daß der Mensch in seinem Blick mal etwas Freundliches, ein andermal etwas Feindseliges hat, und kann man das nicht wenigstens an den Augen sichtbar machen? Wenn sie glücklich sind, machen die Menschen ein heiteres, im Unglück hingegen ein finsteres Gesicht, kann man das nicht auch nachbilden? Würde, Freiheit, Gemeinheit, Frechheit und Unanständigkeit lassen sich in Mienen und Gebärden, beim Gehen und Stehen erkennen, also sind auch sie darstellbar.«

Xenophon, Memorabilien 3, 10, 1-5 pass.

Wenn die Malerei dieser Zeit auch vollständig zerstört ist, können wir doch eine Ahnung von dem, was Sokrates einer »modernen« Kunst abgefordert hat, in den Gesichtern von Reliefs der zweiten Hälfte des 5. Jahrhunderts finden. Hinter die Fassade sehen, hinter das Äußerliche blicken, einen Menschen »durchschauen« wollen, war ein durchaus neues Ziel für die Kunst und das Denken. Auch für die Literatur, gleich ob es sich um den Jason des Euripides auf der Bühne oder einen Politiker in der Charakterisierung durch Thukydides handelte. Innere Wahrhaftigkeit wurde zum Ziel der Darstellung. Wir würden es heute vielleicht psychologische Glaubwürdigkeit nennen.

Das konnte zu extremen Arbeitsmethoden führen. Als Parrhasios in Athen einen gefesselten Prometheus gemalt hat, soll er einen im Krieg in Gefangenschaft geratenen und als Sklave verkauften Bürger von Olynth, der ihm als Modell diente, gefoltert haben, um die Qualen des Prometheus realistisch darstellen zu können.

Parrhasios war literarisch gebildet und rühmte sich, an die Grenzen der Malerei vorgestoßen zu sein. Über das, was er erfunden habe, könne sie nicht mehr hinausgehen: die vollendete Symmetrie und Proportion seiner Kompositionen, die Eleganz des Haares, die Anmut der Gesichter, die Kunst des Umrisses und die Beherrschung der Linie. Seine Typen der Götter und Heroen bekamen für die Zukunft kanonische Bedeutung. Trotz der reichen literarischen Überlieferung ist es allerdings nicht möglich, vom Stil des Parrhasios auch nur eine ungefähre Vorstellung zu gewinnen.

Eine Anekdote berichtet von einem Wettstreit des Parrhasios mit Zeuxis aus Herakleia, der ebenfalls in Athen wirkte. Es ging darum, wer von beiden die Natur am besten nachahmen könne. Die Maler stellten ihre Bilder im Dionysostheater aus. Zeuxis hatte ein Stilleben mit Trauben so naturgetreu gemalt, daß Vögel herbeiflogen, um von den Trauben zu picken. Als Parrhasios sein Bild zeigte, sagte Zeuxis: »Zieh doch bitte den Vorhang weg, damit wir dein Bild sehen können!« – »Der Vorhang ist das Bild«, sagte Parrhasios.

Zwar wurden in der Malerei schon seit längerem Farben gebraucht, aber bislang dominierte die Zeichnung. Zeuxis war der erste Maler, der die Konturen durch Farbschattierungen und Helldunkel ersetzte. Er schuf die ersten wirklichen Gemälde. Der aufkommende Naturalismus in der Kunst führte zu einem Stil, der die Idealisierung verwarf und in der getreuen Nachbildung der Realität die Aufgabe künstlerischen Schaffens sah. Malerei und Plastik sollten nicht länger die Menschen zeigen, wie sie sein sollten, sondern wie sie sind. Wie Euripides Charaktere mit menschlichen Schwächen auf die Bühne brachte, begann der attische Erzgießer Demetrios von Alopeke, seine privaten Auftraggeber selbst in ihren häßlichen Zügen nachzubilden. Vom Maler Pauson wurde sogar behauptet, er stelle die Porträtierten mit Absicht häßlicher dar, als sie tatsächlich seien.

In der bildenden Kunst machte sich ein Streben nach Verstärkung der Illusion durch das Studium der Proportionen bemerkbar, das Kolorit wurde durchgebildet: Kunst als Täuschung, beeinflußt durch die Theatermalerei. Zeuxis malte nicht länger nur mythologische Darstellungen, er suchte sich seine Bildmotive selbst, darin vergleichbar dem Tragödiendichter Agathon, der auch die Geschichten für seine Stücke selbst erfand und sich nicht auf den Mythos beschränkte.

Zeuxis und Parrhasios waren vom hohen Rang ihrer Kunst überzeugt, genossen ihren Ruhm in vollen Zügen, traten mit einem Selbstbewußtsein auf, das zum Lob der eigenen Leistung führte. Beifall war für sie etwas Selbstverständliches, sie fühlten sich erhaben über Tadel und Kritik. Parrhasios behauptete schließlich sogar, er stamme von Apollon ab.

Mit den Malern des 5. Jahrhunderts begann die Extravaganz des Künstlertums. Parrhasios zeigte sich in der Öffentlichkeit in purpurnem Gewand, trug auf dem Kopf einen goldenen Kranz, sein Stab war mit goldenen Verzierungen umwunden, die Laschen an seinen Sandalen zog er mit goldenen Riemen fest. Man erzählte sich, er führe seine Werke nicht lustlos und mühevoll aus, sondern fröhlich und mit leichter Hand und singe beim Malen immer leise vor sich hin.

Kurze Zeit vor dem Frühjahr 431 muß Phidias in den Strudel der gegen Perikles gerichteten politischen Intrigen geraten sein. Wie Anaxagoras und Aspasia wurde er vor Gericht gezogen. Die Gegner des Perikles gewannen Menon, einen von Phidias' Gehilfen, für ihre Zwecke. Er beschuldigte den Bildhauer, bei der Verfertigung der Kultstatue der Athene Gold beiseite geschafft zu haben. Das wäre Tempelraub gewesen, eines der verwerflichsten Vergehen, das die Antike kannte. Perikles war zu diesem Zeitpunkt Epistat, Verwalter der Tempelgelder, wäre also mitverantwortlich, wenn nicht mitschuldig gewesen.

Bei der gerichtlichen Untersuchung fiel der Vorwurf der Unterschlagung völlig in sich zusammen, weil Phidias das Gold auf Perikles' Rat gleich von Anfang an so geschickt angebracht hatte, daß man jedes einzelne Plättchen abnehmen und sein Gewicht nachprüfen konnte.

Schon während der Arbeit des Phidias am Goldelfenbeinbild der Athene hatte es böswillige Verleumdungen gegeben. Es hieß, er nehme vornehme Frauen, für die Perikles Interesse habe, bei sich unter dem Vorwand auf, daß sie seine Arbeit besehen wollten. Solche Gerüchte wurden von den Komödiendichtern, vor allem von Eupolis, aufgegriffen.

Ob wirklich etwas daran war, daß vor Perikles keine Frau sicher war und er immer wieder Ehebruch mit verheirateten Athenerinnen beging, dabei schamlos seine Stellung ausnutzte und vor nichts haltmachte, können wir heute nicht mehr nachprüfen. Anzügliche Bemerkungen in Komödien der Zeit gab es zuhauf, und normalerweise werden wir darauf rechnen dürfen, daß solche Anspielungen nicht völlig aus der Luft gegriffen, sondern allenfalls übertrieben waren, aber sicher können wir natürlich nicht sein, daß eine permanente Verleumdung, zumal eines erfolgreichen Politikers, nicht auch damals nach dem Prinzip vorgenommen wurde: irgend etwas wird schon hängenbleiben. Auch Plutarch ist sich klar darüber, daß er in diesem Punkt seine Quellen kritisch sehen muß, besonders die Anwürfe der Komödie. Ganz gleich aber, ob die Geschichten über Perikles der Wahrheit nahekamen oder nicht, die Zuschauer, die zusammen mit ihm und Aspasia und wohl auch den anderen Frauen, zu denen Perikles ein Verhältnis nachgesagt wurde, im Dionysostheater saßen, werden diese Gerüchte gekannt, und die meisten werden sie wohl auch geglaubt haben. Und auf der Bühne sahen sie einen Mann, der seine ausländische Frau verstieß, um eine junge Prinzessin zu heiraten.

Da sich Phidias auf dem Schild der Göttin in der Darstellung des Amazonenkampfs selbst in der Gestalt eines kahlköpfigen Alten, der mit beiden Händen einen Stein in die Höhe hebt, porträtiert, außerdem einem der Kämpfer die Züge des Perikles gegeben hatte, wurde der Bildhauer, wo ihm Tempelraub nicht nachgewiesen werden konnte, der Gotteslästerung bezichtigt. Phidias war deshalb im Jahr 431 vielleicht nicht mehr unter den Zuschauern, weil er bereits in Untersuchungshaft gesessen hat. Vermutlich wurde er im Laufe des Jahres zum Tode verurteilt, starb aber im Gefängnis, bevor das Urteil vollstreckt werden konnte. Sein Ankläger Menon erhielt Steuerfreiheit und wurde unter Polizeischutz gestellt.

Perikles sah im Prozeß gegen Phidias – die Anklagen gegen seine Frau Aspasia und Anaxagoras lagen erst kurze

Zeit zurück – eine gefährliche Bedrohung seiner Machtstellung in Athen, und er soll darauf reagiert haben, wie es auch heute Machthaber tun: Um die Bevölkerung von seinen innenpolitischen Schwierigkeiten abzulenken, baute er den äußeren Feind zum Popanz auf.

Zehn Jahre später begründet der Gott Hermes in Aristophanes' Komödie *Der Frieden* dem Bauern Trygaios den Ausbruch des Krieges so: Phidias hat dem Frieden den ersten Stoß gegeben, und den zweiten Perikles, weil er Angst hatte, das Schicksal seines Freundes könne auch ihn treffen. Da er wußte, wie unberechenbar das Volk ist, habe er die Stadt in Brand gesteckt, indem er einen kleinen Funken hineingeworfen habe, den Handelsboykott gegen Megara. Und sofort sei der Krieg hell aufgelodert. Der verdutzte Trygaios sagt darauf: »So hat uns das noch niemand erklärt!«

Plutarch charakterisiert die Stimmung in Athen zur Zeit der Aufführung der *Medea* so:

Seit Perikles wegen der Anklage gegen Phidias Anstoß beim Volk erregt hatte, fürchtete er den Prozeß und schürte deshalb den allseits erwarteten, aber noch gleichsam unter der Asche glimmenden Krieg zu heller Flamme an. Er hoffte nämlich, auf diese Weise die Anschuldigungen, die dabei gegen ihn erhoben wurden, zerstreuen und den Neid dämpfen zu können, weil die Stadt, wenn sie sich großen Aufgaben und großen Gefahren gegenübersah, sich ihm und ihm allein anvertrauen würde, bei dem Ansehen und der Macht, die er immer noch hatte. Deshalb, heißt es, habe Perikles nicht zugelassen, daß das Volk den Spartanern nachgab. Ob das allerdings wirklich die Wahrheit ist, bleibt offen.

Plutarch, Perikles 32

Medea

JASON
Du hast nach mir geschickt, hier bin ich.
Trotz deiner Feindseligkeit grolle ich dir nicht.
Sag mir also, was du noch von mir willst.

MEDEA
Jason, ich möchte dich wegen der Worte,
die ich eben sprach, um Verzeihung bitten.
Ich hoffe, du nimmst mir meine Wut nicht übel.
Erinnere dich, wie gut wir einmal zueinander waren.
Ich bin in mich gegangen, habe nachgedacht
und mich selbst gescholten:
Freches Weib, du benimmst dich unmöglich,
was tobst du gegen die,
die es so gut mit dir meinen?
Warum feindest du den König dieses Landes an
und deinen Gatten, der nur das Beste für dich will,
wenn er die Prinzessin heiratet und dadurch
deinen Kindern den Schutz von Brüdern schafft?!
Laß ab von deiner Eifersucht! Warum wütest du,
wo der Himmel alles so günstig fügt?
Du hast Kinder! Weißt du nicht,
daß du in der Verbannung, auf der Flucht
kaum Freunde finden wirst?
So besann ich mich, sah ein, wie töricht ich war,
wie grundlos ich mich aufgeregt habe.
Und darum, glaub mir, lobe ich jetzt
deine Klugheit, daß du uns
solche Verwandtschaft schaffst.

Wie dumm war ich! Ich hätte dir
bei deinen Hochzeitsplänen helfen müssen,
dich selbst zum Ehebett geleiten
und mich mit deiner neuen Braut freuen sollen.
Wir sind nun einmal, wie wir sind, wir Frauen –
ich will nichts Schlechtes sagen.
Doch du solltest Böses jetzt nicht bös vergelten,
Dummheit nicht mit Dummheit strafen.
Ich gebe nach, bekenne, daß ich unrecht hatte,
ich hab es eingesehen.
O Kinder, liebe Kinder, kommt aus dem Haus,
kommt her, begrüßt, umarmt und küßt den Vater,
so wie ich. Vergessen sei alle Feindschaft.
Die Eltern haben sich versöhnt.
Friede sei, der Zorn hat sich gelegt.
Hier, nehmt seine rechte Hand!
(O weh mir, weh! Ich sehe vor mir, was geschehen wird.
Kinder, werdet ihr noch lange
so eure süßen Arme schlingen können – lebend?
Ach, ich armes Weib, wie leicht lasse ich mich
zu Tränen rühren, wie bin ich voller Mitleid!)
Daß der lange Streit mit dem Vater vorbei ist,
hat mir die Augen mit Tränen angefüllt.
    CHOR
Auch in meinen Augen
sammeln sich bleiche Tränen.
Ach, würde doch das Unglück
nicht weiter gehen als bis hier!

Kleon oder Die Demagogie

Damals begann es, daß Politiker Wahlen zu ihren Gunsten zu entscheiden suchten, indem sie hemmungslos der Mehrheit des Volkes nach dem Munde redeten. Vielleicht war Kleon, Sohn des Kleainetos, der erste, der das ohne jeden Skrupel tat. Im Sommer 431 sollte er offen gegen Perikles auftreten. Er gehörte nicht zu den in Athen noch immer regierenden aristokratischen Kreisen, sondern zu einer bislang am Regiment nicht beteiligten sozialen Schicht. Gesellschaftlich anerkannt waren in Athen bis dahin nur Familien, denen ein altes, ererbtes Vermögen gehörte. Wer durch persönliche Leistung, durch seiner Hände Arbeit Wohlstand erworben hatte, wurde eher von oben herab angesehen.

Kleon besaß eine Gerberei im Stadtteil Kydathenaion, nördlich der Akropolis (im heutigen Zentrum der Stadt). Er trat bewußt ordinär auf, betonte, daß er nicht die feine Bildung genossen hatte, durch die die reichen Athenersöhnchen zu blasierten Laffen geworden waren. Er brillierte nicht mit rhetorischer Geschliffenheit, schaute vielmehr dem Volk aufs Maul, war der Prototyp des Stammtischpolitikers.

Ein korrekter Redner trat im Himátion auf, einem großen, rechteckigen Tuch, das lose über den Schultern getragen wurde. Die Schmalseiten hingen vorn gleichmäßig herab, unter ihnen verbarg der Redner beim Sprechen seine Hände. Kleon kam in einem gegürteten Himátion in die Volksversammlung, um seine Verbundenheit mit dem Volk zu demonstrieren, denn so sah er wie ein Handwerker aus. Außerdem hatte er seine Hände frei und konnte, während er brüllte und schimpfte, wild mit ihnen herumfuchteln.

Emporgekommen ist Kleon, wie mancher Politiker einer Demokratie, durch strikte Opposition und Negieren der Maßnahmen der Regierung, ganz gleich, ob er mit ihnen wirklich unzufrieden war oder es selbst genauso gemacht hätte. Er wandte sich gegen den Luxus der Reichen, gegen männliche Prostitution, gab sich patriotisch, hemmungslos, zielsicher. Mit ihm begann der Weg der radikalen Demagogie, er verbündete sich mit denen, die sich zu kurz gekommen glaubten.

Kleon machte sich durch Stänkereien gegen Perikles bekannt, gewann so die städtische Masse, wenn ihn auch die Opposition des Adels wegen seiner sozialen Stellung nicht ernst nehmen wollte. Sein eigentliches Sprungbrett wurde die allgemeine Unzufriedenheit mit der Politik des Perikles angesichts der Verwüstung Attikas im Sommer des ersten Kriegsjahres.

Ob Kleon schon vor 431 politisch von sich reden gemacht hat, wissen wir nicht. Bei den Prozessen gegen die Freunde des Perikles, vor allem bei dem gegen Anaxagoras, hat er sicher mitgewirkt, aber vielleicht nur aus dem Hintergrund und ohne dabei selbst in Erscheinung zu treten. Vielleicht saß im Theater nur ein reicher Gerber, von dem sich niemand vorstellen konnte, daß er einmal aktiv in die Politik eingreifen und großen Einfluß in Athen gewinnen würde.

Als Kleon sich entschloß, Politiker zu werden, kündigte er seine Freundschaften auf, spionierte herum, witterte überall Komplotte. Wer ihm nicht geheuer war, wer ihm gefährlich zu werden drohte, den zog er vor Gericht. Perikles gewann, wie Sokrates sagt, die Zustimmung des Volkes durch Zaubersprüche, also durch geschliffene Reden. Kleon wird es polternd und agitierend auf seine Seite bringen. Thukydides formulierte in einer Rede, die er Kleon in den Mund legte, dessen politisches Credo:

> Ein Staat mit schlechten Gesetzen, die befolgt werden, ist besser dran als einer mit den besten Gesetzen, an die sich niemand hält. Mit gesundem Menschenverstand erreicht man mehr, als wenn man alles mit großer Gelehrsamkeit hin und her überlegt. Und die einfachen Leute wissen besser zu regieren als die Klugen. Denn die wollen noch klüger sein als die Gesetze und wissen zu allem noch etwas Besseres zu sagen, als schon gesagt ist, weil sie sich selbst so gern reden hören, was für den Staat nur Schaden bringt.
>
> *Thukydides 3, 37*

Es bleibt offen, ob der demagogische Volksverführer die unausweichliche Konsequenz der attischen Demokratie war oder ein Ergebnis der sophistischen Redekunst, die sich ja geradezu brüstete, aus weiß schwarz machen zu können, jedes gewünschte Resultat beim Hörer zu erzielen. Perikles wußte, wie er eine Mehrheit für seine Politik erreichen konnte, er nutzte alle Mittel der Rhetorik, verstand, wenn er es für erfolgversprechend hielt, seine eigentlichen Pläne im unklaren zu lassen. Er ging aber nicht so weit, das Volk offen und bewußt zu belügen. Wenn es ihm notwendig schien, sprach er unbequeme Wahrheiten aus, verstand sie allerdings so vorzubringen, daß er bei der Abstimmung doch wieder Zustimmung zu seinen Vorschlägen fand. Er war ein Volksführer, kein Volksverführer. Mit Kleon hielt die Lüge Einzug in die Politik – und blieb seitdem ureigener Bestandteil der Demokratie.

424 wird Aristophanes in seinen *Rittern* in der Figur des Paphlagoniers eine Karikatur Kleons auf die Bühne bringen. *Paphlázein* heißt »schäumen, Blasen werfen, dummes Zeug schwatzen«, so wie Kleon es in der Volksversammlung tat. Der Paphlagonier umschmeichelt auf der Bühne den *Démos*, eine Personifikation der wahlberechtigten Athener, und wirtschaftet in seine eigene Tasche. Bei jeder passenden Gelegenheit hat er ein Orakel zur Hand, das seine Anträge untermauert. Wenn das Volk etwas von seinen Machenschaften merkt, dann intrigiert er, lügt, verleumdet. Kann er nicht mit Argumenten überzeugen, brüllt er seine Gegner nieder, rührt in jedem Dreck. Er weiß genau, wie er den Demos für sich gewinnen kann.

Und das Volk, so Aristophanes, duckt sich vor ihm, mit Lecken, Schwänzeln, Schmeicheln. Als Kleon 423 erneut zum Strategen gewählt wurde, nannte Aristophanes ihn von der Bühne korrupt bis auf die Knochen und beschuldigte ihn, er klaue wie eine Möwe.

Das üble Treiben politischer Konjunkturritter und Karrieremacher, der demagogische Mißbrauch der Rhetorik, der dauernde Appell an die niedrigsten Instinkte des Menschen, das war sein Vorwurf gegen Kleon, aber auch der Vorwurf gegen die Demokratie, die solches Verhalten und solchen Mißbrauch möglich machte.

Das Bild, das der Historiker Thukydides und der Komödiendichter Aristophanes von Kleon gezeichnet haben, mag ein Zerrbild sein. Aber sympathisch ist er wohl nicht gewesen.

Damit auch weniger bemittelte Bürger als Geschworene tätig sein konnten, hatte Perikles Richterdiäten eingeführt. 425 wird Kleon, um die Zahl seiner Anhänger zu vergrö-

ßern und seinen Einfluß auf die Rechtsprechung zu verstär-
ken, den Richtersold auf das anderthalbfache heraufsetzen.
Zahlen müssen die Bundesgenossen, deren Tribute erhöht
werden.

Mit der Entmachtung des Areopags waren in Athen nahezu alle zivil- und strafrechtlichen Prozesse dem Volksgericht übertragen worden. Als Richter fungierten 6000
durch das Los bestimmte Bürger. Die Laienrichter waren in
Kammern eingeteilt, die zwischen 201 und 1001 Mitglieder
hatten, die ungerade Zahl sollte Stimmengleichheit aus-
schließen. Sie hatten nicht nur, wie es in heutigen Geschwo-
renengerichten üblich ist, über die Schuldfrage, sondern
auch über das Strafmaß abzustimmen. Gegen ihren Spruch,
der mit einfacher Mehrheit gefällt wurde, war Berufung
nicht möglich.

Als Mitglied einer Geschworenenkammer konnte der
einzelne Bürger Macht ausüben, auch wenn er politisch tatsächlich fast keine hatte. Macht gegen den anderen Mitbürger, der genauso machtlos war wie er und gegen den er
deshalb um so lieber sein »Schuldig!« sprach. Die einfachen
Leute blickten mit Neid auf das Wohlleben der Begüterten
und freuten sich um so mehr, sie in häufigen Prozessen fühlen zu lassen, daß es an ihnen liege, über ihr Schicksal zu
entscheiden. Es befriedigte sie, wenn in solchen Fällen vornehme Herren alle Kunstgriffe anwenden mußten, um die
Gunst ihrer Richter zu gewinnen. Deshalb waren die Jahre
der Demokratie mit Prozessen gesegnet. Der Gerichtszwang
für die Bundesgenossen hatte zudem die Folge, daß jeder
Bewohner einer Stadt des Bündnisses gegenüber jedem attischen Bürger Rücksichten nehmen mußte, konnte der doch
möglicherweise einmal über ihn zu Gericht sitzen.

Medea

JASON
Loben muß ich dich,
ich tadle dich nicht mehr für dein früheres Verhalten.
Es ist ja ganz natürlich, daß eine Frau ihrem Mann zürnt,
wenn er eine andere heiraten will.
Jetzt hast du dich eines besseren besonnen,
hast erkannt, daß es von Vorteil für dich ist –
wenn es auch lange gedauert hat.
Du bist eben doch eine kluge Frau!
Für euch, Kinder, hat euer Vater liebevoll gesorgt.
Ihr sollt, so hoffe ich, irgendwann einmal
nach Korinth zurückkehren dürfen
und nach euren Brüdern die Ersten sein.
Werdet nur groß, für alles andere sorgt euer Vater,
werden die Götter sorgen, die uns gnädig sind.
Ich wünsche mir, daß ihr, zu Jünglingen herangereift,
stärker als meine Feinde seid!
Doch, was bist du so blaß, warum wendest du
den Blick von mir und freust dich nicht
über meine Worte?

MEDEA
Es ist nichts. Mir fiel nur,
als du mit den Kindern sprachst, etwas ein.

JASON
Sorge dich nicht.
Ich werde für ihren Unterhalt aufkommen.

MEDEA
Eine Frau weint nun einmal leicht.

JASON

Warum denn, Närrin, sorgst du dich so um die Kinder?

MEDEA

Ich bin die Mutter. Als du über ihre Zukunft sprachst,
befiel mich Wehmut,
daß ich selbst sie nicht erleben werde.
Das wichtigste, weswegen ich dich rief,
ist nun erledigt. Doch noch etwas beschäftigt mich.
Der König hat mich aus dem Land gewiesen
und das ist sicher auch für mich das Beste –
ich sehe es ein –
damit ich weder dir noch dem König im Wege bin.
Man glaubt hier ja,
ich sei mit dem Königshaus verfeindet.
Ich will als Verbannte das Land verlassen.
Aber die Kinder solltest du mit eigener Hand erziehen,
bitte deshalb Kreon, ihre Ausweisung aufzuheben.

JASON

Ich will es versuchen.
Ob er zustimmt, weiß ich nicht.

MEDEA

Bitte deine neue Frau,
ein Wort bei ihrem Vater einzulegen,
daß er die Verbannung der Kinder rückgängig macht.

JASON

Das ist eine gute Idee, sie werde ich überreden können.

MEDEA

Sie wird ja eine Frau wie andere Frauen sein.
Ich will dir dabei helfen.
Ich möchte ihr ein Geschenk machen,
wie es kein schöneres auf der ganzen Welt gibt.
Die Kinder sollen ihr ein Festkleid

und ein Diadem aus Gold überbringen.
Sofort soll eine meiner Dienerinnen
die Kostbarkeiten holen.
Sie kann sich glücklich schätzen,
daß sie den besten Mann zum Gatten gewinnt.
Und dazu soll sie noch den Schmuck besitzen,
den einst der Sonnengott, mein Großvater,
seinen Nachkommen übergab.
Nehmt also, Kinder, die Hochzeitsgeschenke
und bringt sie der überglücklichen Prinzessin.
Schau, wie schön sie sind, Jason.

JASON

Aber warum denn, Närrin,
willst du solche Kostbarkeiten verschenken?
Meinst du, im Königspalast
gibt es kein prachtvolles Geschmeide,
keine festlichen Gewänder?
Gib sie nicht weg, behalte sie.
Wenn meine Braut mich liebt, dann läßt sie sich
auch ohne Geschenke überreden.

MEDEA

Nein, laß mich. Geschenke, sagt man,
bewegen selbst die Götter,
und mehr als tausend gute Gründe
wiegt bei den Menschen die Macht des Goldes.
Sie lebt jetzt im Glück, ihre Sterne stehen gut,
sie blüht in ihrer Jugend.
Um zu verhindern, daß meine Kinder
ins Exil gehen müssen, würde ich mein Leben geben,
nicht nur Gold. Geht also, Kinder,
geht in den Palast, fallt auf die Knie
vor eures Vaters junger Braut, vor meiner Herrin,

bittet sie, eure Verbannung aufzuheben,
überreicht ihr diesen Schmuck.
Hört genau zu, gebt ihn in ihre Hand, in ihre nur.
Geht jetzt, eilt euch,
und bringt bald eurer Mutter Kunde,
daß geschieht, was sie sich wünscht.

908-975

Kallias oder Das Schöne

Nach 30 Jahren Nachkriegszeit und Wirtschaftswachstum war die Macht des Goldes in Athen für jedermann sichtbar. Es gab die ersten reichen Erben, die sich leisten konnten, nur ihrem Vergnügen und der Verschwendung zu leben. Der zwanzigjährige Kallias, Sohn des Hipponikos, war ein Enkel des Kallias, der als der reichste Mann seiner Zeit gegolten hatte. Geboren um 450, kurz nachdem seine für uns namenlose Mutter nach der Scheidung von Perikles den Hipponikos geheiratet hatte, brachte Kallias das Geld seines Vaters mit Schmarotzern und Hetären durch und war ein ständiges Opfer der Erpressung durch Sykophanten.

Der Komödiendichter Eupolis machte zehn Jahre nach der Aufführung der *Medea* das Treiben im Haus des Kallias zum Gegenstand seiner Komödie *Die Schmeichler*, in der der Chor aus bei Kallias verkehrenden Schmarotzern besteht.

Seh ich auf dem Markt einen Dummkopf kommen, der aber Geld wie Heu hat, dann ist er mein Mann. Äußert der Protz nun irgend was, lob ich es überschwenglich, staune ob der goldenen Worte und spiele den Hocherfreuten. Wir gehen dann – anderswohin ein jeder – zu einem Mahl an fremdem Tisch. Hier müssen wir sogleich viel geistreiche Scherze machen, sonst setzt man uns vor die Tür.

Eupolis, Fragment 159

Eupolis karikierte des Kallias Vorliebe für Salben und Parfüm. Er dufte immerzu nach den Grazien, schwänzele im Tanzschritt, kaue Sesamgewürzbrot und lutsche Pomeranzen aus. In der Komödie sind die auserlesensten Leckerbissen auf seiner Tafel zu finden, bei seinen Gelagen sind Dirnen anwesend. Zum Schluß schleppen die Parasiten, wie es bei einem Opferschmaus üblich war, das goldene und silberne Geschirr und Besteck fort (*parasitein* heißt eigentlich »zusammen essen«).

Ein Jahr später verspottete Eupolis in seiner Komödie *Autolykos* Kallias' Neigung zu schönen Knaben. In dem Stück bringt Kallias im Tempel des Apollon in Delos goldene Prachtkämme als Weihegaben dar, er zahlt den Sophisten hohe Honorare, verpraßt den größten Teil seines ererbten Vermögens. Der *Autolykos* war so erfolgreich, daß er später noch einmal aufgeführt wurde.

In Kallias' Haus im Stadtteil Melite westlich der Agora logierten im Jahr vor der Aufführung der *Medea* die Sophisten Protagoras, Hippias und Prodikos. Deshalb sagt auch Sokrates zu Kallias:

> Immer blickst du vornehm auf uns herab und treibst deinen Spott mit uns, weil wir noch immer nach Weisheit ringen und uns dabei selbst abquälen, während du dir die Weisheit für viel Geld von Protagoras und Gorgias, von Prodikos und vielen anderen zu verschaffen gewußt hast.

Xenophon, Symposion 1, 5

422 sollte Kallias in seinem Haus im Piräus ein Gelage veranstalten, um den Sieg des erst vierzehnjährigen Pankratiasten Autolykos bei den Panathenäen zu feiern. Xenophon

hat den Abend beschrieben und die Gespräche über das Schöne überliefert, die die Eingeladenen miteinander führten. Sie alle dürften neun Jahre zuvor die *Medea* gesehen haben: Kallias, der Gastgeber, Sokrates, der die Diskussion leitet, Antisthenes, etwa 5 Jahre älter als Kallias, der diesen mit den Sophisten bekannt gemacht hat, Kritobulos, der in den Vetter des Alkibiades verliebt ist, Lykon, der Vater des schönen Autolykos, und schließlich der jugendliche Sieger, der bei der Aufführung der *Medea* mit seinen fünf bis sechs Jahren als einziger der Gesellschaft noch nicht im Theater gewesen sein wird.

Autolykos nahm neben seinem Vater auf einem Sessel Platz. Die übrigen lagen auf Sofas, wie es üblich ist. Gleich zu Anfang würde ein aufmerksamer Beobachter die Überzeugung gewonnen haben, daß Schönheit etwas von Natur Königliches ist, zumal, wenn sie jemand, wie damals Autolykos, zusammen mit Wohlerzogenheit und Bescheidenheit besitzt. Denn wie ein Licht, wenn es in der Nacht aufstrahlt, aller Augen auf sich lenkt, so zog auch damals die Schönheit des Autolykos zunächst alle Blicke auf ihn hin. Und es war unter denen, die ihn ansahen, auch nicht einer, der nicht im Innersten von seiner Schönheit ergriffen worden wäre. Die einen zeigten es dadurch, daß sie stiller wurden, andere offenbarten es durch irgendwelche Gebärden. Es herrschte während der Mahlzeit eine Stille, als ob sie von einem Höheren geboten worden wäre.

Xenophon, Symposion 1, 8-11; 3, 8-13

Nach Tisch beginnt sozusagen der literarische Teil des Abends. Alle Teilnehmer des Gelages sollen sagen, worauf sie am meisten stolz sind. Antisthenes erklärt, er sei auf seinen Reichtum stolz, und auf die Nachfrage, wieviel Geld er denn besitze, antwortet er, daß er nicht eine Obole sein eigen nenne. Ob er denn großen Grundbesitz habe? – »Etwa so viel, daß mit seinem Staube unser Autolykos sich bestreuen könnte.« Sokrates meint lachend, er sei auf seine Kuppelkunst stolz, und Lykon sagt: »Ich bin auf meinen Sohn da stolz.« – »Und der«, ruft einer dazwischen, »ist natürlich auf den Sieg stolz, den er heute errungen hat.« »O nein, wirklich nicht«, versetzt Autolykos und wird ganz rot dabei. Als alle, entzückt, endlich seine Stimme zu vernehmen, ihre Blicke auf ihn richten, fragt ihn jemand, worauf er denn stolz sei. »Auf meinen Vater«, ist seine Antwort, und dabei schmiegt er sich an ihn. Als Kallias das sieht, ruft er: »Weißt du auch, Lykon, daß du der reichste von allen Menschen bist?« Tatsächlich war Lykon, der in der attischen Ortschaft Thorikos in der Nähe von Laurion zu Hause war, alles andere als wohlhabend, und er wäre ohne seinen siegreichen und bildschönen Sohn niemals von Kallias eingeladen worden. Von Lykons Frau Rhodia erzählte man sich, sie empfange jeden Mann.

Kritobulos, Mitte 20 und in den gleichaltrigen Kleinias, den Vetter des Alkibiades, verliebt, ist auf seine Schönheit stolz. Er sagt:

Wenn ich nicht so schön bin, wie ich zu sein glaube, so müßtet ihr von Rechts wegen als Betrüger bestraft werden. Denn obschon niemand einen Eid von euch verlangt, schwört ihr beständig, ich sei schön. Und so glaube ich es inzwischen selbst, denn ich halte euch für ehrliche Männer. Wenn ich aber tatsächlich schön bin, und ihr mir gegenüber dasselbe empfindet, was ich gegenüber einem von mir als schön Angesehenen empfinde, dann schwöre ich bei allen Göttern, ich würde nicht das Reich des Perserkönigs für das Glück eintauschen, schön zu sein. Denn Kleinias ist mir jetzt ein süßerer Anblick als alles in der Welt. Und für alles andere blind zu sein, würde ich leichter ertragen, als für ihn, den Einzigen. Ich zürne der Nacht und dem Schlaf, daß sie ihn meinen Augen entziehen, dem Tag und der Sonne sage ich aus vollstem Herzen Dank, daß sie mich den Kleinias sehen lassen.

Übrigens dürfen wir Schönen auch darauf stolz sein, daß der Starke das Gute nur durch Arbeit, der Tapfere nur durch Gefahren, der Weise nur durch die Kunst der Rede erringt, der Schöne aber erreicht alles, auch wenn er völlig passiv bleibt. Ich für meinen Teil, obwohl ich weiß, was für ein schöner Besitz viel Geld ist, möchte lieber, was ich habe, dem Kleinias geben, als noch einmal soviel von einem anderen bekommen, möchte lieber Sklavendienste tun als ein Freier sein, wenn Kleinias mein Herr sein wollte. Denn für ihn zu arbeiten wäre mir leichter, als mich auszuruhen, und für ihn Gefahren zu bestehen süßer als ein ungefährdetes Leben.

Wenn also du, Kallias, stolz darauf bist, daß du Menschen gerechter machen kannst, so darf ich mich mit noch größerem Recht rühmen, daß ich sie zu jeder Art von Tugend ansporne. Denn dadurch, daß wir Schönen den in Liebe Entbrannten Begeisterung einhauchen, machen wir sie freigebiger in Geldangelegenheiten, ausdauernder und ehrliebender in Gefahren, ja sie werden dadurch sogar sittsamer und enthaltsamer, denn sie schämen sich zu gestehen, wonach sie am heftigsten Verlangen tragen.

Übrigens darf man die Schönheit keineswegs als etwas schnell Verblühendes geringschätzen. Denn wie ein Knabe schön ist, ebensogut ist es auch ein Jüngling, ein Mann und ein Greis. Ein Beweis dafür ist, daß man zu Trägern des Ölzweiges der Athene schöne Greise aussucht, in der Überzeugung, daß die Schönheit jedes Alter begleitet.

Xenophon, Symposion 4, 10-17 pass.

Das Schöne ist, was der Mensch um seiner selbst willen erstreben soll. Es ist nicht etwas Äußerliches und damit Unverbindliches, sondern die Stufe der Vollendung, ist nicht eine Qualität, die dem Sein hinzugefügt wird, sondern das Sein an sich. Alles Nicht-Schöne ist mangelhaftes Sein. Schönheit ist auch Gegenstand des *éros*, wird Objekt eines Sehnens, eröffnet einen Blick, wirkt von sich aus. Sie erweckt die guten Fähigkeiten im Menschen, ohne Arbeit, ohne Mühe.

Es genügt allerdings nicht, körperlich schön zu sein. Der Körper soll sich mit der Seele im Einklang befinden, er soll der Widerschein des Seelischen sein. Der vollkommene Mensch muß deshalb schön und gut sein. Das Griechische kennt für diese Eigenschaft ein zusammengesetztes Wort, *kalokagathós*, das mit »schön und gut« zwar wörtlich übersetzt ist, dennoch trifft diese Übersetzung den Sinn nicht. Die Zusammenziehung der beiden Begriffe zu einem Wort ist nicht sprachliche Hudelei. Die Verbindung der beiden Eigenschaften ist essentiell. Wirklich schön kann nur sein, was wahrhaft gut ist, und was gut ist, ist auch wahrhaft schön.

Es geht dabei nicht um das mit den Sinnen Wahrgenommene, die *aísthesis*. Das Schöne ist kein ästhetisches Phänomen. Sokrates sagt bei Xenophon, selbst ein Mistkorb könne schön sein, nämlich dann, wenn er für seinen Zweck gut gearbeitet ist, und ein goldener Schild sei häßlich, wenn man ihn wegen seines Zierats nicht mehr benutzen könne.

Und so ist auch die Schönheit des Autolykos nicht das glatte und antrainierte Ebenmaß eines Models. Autolykos hat soeben im Pankration gesiegt, dem brutalen Faustkampf, bei dem fast alle Griffe erlaubt sind. Er hat einen Körper, der brauchbar ist. Sokrates macht dem Gastgeber, der den jungen Sportler lanciert, Komplimente:

> Daß du Autolykos liebst, weiß die ganze Stadt. Habe ich nun immer schon deinem Charakter meine Hochachtung gezollt, tue ich es jetzt noch weit mehr. Denn ich sehe dich nicht einen durch Wollust entkräfteten oder durch Weichlichkeit verzärtelten, sondern einen vor aller Augen Kraft und Ausdauer, Tapferkeit und Selbstbeherrschung bewährenden Jüngling lieben. In der Liebe zu solchen Tugenden liegt ein Beweis für den Charakter des Liebenden.
>
> Ob es nun bloß eine Aphrodite gibt oder zwei, eine himmlische und eine gemeine (Aphrodite *uránia* und Aphrodite *pándemos*, »die dem ganzen Volk gehört«), weiß ich nicht. Jede von beiden hat immerhin ihre besonderen Altäre und Tempel. Die Pandemos schickt vermutlich die Liebe zu Körpern, die Urania aber die Liebe zur Seele, zu Freundschaft und edlen Werken. Und von dieser scheinst du, Kallias, ergriffen zu sein. Ich schließe das aus der Sittenreinheit deines Geliebten und aus dem Umstand, daß du den Vater des Autolykos zu euren Zusammenkünften hinzulädst. Denn ein edler Liebhaber hat vor dem Vater seines Geliebten nichts zu verbergen.

Xenophon, Symposion 8, 7-11

Bald verläßt Lykon mit seinem Sohn Autolykos den Raum. In der Tür dreht er sich um und sagt zu Sokrates: »Bei der Hera, Sokrates, du scheinst mir ein wahrhaft guter Mensch zu sein!« 22 Jahre später wird eben dieser Lykon zusammen mit anderen Sokrates anzeigen, er glaube nicht an die Götter und verderbe die Jugend.

Der erst vierzehnjährige Autolykos wurde von seinem Vater aus dem Speisesaal gebracht, weil das Gelage mit einem erotischen Schauspiel beendet werden sollte. Eine Tänzerin und ein Knabe, die schon nach dem Essen einen ersten Auftritt gehabt hatten, spielten die Hochzeit von Dionysos und Ariadne.

Zunächst erschien Ariadne, wie eine Braut geschmückt, und setzte sich auf den Thron. Obschon sich Dionysos noch nicht sehen ließ, wurde bereits auf dem Aulós die bacchische Weise gespielt. Kaum hatte Ariadne die Musik des Gottes vernommen, gebärdete sie sich, daß jeder erkennen mußte, daß sie ihr gefiel. Sie ging ihm nicht entgegen, stand auch nicht auf, und dennoch sah man deutlich, daß sie nur mit Mühe ruhig blieb. Als Dionysos sie erblickte, tanzte er in freudigster Erregung auf sie zu, setzte sich ihr auf den Schoß, schlang den Arm um sie und küßte sie. Sie dagegen sah aus, als ob sie sich schämte, gleichwohl erwiderte sie seine Umarmung mit Zärtlichkeit. Die Gäste klatschten, als sie das sahen, und ließen wiederholt ihren Beifallsruf erschallen.

Als Dionysos aufstand und Ariadne zu sich emporzog, da konnte man alle Bewegungen eines sich herzenden und küssenden Paares mit ansehen. Als die Zuschauer merkten, daß Dionysos, der in der Tat schön war, und Ariadne, die wirklich reizend war, nicht nur spielten, sondern wirklich Mund an Mund sich küßten, wurden sie alle so erregt, daß sie sich nicht satt sehen konnten. Hörten sie doch sogar, wie Dionysos sie fragte, ob sie ihn liebe, und sie ihm ihre Liebe so beteuerte, daß nicht nur Dionysos, sondern auch alle Anwesenden darauf hätten schwören mögen, der Knabe und das Mädchen seien tatsächlich ineinander verliebt. Denn sie sahen durchaus nicht aus, als ob ihre Bewegungen eingeübt wären, sondern als ob ihnen endlich erlaubt sei zu tun, wonach sie sich schon lange gesehnt hatten.

Als die Gäste sahen, wie sie einander fest umschlungen hielten und sich, wie wenn sie zum Lager gingen, entfernten, da schworen die Junggesellen zu heiraten, die Verheirateten aber schwangen sich auf ihre Pferde und ritten im Galopp zu ihren Frauen.

Sokrates und wer sonst noch zurückgeblieben war, sie gingen mit Kallias zu Lykon und seinem Sohn hinaus, um einen Spaziergang zu machen.

Dies war das Ende des Gelages.

Xenophon, Symposion 9, 3-7

Die Pantomime, die eine Hetäre und ein Lustknabe im Haus des Kallias aufführten, war erotisches Theater, diente der Stimulierung der angetrunkenen Symposionteilnehmer (übrigens gab es den beschönigenden Begriff »Hetäre« nur für die weiblichen Prostituierten, die Lustknaben hießen allesamt *pórnos*, jemand, der sich verkauft). Das Spiel stellte die sinnlich-erotische Macht des Schönen dar. Denn was ist Eros anderes als die Lust, zu unterliegen.

Wir mögen die Schilderung Xenophons, daß nach dem erotischen Schauspiel die Männer zu ihren Frauen ritten, als wahr hinnehmen. Normal dürfte gewesen sein, daß eine solche Darbietung der Auftakt zu einer hemmungslosen Orgie war, wie sie auf zahllosen Vasenbildern überliefert sind. Natürlich können wir nicht davon ausgehen, daß diese Bilder die Realität photographisch genau wiedergeben, sie mögen ebensogut nur Phantasie sein, pornographische Wunschvorstellung. Immerhin fällt auf, daß bei den erhaltenen Vasen aus der Zeit der *Medea* die Szenen, die Männer und Hetären beim Symposion zeigen, verhältnismäßig zurückhaltend, beinahe züchtig sind, zumindest im Vergleich mit den sehr drastischen Darstellungen auf Gefäßen, die etwa 50 Jahre früher bemalt wurden. Das kann einen Wandel in der Praxis anzeigen, wird aber auf jeden Fall einen Wandel in der öffentlichen Moral bedeuten, zumindest in dem, was offiziell geduldet wurde.

Medea

CHOR

Für das Leben der Kinder
gibt es jetzt keine Hoffnung mehr,
sie sind schon auf dem Weg in den Tod.
Die Braut wird den goldenen Schmuck nehmen,
sie wird das Verhängnis an sich reißen, die Unglückliche.
In ihr blondes Haar wird sie den Tod flechten,
mit eigener Hand ihn ergreifen.
Vom überirdischen Zauber
des prächtigen Gewandes verführt,
wird sie das Kleid anziehen,
den goldenen Schmuck anlegen,
sich wie eine Braut schmücken für die Totenbahre.
Sie verfängt sich in einem unentrinnbaren Netz,
die unselige Frau, sie erlost sich den Tod,
versinkt im Unheil.
Du armer Mann, Unglücksbräutigam,
Schwiegersohn des Königs, unwissend führst du selbst
deine Kinder und deine Braut ins Verderben,
in einen entsetzlichen Tod.
Unseliger, wie hast du dich täuschen lassen!
Unglückliche Mutter, auch dein Schicksal beweine ich.
Vom Schmerz überwältigt,
willst du um deiner ehelichen Rechte willen
deine Kinder ermorden,
die der Vater verlassen hat,
weil er gegen alle Versprechen
eine neue Ehe eingegangen ist.

ERZIEHER
(mit den Kindern)
Herrin, die Verbannung deiner Söhne ist aufgehoben,
die Prinzessin hat mit eigener Hand
deine Geschenke dankbar angenommen.
Deinen Kindern wird es bei ihr gutgehen.

MEDEA
Gut ...?!

ERZIEHER
Was stehst du völlig außer Fassung da,
wo du fröhlich sein solltest?

MEDEA
Ach ...!

ERZIEHER
Zu meiner Botschaft passen diese Laute nicht.

MEDEA
Oh weh mir!

ERZIEHER
Melde ich ahnungslos ein Unglück? Ist, was ich
für Freudenbotschaft halte, eher das Gegenteil?

MEDEA
Du meldest schon das Rechte, ich schelte dich nicht.

ERZIEHER
Warum senkst du dann dein Haupt und weinst so heftig?

MEDEA
Ich muß wohl weinen, Alter, es war ein schlimmer Plan,
den ich mit des Himmels Hilfe ausgeführt habe.

ERZIEHER
Tröste dich, du wirst sicher irgendwann
zu deinen Kindern heimkehren dürfen.

MEDEA
Ich werde sie nur zu bald heimgeleiten, ich Unglückliche!

ERZIEHER

So manche Mutter lebt getrennt von ihren Kindern.
Seinem Schicksal sollte man sich willig fügen.

MEDEA

Das werde ich. Doch geh jetzt ins Haus
und richte es für die Kinder her,
daß sie alles haben, was sie brauchen.

(Der Erzieher geht, die Kinder bleiben bei Medea)

MEDEA

Kinder, meine Kinder, euch gehört nun Stadt und Haus,
worin ihr – ich bleibe im Unglück zurück –
für immer wohnen sollt, beraubt der Mutter.
Ich aber ziehe als Flüchtling in ein anderes Land,
bevor ich Freude an euch habe und euch glücklich sehe.
Bevor ich euch eine Braut ausgesucht,
die Hochzeit gerichtet,
das Brautbett stolz geschmückt,
die Hochzeitsfackeln geschwungen habe.
Weh über meinen unglückseligen Eigensinn.
Es war also umsonst,
daß ich euch mit Schmerzen geboren,
euch aufgezogen habe.
Ich habe immer gehofft,
ihr würdet mir in meinem Alter eine Stütze sein,
ihr würdet meine Leiche einst
mit euren Händen liebevoll einkleiden –
was sich Menschen halt so wünschen.
Vorbei ist nun die süße Sorge.
Ohne euch wird mein Leben
ohne Freude sein und voller Kummer.
Eure Mutter werdet ihr nicht mehr
mit euren liebevollen Augen ansehen können,

wenn ihr in eine andere Welt gegangen seid.
Ach, warum schaut ihr mich so zärtlich an,
Warum lacht ihr mich an mit eurem allerletzten Lachen?
Oh Gott, was will ich tun?
Aller Mut verläßt mich,
wenn ich in die erwartungsvollen Augen
meiner Kinder blicke.
Nein, ich kann's nicht, ich gebe meine Pläne auf,
ich nehme meine Kinder mit aus diesem Land.
Was bringt es mir, wenn ihr Vater
vor Schmerz um sie vergeht,
warum soll ich mir doppeltes Leid antun?
Nein, ich vergesse diesen Plan!
Und doch – was geschieht dann?
Soll ich mich verhöhnen lassen,
sollen meine Feinde ungestraft davonkommen?
Ich muß es wagen!
Sei still, du feiges, schwaches Herz!
Wie kannst du dich so wehleidigen Gedanken überlassen?
Kinder, geht jetzt ins Haus.
Wer bei meinem Opfer nicht zugegen sein will,
soll wissen:
meine Hand wird nicht schwach sein!
Oh weh! Nein, Herz, tu es nicht,
begeh nicht diese Tat!
Verschon die Kinder, sie sind dein Blut, Unselige!
Sie sollen mit mir leben, mich glücklich machen.
Nein, bei den bösen Geistern im tiefsten Grund der Hölle,
nein! ich werde meine Kinder nicht
dem Gespött meiner Feinde preisgeben.
Es bleibt dabei. Es gibt kein Zurück mehr!
Schon schmückt das Diadem ihr Haupt,

schon umschlingt das Zauberkleid die Braut,
ich sehe es vor mir.
Also muß ich jetzt den jammervollsten Weg gehen
und meine Kinder auf einen
noch viel jammervolleren schicken.
Vorher muß ich ihnen noch ein Letztes sagen.
Gebt mir Kinder, gebt der Mutter eure rechte Hand,
daß ich sie küsse.
Oh liebes Händchen, lieber süßer Mund,
du edles Antlitz, wie seid ihr schön.
Seid glücklich – aber dort.
Das Hier hat euch der Vater weggenommen.
Süße Umarmung, ach! du zarte Haut,
du süßer Atem meiner Kinder ...
Geht, geht jetzt Kinder.
Länger halt ich es nicht aus, euch anzusehn.
Ach, die Schmerzen erdrücken mich.
Ich weiß genau, welch ein Verbrechen ich begehen will.
Aber mächtiger als die Einsicht ist die Leidenschaft.
Sie ist schuld am größten Unglück in der Welt.

976-1080

Prodikos oder Herakles
am Scheideweg

In der *Orestie* des Aischylos ist niemand zufällig an seinem Platz, keiner handelt nach Belieben, jeder tut, was er tun muß, und das nicht nur, weil die Handlung vom Mythos vorgegeben ist. Alles Handeln erfolgt aus innerer Notwendigkeit.

Die Antigone des Sophokles ist in einer ausweglosen, einer »tragischen« Situation: Gehorcht sie dem Befehl Kreons, verstößt sie gegen das Gebot der Götter und muß deren Zorn fürchten, achtet sie die heiligen Gebräuche, verfällt sie dem Urteilsspruch des Staates.

Medea ist in keiner Zwangssituation – und sie ist es doch. Aber sie müßte nicht so handeln, wie sie handelt, sie könnte mit ihren Kindern fliehen. Sie selbst trifft die Entscheidung, die Kinder zu töten oder nicht zu töten, ihre Ermordung ist nicht vom Schicksal – oder vom Mythos – vorgegeben. Wir müssen uns immer wieder daran erinnern, daß die Zuschauer in Athen nicht im voraus wußten, was Medea letztlich tun würde. Sie dürften sogar eher geglaubt haben, daß sie ihre Kinder schonen würde, weil es ja anders nicht vom Mythos vorgegeben war. Medea hat voll und ganz die Wahl, und deshalb ist ihre Szene so ungewöhnlich, so erregend für die Zuschauer des Jahres 431, und eben darum so schockierend.

Im Jahr 432 war der Sophist Prodikos von der Kykladeninsel Keos in Athen. Wir sind ihm, zusammen mit Protagoras und Hippias, im Haus des reichen Kallias begegnet. Prodikos hat als erster Philosoph philologische Forschun-

gen betrieben, hat sich um die exakte Bestimmung des Sinn-
gehalts jedes einzelnen Wortes bemüht, in seiner Synonymik
versucht, bedeutungsverwandte Worte klar voneinander
abzugrenzen, um Begriffe eindeutig auseinanderhalten zu
können. Seine Lehre war die Voraussetzung der Defini-
tionskunst des Sokrates. Prodikos lehrte in seinen rhetori-
schen Unterweisungen auch, durch welche Kunstgriffe man
die Zuhörer bei langer Rede immer wieder fesselt und ihre
Aufmerksam wachhält.

Bei seinem Aufenthalt in Athen hat Prodikos ein umfangreiches Vortragsprogramm angeboten, mit unterschied-
lichen Tarifen für die einzelnen Darbietungen. Manche
Vorlesungen waren mit einer halben Drachme, andere mit
zwei und wieder andere mit vier Drachmen zu bezahlen.
Wenn eine Äußerung von Sokrates nicht übertreibende Ironie der Geschäftstüchtigkeit des Sophisten gegenüber ist,
hat er sogar einen Vortrag für fünfzig Drachmen in seinem
Repertoire gehabt, den Sokrates allerdings nicht gehört hat,
weil er ihm zu teuer war (er konnte sich nur den für eine
Drachme leisten).

Prodikos war ein eher gemäßigt konservativer Philosoph.
Er vertrat die These, die Urmenschheit habe die einfachen
Lebensgüter wie Korn, Wein, Wasser und Feuer als Götter
verehrt. Was von natürlichen Dingen den Menschen nützlich ist, das sei als göttlich betrachtet und schließlich zum
Gott personifiziert worden, erst die Sonne und der Mond,
dann Flüsse und Quellen; das Feuer unter dem Namen Hephaistos, das Wasser unter dem Namen Poseidon, das Brot
unter dem Namen Demeter, der Wein schließlich unter dem
Namen Dionysos.

Die abfällige Kritik Platons an den geistigen Leistungen
der Sophisten hat dazu geführt, daß ihre Bücher später nicht

mehr gelesen wurden. Platon ist dafür verantwortlich zu machen, daß ihre Schriften verlorengegangen sind, obwohl sie für die Intellektuellen Athens und damit auch für die Entwicklung des abendländischen Denkens eine kaum zu überschätzende Bedeutung hatten.

Vielleicht hat Prodikos der Luxus, den er im Haus des Kallias erlebte (und genoß), zu seiner Novelle *Herakles am Scheideweg* inspiriert, die in Athen sehr bekannt gewesen sein muß. Xenophon läßt sie durch Sokrates ausführlich nacherzählen:

Als Herakles in dem Alter war, in dem Jünglinge selbständig werden und sich zeigt, ob sie den Pfad der Tugend oder den des Lasters zu ihrem Lebensweg machen wollen, ging er in die Einsamkeit hinaus, setzte sich an einer Weggabelung nieder und war unentschlossen, welchen von beiden Wegen er einschlagen sollte. Da war ihm, als kämen auf einmal zwei erhabene Frauengestalten auf ihn zu. Die eine sah wohlanständig aus und strahlte einen gleichsam angeborenen Adel aus. Ihr Leib war rein, ihre Augen hatten Scham, ihre Haltung war sittsam, und weiß war die Farbe ihres Gewandes. Die andere war wohlgenährt bis zur Fülle und Üppigkeit, ihre Haut geschminkt, so daß sie weißer und röter aussah, als sie wirklich war, ihre Haltung gestreckt, so daß sie gerader erschien, als die Natur es mit sich brachte, ihre Augen weit geöffnet. Sie trug ein Kleid, durch das ihre Reize auf das sichtbarste durchschimmerten. Sie betrachtete gar oft sich selbst und sah dann umher, ob sie auch ein anderer in Augenschein nehme. Nicht selten schielte sie sogar nach ihrem eigenen Schatten.

Als die beiden Frauen näher an Herakles herangekommen waren, ging die zuerst Beschriebene ruhig in gleichem Schritt weiter. Die andere aber lief, um ihr zuvorzukommen, auf Herakles zu und sagte: »Ich sehe dich unschlüssig, welchen Lebensweg du einschlagen sollst. Wenn du mich zu deiner Freundin machst, werde ich dich auf den angenehmsten und bequemsten Weg leiten, keine Lust soll dir ungekostet bleiben und Beschwerden sollst du nicht kennenlernen. Um Kriege und sonstige Mühsal brauchst du dich nicht zu bekümmern, sondern all deine Sorge wird sein, welche Speise, welches Getränk dir am besten munden wird, was dein Auge und dein Ohr ergötzen kann, deinem Geruch und deinem Gefühl zu schmeicheln vermag, von welchen Jünglingen du den größten Genuß haben, wie du am weichsten schlafen und auf welche Weise du am mühelosesten zu all diesen Freuden gelangen kannst. Und fürchte nicht, ich würde dich nötigen, dir durch Anstrengungen und Mühsal des Leibes und der Seele all dies zu verschaffen, nein, was die anderen erarbeiten, das sollst du genießen, sofern du nur nichts zurückweist, woraus man Gewinn ziehen kann. Denn ich erteile meinen Freunden die Erlaubnis, aus allem Nutzen zu ziehen.«

Als Herakles dies hörte, fragte er: »Wie aber heißt du, Frau?« Sie antwortete: »Meine Freunde nennen mich Glückseligkeit. Die mich hassen, geben mir, um mich zu verunglimpfen, den Namen Lasterhaftigkeit.«

Inzwischen war die andere Frau herangekommen und sagte: »Auch ich komme zu dir, Herakles. Ich kannte schon deine Eltern, habe bei deiner Erziehung auch dein eigenes Wesen kennengelernt und Hoffnung geschöpft, du würdest meinen Weg wählen. Ich will dir aber keine Genüsse vorgaukeln. Vom wirklich Guten und Schönen geben die Götter den Menschen nichts ohne Arbeit und Anstrengung. Willst du, daß dir die Götter gnädig sind, mußt du sie verehren. Wenn du von deinen Freunden geliebt werden willst, mußt du ihnen Gutes tun. Wenn du im Staat geachtet sein willst, mußt du dich nützlich machen, und wenn du von ganz Griechenland wegen deiner Tugend bewundert werden willst, mußt du dich um ganz Griechenland verdient zu machen suchen. Willst du körperlich kräftig sein, mußt du den Körper daran gewöhnen und ihn unter Anstrengung und Schweiß trainieren.«

Hier fiel ihr die Lasterhaftigkeit ins Wort und sagte: »Merkst du, auf einen wie mühevollen und langwierigen Weg zum Wohlbehagen dich diese Frau leitet? Ich hingegen werde dir einen bequemen und kurzen Weg zur Glückseligkeit zeigen!«

Und die Tugend, denn so hieß die andere Frau, sprach: »Du Elende, worin kann das Gute, das du kennst, das Glück, von dem du weißt, bestehen, wenn du nichts dafür tun willst? Wartest du doch nicht einmal das Verlangen nach dem Genuß ab, sondern füllst dich vor dem Bedürfnis mit allem an, ißt, bevor dich hungert, trinkst, ehe du Durst hast. Um mit Appetit zu essen, hast du die Hilfe von Köchen nötig, um mit Lust zu trinken, läßt du kostbare Weine von weit her kommen. Im Sommer läufst du nach Schnee umher, und um gut zu schlafen, hast du nicht an reichen Decken genug, nein, du legst dir auch noch Polster und Schaukelbetten zu. Denn nicht aus Müdigkeit, sondern weil du nicht weißt, was du tun sollst, verlangst du nach Schlaf. Auch den Liebesgenuß erzwingst du, ehe ein Bedürfnis da ist, mit künstlichen Reizmitteln, und gebrauchst Männer so wie Frauen dazu. Deine Freunde würdigst du des Nachts zu Werkzeugen deiner Lüste herab, den besten Teil des Tages aber läßt du sie verschlafen.

Du bist zwar eine Unsterbliche, aber aus dem Kreis der Götter verstoßen, und von den Menschen, wenigstens von den guten, wirst du verachtet. Wer, der bei Verstand ist, kann sich wünschen, zur Schar deiner Anhänger zu gehören, zu Menschen, die in der Jugend schwachen Körpers, im Alter blöden Geistes sind, die sorglos, von Salben glänzend, die Jugend durchstürmen, aber sich kummervoll, von Schmutz starrend, durch das Alter schleppen, voll Scham über das, was sie getan haben, und stöhnend unter dem, was sie tun müssen, weil sie in ihrer Jugend am Schönen rasch vorbeigeeilt sind und für das Alter nur das Unangenehme aufgespart haben.

Mich dagegen ehren die Götter und die Menschen. Meine Freunde haben an Speise und Trank einen angenehmen Genuß, denn sie warten so lange, bis sie Appetit bekommen. Sie schlafen leichter als die Arbeitsscheuen, und sie haben auch keine Probleme, aufzustehen, wenn die Geschäfte es nötig machen. Die jungen Leute freuen sich über das Lob der Älteren, die Älteren fühlen sich durch die Huldigungen der Jugend geehrt. Sie erinnern sich mit Vergnügen ihrer früheren Taten, werden von ihren Freunden geliebt und in ihrem Vaterland geachtet. Wenn dann ihr vorausbestimmtes Ende gekommen sein wird, werden sie nicht sofort vergessen, sie werden vielmehr in Lobliedern verherrlicht und leben in der Erinnerung fort für alle Zeit.«

So etwa schilderte Prodikos die Belehrung des Herakles durch die Tugend, nur daß er seine Gedanken mit noch prächtigeren Worten ausschmückte, als ich es eben getan habe.

Xenophon, Memorabilien 2, 1, 21-34 pass.

Euripides hat an der *Medea* gearbeitet, als Prodikos in Athen war. Er galt in der Antike als Schüler des Prodikos, und die Fabel, in der Herakles selbst und in eigener Verantwortung über seinen weiteren Lebensweg entscheidet, mag dem Dichter den Mut gegeben haben, auch seine Medea ihr Handeln selbst bestimmen zu lassen. Es wird ja von Prodikos postuliert, daß Herakles sich auch anders hätte entscheiden können.

Für die Zuschauer entstand eine ungewohnte Spannung. Bisher kannten sie den Ausgang einer Tragödie immer im voraus. Sie wußten, daß Klytaimestra ihren Gatten am Tag der Heimkehr aus dem Krieg erschlagen, sie wußten, daß Orest den Mord am Vater rächen würde.

Orest tötet seine Mutter nicht aus persönlichen Rachegefühlen, Antigone begräbt ihren Bruder nicht aus schwesterlicher Liebe, beide folgen beinahe zwanghaft einem höheren Gesetz, das wir heute vielleicht Gewissen nennen würden. In Medea dagegen geraten zwei innere Mächte, ein dämonischer Rachetrieb und klares Bewußtsein für Recht und Unrecht, in Widerstreit miteinander. Die Wissende leidet an ihrem Wissen, die Vernunft resigniert, ihr Verlangen nach Rache ist stärker. Medeas unbeugsamen Stolz finden wir auch in älteren Tragödiengestalten, etwa in der Klytaimestra des Aischylos. Die reflektierende Bewußtheit der Medea ist neu. Euripides stellt nicht mehr die ewige Wahrheit des Mythos dar, sondern den Zwiespalt der menschlichen Möglichkeiten. Der Gedanke, daß ein mythischer Held aus freier Entscheidung handeln kann, daß Medea tut, was ihr das »Gewissen« verbieten muß, ist geradezu revolutionär.

Medea

Ich habe oft nachgedacht und mich bemüht,
die Dinge zu erforschen, mehr als eine Frau es darf.
Denn auch Frauen haben Bildung
und streben nach Wissen – nicht alle, aber doch einige.
Frauen sind nicht völlig den Musen fern.
Deshalb sage ich, daß Sterbliche,
die nie Kinder geboren haben
und Elternstolz nicht kennen,
viel glücklicher sein können als die,
die Kinder in die Welt gesetzt haben.
Denn wer einsam lebt und nie erfahren hat,
ob Kinder mehr Freude oder Kummer machen,
hat zugleich mit dieser Entbehrung
auch viel weniger Mühe.
Wer aber zu Hause eine Schar lieblicher Kinder hat,
hat sein Leben lang Kummer und Sorge.
Zuerst, daß er sie zu anständigen Menschen erzieht,
dann, daß er ihnen ein angemessenes Erbe hinterläßt.
Und ob er sich dabei für brave
oder aus der Art geschlagene Kinder abmüht,
das bleibt ihm verborgen.
Hat er genug Geld zum Leben,
wachsen die Kinder blühend und kraftvoll auf
und entwickeln sich zu edlen Menschen.
Doch was nützt das alles, wenn das Schicksal
für die Kinder den Tod bestimmt hat und sie dahinrafft,

wenn zu aller Sorge und aller Not
die Götter den Eltern dieses traurigste Leid auferlegen?!

MEDEA

Meine Freundin, schon lange warte ich hier,
ängstlich und gespannt darauf,
was im Palast geschehen ist.
Ich sehe einen von Jasons Dienern kommen.
Er ist ganz außer Atem.
Sicher wird er uns ein Unheil künden.

BOTE

Was für eine grauenhafte Untat hast du vollbracht,
Medea, flieh, flieh von hier.
Nimm das nächste beste Gefährt,
gleich ob zur See oder zu Land es geht.

MEDEA

Was ist geschehen,
das mich zu so eiliger Flucht zwingen sollte?

BOTE

Soeben ist die Prinzessin gestorben,
auch Kreon, ihr Vater, durch dein Gift hinweggerafft.

MEDEA

Du bringst mir Freudenbotschaft.
Für alle Zukunft will ich dich
als Wohltäter und Freund ansehen.

BOTE

Was sagst du? Bist du bei Sinnen
oder in Raserei verfallen?
Grausam mißhandelt hast du unser Fürstenhaus
und freust dich noch, es schreckt dich nicht?

MEDEA

Ich könnte dir auf deine Worte
mancherlei erwidern, Freund.

Aber bleib doch, erzähl genauer, wie sie starben.
Doppelt wirst du mich erfreuen,
wenn ihre Todesqualen schrecklich waren.

BOTE

Als deine beiden Söhne mit dem Vater ins Zimmer kamen,
waren wir Diener, denen dein Schicksal
zu Herzen gegangen war, alle froh,
und bald ging die Nachricht von Mund zu Mund,
daß du den Streit mit deinem Gatten beigelegt hast.
Der eine küßte die Hände,
ein anderer das blonde Lockenhaar der Kinder,
und vor Freude lief auch ich mit deinen Söhnen
zu den Frauengemächern.
Die Herrin, der wir jetzt statt deiner dienen,
warf, ehe sie die Kinder bemerkte,
Jason liebevolle Blicke zu.
Dann aber wurde sie plötzlich blaß,
hielt sich die Augen zu und drehte ihren Kopf zur Wand,
zeigte so ihre Verstimmung
über die Anwesenheit deiner Kinder.
Dein Gemahl verscheuchte der Prinzessin
Groll und Gereiztheit.
Er sagte: Sei nicht böse auf die Kinder,
hör auf zu zürnen, sieh mich an,
nimm die zu Freunden,
die auch deines Gatten Liebste sind!
Sie bringen dir Geschenke. Bitte deinen Vater,
daß er mir zuliebe die Ausweisung
meiner beiden Kinder aufhebt.
Als sie den Schmuck erblickte, war sie überredet,
sie versprach dem Gatten alles.
Der hatte mit seinen Kindern kaum ihr Zimmer verlassen,

da wurde schon das bunte Kleid
ausgepackt und anprobiert,
das goldene Diadem auf die Locken gesetzt.
Sie überprüfte im Spiegel, wie ihr beides steht,
lächelte ihr seelenloses Bild zufrieden an.
Dann ging sie auf ihren schneeweißen Füßen
im Zimmer auf und ab,
freute sich über den Schmuck
und sah sich immer wieder von oben bis unten an.
Plötzlich verwandelte sich die Szene
in ein schreckliches Schauspiel.
Sie wechselte die Farbe, taumelte,
stürzte beinahe hin, zitterte am ganzen Leib,
gelangte mit Not zu ihrem Sessel.
Eine alte Dienerin, die wohl glaubte,
der Schrecken des Pan oder eines anderen Gottes Wut
habe sie gepackt, verfiel in heiliges Geschrei,
bis sie sah, daß der Prinzessin weißer Schaum
vor dem Mund stand, ihre Augen sich verdrehten,
ihr Körper leichenblaß und kalt wurde.
Eine Dienerin lief zum Zimmer ihres Vaters,
eine andere zu dem des Bräutigams,
das Unglück zu melden.
Das ganze Haus erdröhnte von den Tritten
der hin und her laufenden Dienerschaft.
Es war etwa soviel Zeit vergangen,
wie ein Sprinter braucht,
um einmal durch das Stadion zu laufen,
da fuhr die Arme, die bis dahin mit geschlossenen Augen
regungslos auf dem Sessel gelegen hatte,
plötzlich mit einem wilden Schrei auf.
Denn eine doppelte Pein quälte sie jetzt.

Das goldene Diadem stand in hellen Flammen
und verbrannte ihre Schläfen.
Das andere Geschenk deiner Kinder, das Festgewand,
fraß sich in des unglücklichen Mädchens zartes Fleisch.
Sie sprang vom Sessel auf,
rannte, ganz in Flammen, durchs Zimmer,
warf ihren Kopf und ihre Haare wild hin und her,
versuchte, den Kranz hinwegzuschleudern,
doch das Gold schien an ihr zu kleben
und die Flammen loderten
durch die Bewegung doppelt stark.
Sie stürzte zu Boden, von Schmerzen überwältigt,
unkenntlich allen, die das Schreckliche
nicht von Anfang an mit angesehen hatten.
Man konnte nur noch ahnen,
wo ihre Augen gewesen waren,
ihr ganzes Gesicht war zerstört,
Blut, mit Feuertropfen gemischt,
träufelte ihr von der Stirn,
und vom Körper troff das Fleisch
wie Harz von einer Kiefer,
vom unsichtbaren Biß des Giftes angenagt.
Ein entsetzliches Schauspiel! Keiner wagte es,
sich der Leiche zu nähern,
ihr Schicksal hatte allen klar gezeigt,
was ihn erwartet hätte.
Da stürzte der arme Vater, der das nicht wissen konnte,
in den Saal herein, lief zu seiner Tochter,
jammerte kläglich, umschlang den toten Leib,
bedeckte ihn mit Küssen und rief:
Mein unglückliches Kind, ach, welcher Dämon
hat dich so grausam zugerichtet?

Wer hat dich mir altem Mann,
der schon am Rand des Grabes steht, genommen?
Ach, wehe, dürfte ich doch mit dir sterben, Kind!
Nach diesen Klagen, seinem Weinen,
als er versuchte, seinen greisen Leib wieder aufzurichten,
blieb er, wie Efeu an einem Lorbeerbusch,
am Festkleid kleben.
Ein schreckliches Ringen war es,
denn wenn der Alte aufzustehen versuchte,
hielt ihn die Leiche am Boden,
und wenn er gewaltiger zog,
riß es ihm das Fleisch aus dem Körper.
Er wurde matt und matter,
schließlich tat er seinen letzten Hauch, der Arme,
wurde seines Leidens nicht mehr Herr.
Die beiden Leichen liegen noch nebeneinander,
Vater und Tochter, ein jammervoller Anblick.
Was nun dich angeht, ich weiß nicht,
was ich dir raten soll, du mußt schon selbst sehen,
wie du deiner gerechten Strafe entgehst.
Ich habe heute jedenfalls gelernt,
daß alles Leben auf der Erde nur ein Schatten ist
und daß die, die klug sein wollen,
alles ganz genau erforschen, die größten Toren sind.
Denn niemand auf der Erde gewinnt ein Glück,
das vollkommen ist.
Wer reich ist, mag zwar vor anderen
beglückt erscheinen, aber glücklich nie.

1081-1230

Nikias oder Der Reichtum

Der reiche Nikias war etwa 40 Jahre alt, als die *Medea* aufgeführt wurde. Er war geradezu der lebende Beweis für die Behauptung des Sokrates, daß wahre Glückseligkeit nur der Bedürfnislose erlangen könne. Wegen seiner großen Furcht vor Sykophanten soll Nikias nie Gäste eingeladen haben und ebensowenig zu geselligen Zusammenkünften und Vergnügungen gegangen sein. Fortwährend hatte er Angst, und das sah man ihm auch an. Wenn er durch die Stadt ging, schien er sich vor seinen Verfolgern geradezu zu ducken. Am liebsten schloß er sich in sein Haus ein, und er war für Besucher nicht leicht zu sprechen. Stets sei er von vielen Bittstellern umgeben gewesen, sagt Plutarch, und denen, die ihm Böses tun konnten, habe er ebenfalls gegeben, denn »überaus einträglich war für die Schlechten seine Ängstlichkeit und für die Guten seine Menschenfreundlichkeit«, und das heißt nichts anderes, als daß Nikias dauernd erpreßt wurde und immense Beträge an Verleumder zahlte, um sie zum Schweigen zu bringen. Der reiche Nikias war außerdem kein gesunder Mann, er litt an einer Nierenkrankheit.

Athen war durch den Seehandel eine wohlhabende Stadt geworden. Die Reichen konnten sich fast alles leisten. Der Dichter Hermippos, der Ankläger Aspasias, schilderte in seiner vielleicht 428 aufgeführten Komödie *Die Lastkorbträger*, was alles man in Athen kaufen konnte, weil es der Schiffsgott Dionysos in die Stadt brachte:

Aus Kyrene kommen Rindsleder und Silphionstengel (der aus Silphion gewonnene harzige Milchsaft war eine hochgeschätzte Droge), vom Hellespont Thunfisch und gepökelte Fische; Rinderrippen aus Italien, von dort auch Graupen. Syrakus liefert Schweine und Käse, Ägypten schickt uns Tauwerk und Segel sowie Papyrosrollen für Bücher. Weihrauch beziehen wir aus Syrien, aus Kreta Zypressenholz für die Götterbilder; in Libyen gibt es Elfenbein zu kaufen, aus Rhodos kommen Rosinen und getrocknete Feigen, die angenehme Träume schicken. Euböa liefert Birnen und knackige Äpfel, Phrygien Sklaven in Menge, Arkadien Söldner für den Krieg. Kastanien und Mandeln kommen aus Paphlagonien, aus Phönikien dagegen Datteln und feinstes weißes Mehl, Teppiche und bunte Kissen schließlich aus Karthago.

Hermippos, Fragment 63

Diesen Wohlstand hatte der attische Seebund möglich gemacht. Er sicherte die Transportwege übers Meer und damit den Handel, der wie jede prosperierende Wirtschaft nach Expansion verlangte.

Nikias besaß ein beachtliches Vermögen, weil er Silberbergwerke im Gebiet von Laurion gepachtet hatte. Sie brachten große Erträge, aber die Arbeit in ihnen war nicht ungefährlich, denn beim Silberschmelzen entstanden Blei- und Arsendämpfe, die, in starker Konzentration eingeatmet, sogar tödlich sein können.

Bei Laurion an der Nordküste Attikas wurde seit dem 6. Jahrhundert Silber abgebaut. Die Minen gehörten dem Staat, und der Verkaufserlös wurde anfangs unter Athens Bürger verteilt. Seit 493 wurden die Einkünfte als Staatseinnahmen verbucht und vor allem für militärische Zwecke verwendet. Die attische Kriegsflotte, die zur Zeit des Themistokles aufgebaut wurde und nach den Perserkriegen die Grundlage für Athens wirtschaftliche Macht und das imperialistische attische Seereich war, ist vor allem aus den Einkünften der Silberbergwerke finanziert worden. Silber ermöglichte die Prägung von Münzen und damit den internationalen Handel Athens. Es war eine wichtige Grundlage für den Reichtum und den Luxus, der sich in der Stadt entwickelt hatte.

Da Silber zur Münzprägung nötig war, war es wertbeständiger als Gold. Der Silberpreis sank auch nicht, wenn durch Erhöhung der Förderung mehr von dem Metall auf den Markt kam. In anderen Wirtschaftszweigen gab es durchaus konjunkturelle Schwankungen. Wer genügend Haus- oder Ackergeräte gekauft hatte, kaufte keine neuen hinzu. Beim Silber war das anders. Niemand besaß so viel Silber, daß er nicht gern noch mehr gehabt hätte, und wenn er es nur vergrub. Er freute sich daran nicht weniger, als wenn er es gebraucht hätte. Und die Adern von Laurion schienen unerschöpflich zu sein. Es kam nur darauf an, einen ergiebigen Stollen zu bohren. Wer ihn gefunden hatte, wurde reich. Wer ihn nicht fand, verlor alles, was er investiert hatte.

Die Gruben wurden an Unternehmer verpachtet, die sie durch Sklaven ausbeuten ließen. Nikias soll in den Schächten von Laurion mehr als 1.000 Sklaven beschäftigt haben. Die Bergwerkssklaven von Laurion waren die Ärmsten der Armen im attischen Reich, die Kehrseite des Reichtums und der kulturellen Blüte. Man erkannte sie sofort an ihrer ungesunden Hautfarbe.

Sklave werden konnte man auf verschiedene Weise:

Kriegsgefangene, Bewohner eroberter Städte (wobei es keinen Unterschied machte, ob es »barbarische« oder griechische Städte waren), Schuldner, die sich und ihre Familienmitglieder, um den Gläubiger bezahlen zu können, selbst verkaufen mußten, sie alle wurden Sklaven. Der durchschnittliche Kaufpreis lag bei 150 bis 200 Drachmen. Gelegentlich verkauften sich Menschen sogar selbst in die Sklaverei. Neugeborene konnten von ihren Eltern direkt nach der Geburt ausgesetzt werden. Wurden solche Findelkinder in einen anderen Haushalt aufgenommen, erhielten sie gewöhnlich den Status eines Sklaven. Und die Kinder von Sklaven waren wieder Sklaven.

Äußerlich waren Sklaven von Freien nicht zu unterscheiden. Nur wenn sie versucht hatten zu entlaufen, wurden sie auf der Stirn gebrandmarkt. Auch Staatssklaven trugen ein solches Zeichen. Im samischen Krieg wurde den Kriegsgefangenen eine Eule auf die Stirn gebrannt.

Sklaven arbeiteten als Landarbeiter, als Handwerker im Metall-, Leder- und Töpfergewerbe ihres Herrn, als Bankangestellte, Ärzte, Musiker, als Diener, Erzieher und Ammen. Niedere Tempelämter waren mit Sklaven besetzt, den Polizeidienst übten in Athen skythische Sklaven aus. Sklaven waren von politischen Rechten ausgeschlossen, konnten aber eine Ehe eingehen und in Grenzen Besitz haben. Tötung und Mißhandlung eines Sklaven durch Dritte wurden strafrechtlich verfolgt.

Die Reichen in Athen waren auch, was wir heute Sponsoren nennen. Attische Bürger zahlten keine direkten Steuern. Seit Solons Zeiten wurde aber überdurchschnittlicher Reichtum durch Pflichtleistungen für den Staat abgeschöpft. Alle Feste, die Teil des staatlichen Gottesdienstes waren, wurden von reichen Bürgern finanziert, die Sportwettkämpfe bei den Panathenäen ebenso wie die kostspieligen Theateraufführungen. Die Tragödien verlangten neben den (jeweils drei) Schauspielern und dem Chor eine große Komparserie. War Nikias zum Choregen bestellt, konnte er auf seine zahlreichen Sklaven zurückgreifen und wurde deshalb, zumindest was die Quantität betraf, nie übertroffen. Die von ihm ausgerichteten Feste und Veranstaltungen waren immer besonders glanzvoll.

Nominell war der Sponsor der Sieger beim Tragödienwettkampf. Nikias soll mit seinen Chören immer gesiegt haben, was wahrscheinlich bedeutete, daß er zusätzlich zu den Kosten für die Aufführung auch noch die dicksten Schmiergelder für die Preisrichter auswarf.

Einmal, erzählt Plutarch, sei bei einem Chorgesang ein Sklave des Nikias als Dionysos kostümiert aufgetreten, ein sehr schöner und großer Jüngling, noch ohne Bart. Die Athener waren von seinem Anblick so entzückt, daß der Beifall für ihn nicht enden wollte. Da sei Nikias aufgestanden und habe erklärt, er halte es nicht für angebracht, daß ein Mensch, der dem Gott geweiht wurde, weiterhin Sklave sei, und habe dem Jüngling die Freiheit geschenkt.

Nikias gehörte zu den Parteigängern des Perikles, hielt aber nichts von der religiösen und wissenschaftlichen Aufgeklärtheit, wie sie in dessen Umgebung selbstverständlich war. Er pflegte im Gegenteil einen geradezu ängstlichen Aberglauben. Wie Thukydides sagt, gab er zuviel auf Prophezeiungen und auf die Erforschung des Götterwillens. Er soll täglich geopfert und einen Seher bei sich im Hause gehabt haben, offiziell wegen öffentlicher Angelegenheiten, tatsächlich aber habe er ihn zumeist in persönlichen Fragen, besonders wegen seiner Silberbergwerke, zu Rate gezogen.

Als Nikias nach dem Tod des Perikles in die Politik ging, vermietete er seine Sklaven an einen Thraker, der ihm für jeden täglich 1 Obole (6 Obolen entsprachen 1 Drachme) zahlen mußte. Sklavenvermietung war die antike Form des Rentier-Daseins. Hipponikos, der Vater des Kallias, soll 600 Sklaven vermietet haben, was ihm 1 Mine (100 Drachmen) Gewinn pro Tag einbrachte. Da vermietete Sklaven dem Besitzer keinerlei Kosten verursachten, konnte Sklavenbesitz, wie Xenophon sagt, zu einem nie versiegenden Einkommen werden.

Nikias war gewissenhaft und pflichtbewußt. Er arbeitete von morgens früh bis in den späten Abend. Obwohl er politisch großen Einfluß gewann, wurde er nie populär, blieb zurückhaltend und scheu. Seine Aufrichtigkeit, die er auch als Politiker behielt, hatte fast etwas Naives.

Medea

CHOR
Das Schicksal häufte heute auf Jasons Haupt
zu Recht viel Leid.
Tochter Kreons, armes Mädchen,
wie bedauere ich dein Unglück,
daß du auf solche Art
in das dunkle Haus des Todes gehen mußtest,
weil Jason dich heiraten wollte.

MEDEA
Nun ist es entschieden,
jetzt muß ich meine Kinder töten
und dann aus dieser Stadt verschwinden.
Ich will nicht durch mein Zaudern die Kinder
der Rache einer anderen Hand überliefern,
die sie ermordet, ihr Tod ist jetzt unabwendbar.
Wenn sie schon sterben müssen, will ich selbst sie töten,
die ich sie geboren habe.
Wohlan mein Herz, nur Mut! Was zögerst du,
die schreckliche, die unvermeidliche Tat zu tun?
Meine arme Hand, ergreif den Dolch, ergreif ihn,
die Schicksalswende ist erreicht. Sei nicht feige,
denk nicht daran, wie lieb die Kinder sind,
daß sie dein sind, daß du die Mutter bist.
Vergiß deine Kinder nur diesen einen kurzen Tag –
dann kannst du sie beweinen!
Du mußt sie töten, und du liebst sie doch –
ach ich armselige Frau!
(sie geht ins Haus)

CHOR

Hör mich, Erde,
hört mich, der Sonne leuchtende Strahlen!
Blickt her, seht auf diese verzweifelte Frau,
die die blutige Hand selbstmörderisch
an die eigenen Kinder legen will.
Sie stammen, Sonne, aus deinem goldenen Geschlecht!
Soll Götterblut vergossen werden durch Menschenhand?
Drum Licht des Himmels, lähme ihre blutige Hand,
halt sie zurück, laß die Rachegeister
das wilde Weib fortjagen,
fort von diesem Haus in Höllenangst!
Du gabst ihnen die Muttermilch,
umsonst hast du die blühenden Söhne geboren,
Frau, die übers Meer kam durch das grausame Tor,
durch die Felsenwand, die die Schiffe zermalmt!
Törin, wie konntest du Zorn und Groll
so tief in dein Herz dringen lassen,
daß du mit Mord bezahlen mußt?
Die Tropfen verwandten Bluts, zur Erde geflossen,
drücken schwer auf die Seele,
sie verfolgen den Mörder, schreien laut nach Rache.

DIE KINDER (im Haus)

Ah, weh!

CHOR

Hörst du das Rufen der Kinder, hörst du ihr
Angstgeschrei?
Was Schreckliches tust du, unglückliches Weib?

ERSTER SOHN
(im Haus)

Weh, was soll ich tun?
Wie entwinde ich mich der Hand der Mutter?

ZWEITER SOHN
(im Haus)
Bruder, ich weiß es nicht, wir sind verloren!

CHOR
Soll ich ins Haus eindringen?
Ich muß versuchen, den Kindermord zu verhindern!

BEIDE SÖHNE
(im Haus)
Ach, helft, bei den Göttern, helft uns doch!
Sie geht mit dem Messer auf uns los!

CHOR
Hartherziges Weib, bist du von Stein,
hast du ein Herz aus Stahl,
daß du die Saat deines Blutes,
daß du, die Mutter, sie mit eigener Hand morden kannst?
Nur eine Frau hat in der Vergangenheit,
nur eine, weiß ich, hat mit mordender Hand
sich an ihrem eigenen Blut vergriffen,
Ino, von bösen Geistern besessen,
die Zeus' Gattin Hera ihr geschickt hatte,
sie aus ihrer Heimat in irrer Flucht zu vertreiben.
Sie stürzte sich ins Meer, die elende Frau,
sprang von einem steilen Felsen hinab
und ging zugrunde, zusammen mit ihren beiden Kindern.
Was kann es Schlimmeres geben?
Das Bett der Frauen, das schmerzenreiche,
wieviel Leid hat es schon in die Welt gebracht!

JASON
Frauen, die ihr vor dem Haus steht,
ist drinnen noch, die so Schreckliches getan hat, Medea,
oder ist sie schon entflohen?
Sie muß sich jetzt in der tiefsten Erde verbergen,

oder muß sich aufschwingen
in die höchsten Höhen des Weltalls,
will sie nicht Buße zahlen
für die Morde im Königspalast.
Sie wird nicht ungestraft dies Haus verlassen.
Doch nicht ihr gilt meine Sorge,
sie soll bestrafen, wem sie Böses angetan.
Ich eilte her, um das Leben meiner Kinder zu retten,
daß nicht Verwandte der Ermordeten
an ihnen die grauenhafte Tat der Mutter rächen.

CHOR
Armer, du weißt noch nicht, wie tief dein Elend ist,
sonst hättest du, Jason, nicht so zu mir gesprochen.

JASON
Was ist? Will sie auch mich noch umbringen?

CHOR
Deine Söhne sind tot,
ihre Mutter hat sie mit eigenen Händen erdolcht.

JASON
Das kann nicht wahr sein, Frauen, ihr vernichtet mich.

CHOR
Die Kinder sind nicht mehr am Leben, glaube mir.

JASON
Wo starben sie? Im Haus dort drinnen oder wo?

CHOR
Öffne das Tor,
und du siehst deine Kinder in ihrem Blut.

JASON
Sprengt die Riegel auf,
reißt das Tor aus den Angeln,
schnell, daß ich mein doppeltes Leid sehe.
Die Kinder tot – das soll sie mir büßen!

MEDEA
(erscheint über dem Haus auf einem mit Drachen bespann-
ten Wagen. Die blutigen Leichen der Kinder liegen zu ihren
Füßen.)

Aristophanes oder Die Komödie

Das Dionysostheater in Athen hatte eine bühnentechnische Einrichtung, die unsere Drehbühne vorwegnahm. Das Ekkyklema (*ekkykloún* heißt »im Kreise herumbewegen«) machte es möglich, Innenszenen sichtbar zu machen. Vermutlich wurde ein Wagen aus dem Tor in der Bühnenmitte herausgefahren und gedreht. Da mit dieser Bühnenmaschine vor allem Göttererscheinungen inszeniert wurden – Euripides machte nach der *Medea* regen Gebrauch davon –, kam der Spruch vom Gott aus der Maschine, dem »deus ex machina« auf, der in ausweglos scheinender Situation den dramatischen Knoten löst. Den Vertretern einer ordentlichen Dramaturgie gefiel das natürlich nicht. Aristoteles tadelte denn auch Euripides, den er sonst sehr schätzte: »Die Lösung der Handlung muß sich aus der Handlung selbst ergeben, sie darf nicht, wie in der *Medea*, durch einen Kunstgriff erfolgen.«

Ein junger Mann, der als etwa Fünfzehnjähriger die *Medea* gesehen haben wird, war einerseits von diesem Theatereffekt durchaus beeindruckt, andererseits mochte er ihn aber doch nicht ganz ernst nehmen. Aristophanes, Sohn des Philippos, brachte 427 unter dem Pseudonym Kallistratos seine erste Komödie zur Aufführung, wahrscheinlich war er noch zu jung, um als Dichter auftreten zu dürfen. Zwei Jahre später errang er – diesmal unter seinem wahren Namen – mit den erhaltenen *Acharnern* seinen ersten Sieg im Komödienwettstreit. In den *Acharnern* karikierte Aristophanes die *Medea*-Szene. Er ließ mit dem Ekkyklema Euripides in seiner Dichterklause auf die Bühne rollen, in Lüften schwebend wie Medea.

Die antike Komödie hat sich aus einem ausgelassenen Umzug anläßlich des Dionysosfestes entwickelt, vielleicht entfernt mit unseren Karnevalszügen vergleichbar. Dieser Umzug, der *kómos*, gab der Theaterform ihren Namen. Sie gehörte seit 486 zum offiziellen Kult des Gottes, 442 wurden separate Komödienwettkämpfe Ende Januar eingeführt. Der Vergleich mit unserem Karneval ist auch deshalb nicht ganz falsch, weil in den Komödien Politiker und andere Prominente auf die Schippe genommen wurden. Stadtbekannter Klatsch wurde in kabarettähnlicher Persiflage dargeboten, kurz, die Komödien lebten von aktuellen Anspielungen, die sie naturgemäß für heutige Zuschauer nur mehr begrenzt verständlich machen. Für den Kulturhistoriker sind sie eben deshalb eine unschätzbare Fundgrube, schildern sie doch alltägliche Ereignisse, aktuelle Stimmungen und Tendenzen aus dem öffentlichen und privaten Leben Athens.

Was sich die Komödiendichter bei ihrer Persiflage leisten konnten, würde heute wahrscheinlich ständig die Gerichte beschäftigen. Unterstellungen und Anzüglichkeiten, die bis in die Intimsphäre bekannter Persönlichkeiten reichten, vor Obszönitäten und Verleumdungen nicht haltmachten, waren in der alten Komödie üblich. Im Jahr 440 wurde deshalb ein Gesetz verabschiedet, das die Verspottung einer lebenden Person unter Strafe stellte. Bereits zwei Jahre später wurde es wieder aufgehoben, wahrscheinlich, weil die Komödien dem Publikum nicht mehr gepfeffert genug vorkamen.

Als das Gesetz erlassen wurde, war Kratinos der Meister der Komödie. Daß er Perikles und Aspasia wiederholt in seinen Stücken auf das Unflätigste beschimpft hatte, mag Anlaß für die vorübergehende Zensur gewesen sein. Kratinos war zwischen 445 und 420 tätig, und wenn die antike Überlieferung, er sei 97 Jahre alt geworden, stimmt, müßte er im Jahr der *Medea* schon weit über 80 gewesen sein. Er hatte da schon längere Zeit nichts mehr geschrieben, doch 423 wird er noch einmal ein Stück auf die Bühne bringen, in dem er die Personifizierung der Komödie als seine Ehefrau auftreten läßt. Sie erklärt, sich scheiden lassen zu wollen, klagt ihren Mann, den Dichter, der Grausamkeit an. Seine Freunde versuchen zu vermitteln, bitten sie, keine übereilten Entschlüsse zu fassen, fragen nach dem Grund für ihren Unmut. Sie erklärt, seit Kratinos keine Komödien mehr schreibe, habe er sich ganz und gar dem Trunk ergeben.

Über seinen jungen Kollegen Aristophanes machte Kratinos sich lustig, weil er Euripides verspotte, ihn aber gleichwohl nachahme. Kratinos nennt seinen Stil »euripidaristophanisierend«.

Gelegentlich versuchte ein von der komischen Bühne Angegriffener, gegen den Dichter gerichtlich vorzugehen. Die Folge war meistens, daß er im nächsten Jahr um so derber verspottet wurde. 426 wurde Aristophanes von Kleon verklagt, er verunglimpfe die Demokratie vor Fremden, da zu den Komödienaufführungen auch viele auswärtige Besucher kamen. Im Jahr darauf mußte sich der Politiker in den *Acharnern* von der Bühne anhören:

Im vorigen Jahr hat Kleon mir mitgespielt, meines Lustspiels wegen. Er schleppte mich vor Gericht, seine Zunge überschwemmte mich mit Verleumdungen und Lügen, aber so sehr er dabei auch brüllte, es kam nur eine Flut aus einer Jauchegrube.

Aristophanes, Acharner 375-378

Aristophanes beherrschte in den Jahren nach 431 die komische Bühne in Athen. In den *Rittern* von 424 wird der alte, tatterige Demos, nachdem er Kleon entsagt und ihn vertrieben hat, junggekocht, ein Motiv aus dem Medea-Mythos, vielleicht angeregt von den Stücken des Euripides, die Aristophanes 431 gesehen hat. Die erhaltene *Medea* ist ja nur ein Drama aus einer tragischen Trilogie, und wir wissen nicht, ob in den beiden anderen Stücken, die verlorengegangen sind, ebenfalls Episoden aus den zahlreichen Geschichten um Medea behandelt worden sind.

Aristophanes war durchaus nicht fortschrittlich gesinnt, wir würden ihn heute eher unter die Konservativen einordnen. Der Komödiendichter maß die Gegenwart an einer Vergangenheit, die er in immer neuen Tönen begeistert als ein mustergültiges Ideal hinstellte, ganz und gar nicht zu vergleichen mit den Verkehrtheiten und Tollheiten seiner Tage. Verglichen mit den meisten seiner modernen Nachfolger war Aristophanes geradezu reaktionär, sehnte eine idealisierte »gute alte Zeit« zurück. Sein Ideal sah er in der angeblichen Heldenzeit von Marathon.

Voller Wut verfolgte er den Demos und die Demagogen, wobei er selbst mit demagogischen Mitteln arbeitete: maßlose Verleumdung, bedenkenlose Anklage, frivole Unterstellung. Er entwarf ein Bild der Jugend früherer Tage, ihrer schlichten und unschuldigen Erziehung, ihrer Kraft und Tüchtigkeit, ihrer Bescheidenheit und Schönheit – was nichts anderes war als eine raffinierte Dichterträumerei. Die Wiederherstellung der alten Moral erschien ihm als einzig mögliche Rettung für die Stadt. Und die jungen Leute sollten, Demokratie hin, Demokratie her, ihren Mund halten, sich der Weisheit des Alters fügen.

Alles Neue fand er hassenswert und entdeckte an ihm nur

Humbug und Verlogenheit. Leichtsinnig spottete er über das, was er nicht begriff. Sokrates wurde bei ihm zum sophistischen Schwindler. Er arbeitete mit den Mitteln der Bosheit und Lüge, mit einer Frechheit und Rücksichtslosigkeit, die keine Grenzen kannte. Auch Euripides gehörte zu seinen Lieblingsfeinden. Es gibt kaum eine Komödie des Aristophanes, in der sich nicht mindestens eine Anspielung auf den Tragiker findet. In drei seiner elf überlieferten Komödien taucht Euripides sogar als handelnde Person auf der Bühne auf. Vielleicht ist ein Fragment aus Euripides' Tragödie *Die gefangene Melanippe* eine Replik auf die Angriffe des Aristophanes:

Viele Männer wollen nur lachen und ergehen sich in geistreichen Witzeleien. Ich hasse die albernen Kerle, die aus Mangel an Verstand ein loses Mundwerk führen und nicht zum Kreis der wirklichen Männer gehören.

Euripides, Fragment 492

Wenn wir Aristophanes also auch nicht als einen produktiven und fortschrittlichen Kritiker der politischen und gesellschaftlichen Zustände seiner Zeit ansehen können, in einem wird er unsere Zustimmung finden: Er kämpfte kompromißlos für den Frieden. Den Ausbruch des Peloponnesischen Krieges wenige Wochen nach der Aufführung der *Medea* reduzierte er in seinen *Acharnern* (in Anlehnung an das erste Kapitel von Herodots Geschichtswerk) auf verschiedene Dirnenentführungen und nahm ihm so die schicksalhafte Unausweichlichkeit, die schon Perikles behauptet hatte:

Junge Burschen, die zuviel gebechert, entführten die Simaitha, eine Dirne aus Megara. In brünstigem Knoblauchschmerz entführten drauf die Megarer zwei Huren Aspasias. So brach das Kriegsgewitter los in Griechenland, dreier Dirnen wegen. Perikles, der Olympier, warf im Zorn mit Blitz und Donner Hellas durcheinander.

Aristophanes, Acharner 524-531

Neben Aristophanes war der gleichaltrige Eupolis ein bedeutender Vertreter der attischen Komödie. Die beiden haben offenbar als Siebzehn-, Achtzehnjährige gemeinsam Stücke verfaßt, doch zerstritten sie sich bald und bezichtigten sich gegenseitig des Plagiats.

Eupolis verspottete in seinen Komödien viele Zuschauer der *Medea*, die wir kennengelernt haben, vor allem Perikles und Aspasia. Auch seinen Sottisen über Kallias und dessen Verschwendungssucht sind wir schon begegnet. Wie Aristophanes stellte er die Philosophen als Spinner dar und brachte damit wohl die gängige Volksmeinung zum Ausdruck. Die Mehrheit der Athener fand ihre wissenschaftlichen Spekulationen sicher äußerst albern. Über Sokrates sagt Eupolis:

Sokrates, der Habenichts, der Schwätzer, der über alles mögliche nachdenkt – doch wie er was zu essen kriegt, das hat ihn nie gekümmert.

Eupolis, Fragment 352 (aus Kolakes)

Ein weiterer Komödiendichter saß in der *Medea*, einige Jahre älter als Aristophanes und Eupolis. Pherekrates hatte als Schauspieler angefangen und erst in den dreißiger Jahren sein erstes eigenes Stück auf die Bühne gebracht. In einer

Komödie, die kurz vor 431 aufgeführt worden sein muß, steht der im Altertum oft zitierte (und gehässig abgewandelte) Satz: »Obwohl Alkibiades noch kein Mann ist (er ist um 430 volljährig geworden), war er offenbar schon der Mann von allen Frauen!«

Die Komödien des Pherekrates hatten eine weniger politische als gesellschaftliche Thematik. Er schrieb wohl als erster ein Stück, in dem die Frauen die Regierung übernehmen und die Männer drangsalieren. Lebendig schilderte er das Alltagsleben in Athen, und es ist deshalb besonders bedauerlich, daß nur einzelne Fragmente aus seinen Stücken erhalten sind. In seiner Komödie *Die Grubenarbeiter*, die vielleicht wenige Tage nach der *Medea* aufgeführt wurde, ließ er die Bergwerkssklaven von Laurion einen Schacht bis in den Hades treiben, wo sie ein Schlaraffenland vorfinden. Es gibt dort Flüsse, in denen Suppe fließt, andere mit süßem Brei, in dem Kuchenstücke schwimmen. Gebratene Vögel, mit duftenden Kräutern bestreut, fliegen durch die Luft und bitten darum, daß man sie verzehrt. Wie aus dem Nichts hängen plötzlich Früchte in Reichweite der Hände. Schöne Mädchen schenken Wein aus. Und von allem, was man ißt und trinkt, ist sogleich die doppelte Portion wieder da.

Pherekrates war der phantasiereichste und originellste der attischen Dichter, nicht nur in der Erfindung von Situationen, sondern auch in der Behandlung der Sprache, und das heißt, da Verse ja Musik waren, in der musikalischen Gestaltung. In einer Komödie brachte er die Musik selbst auf die Bühne, die sich beschwerte, von den modernen Dichtern mißhandelt zu werden, wobei sie namentlich Phrynis anklagte. Der Musiker Phrynis aus Mytilene, im gleichen Alter wie Euripides, war ursprünglich Aulosspieler. Er siegte 446 bei den Panathenäen und blieb danach wohl in

Athen. Er galt als der Hauptvertreter einer modernen Musik, alle großen musikalischen Neuerungen seiner Zeit, die vor allem Euripides und Agathon aufgegriffen haben, wurden ihm zugeschrieben.

Phrynis soll einen besonderen Wirbel erfunden haben, der ein schnelleres Umstimmen der Kithara ermöglichte. Deshalb wirft ihm die Musik bei Pherekrates vor, daß er sie krümme und vergewaltige, denn er habe auf sieben Saiten zwölf Harmonien. Ob es in dieser Zeit wirklich schon so etwas wie eine »Zwölftonmusik« gab, die als »modern« verschrieen war?

Medea

MEDEA
Wozu das Rütteln, wozu der Sturm aufs Tor?
Du suchst nach den Leichen, suchst nach der,
die sie mordete, nach mir? Spar dir die Mühe!
Aber wenn du mir noch etwas zu sagen hast, so rede!
Was willst du von mir?
Deine Hand wird mich nie mehr berühren.
Denn diesen Wagen hat mir der Sonnengott geschickt,
mein Ahn, zum Schutz vor meinen Feinden.
JASON
Du Scheusal, sei verflucht, verruchtes Weib,
verhaßt den Göttern und allen Menschen so wie mir.
Die gegen ihre eigenen Kinder den Dolch zücken konnte.
Kinderlos hast du mich gemacht, vernichtet!
Du wagst es, dich nach der verruchtesten Tat
noch der Sonne zu zeigen, die Erde anzublicken?
Verrecken sollst du!
Oh, hätte ich dich damals schon durchschaut,
als ich aus der Wildnis deiner Heimat,
dich von deinem barbarischen Volk
in das schöne Griechenland führte, zum Fluch mir,
Verräterin deines Vaters und deines Vaterlands.
Deine Verbrechen haben die Götter auf mich geladen.
Bevor du in das schöngebaute Schiff,
die Argo, gestiegen bist, hast du
deinen Bruder am Herd deines Vaters totgeschlagen.
So hat es angefangen!
Als meine Frau und Mutter meiner Kinder

hast du die Kleinen aus Eifersucht hingeschlachtet.
Nie hätte eine Griechin so etwas gewagt!
Und ich habe dich den griechischen Frauen vorgezogen.
Ich Narr bin mit dir einen widerwärtigen,
unheilvollen Bund eingegangen.
Du bist eine wilde Löwin und keine Frau,
schlimmer als das gefräßige Meerungeheuer, die Skylla.
Doch auch mit tausend Schmähungen
könnte man dich nicht beleidigen,
so eine Frechheit ist dir angeboren.
Hau ab, du Schandweib, blutige Kindermörderin!
Mir bleibt nur das Wehklagen über mein Unglück.
Ich kann mich nicht
mit einer neuvermählten Frau trösten,
die Kinder, die ich zeugte, die ich aufgezogen habe
leben nicht mehr.
Alles ist dahin!

1317-1350

Timon oder Der Menschenfeind

Einen Zuschauer der *Medea* haben wir noch vergessen, Timon aus Athen, Sohn des Echekratiades, dem Shakespeare eine ganze Tragödie gewidmet hat. Timon ertrug das Athen seiner Zeit nicht mehr, er floh aus der Gesellschaft, wurde zum Prototyp des Misanthropen.

Er mied und verschmähte jeden Umgang mit Menschen, aber er freute sich, Alkibiades zu sehen, als der noch jung und kühn war, und küßte ihn ab, als er ihm einmal begegnete. Und als sich jemand darüber wunderte und nach dem Grund dafür fragte, sagte Timon, er liebe den Jüngling, weil er wisse, daß er viel Unglück über die Athener bringen werde. Man erzählt auch, er sei einmal in einer Volksversammlung auf die Rednertribüne gestiegen, und weil das so ungewöhnlich gewesen sei, habe tiefes Schweigen geherrscht und große Erwartung. Er habe aber nur gesagt: »Ich besitze, wie ihr wißt, ein kleines Grundstück. Auf dem wächst ein Feigenbaum, an dem sich schon viele Bürger erhängt haben. Ich habe nun vor, den Platz zu bebauen, was ich in aller Öffentlichkeit ankündigen möchte, damit, falls einige von euch das Bedürfnis danach haben, sie sich noch aufhängen können, bevor der Feigenbaum gefällt wird.«

Plutarch, Antonius 70 pass.

Die von Plutarch geschilderte Begegnung mit Alkibiades muß um 430 stattgefunden haben, als Timon noch in Athen lebte. Nach Schicksalsschlägen, von denen keine näheren

Einzelheiten überliefert sind, verfluchte er seine Mitbürger und zog sich in die Einsamkeit zurück. Timon baute draußen vor der Stadt neben der Heiligen Straße nach Eleusis aus Brettern einen hochsitzartigen Verschlag, um einsam seinem Schmerz über diese verderbte Welt zu leben (heute ist die Stelle vom Verkehr umbraust).

Das wird etwa 10 Jahre nach der Aufführung der *Medea* gewesen sein. 416 brachte der Komödiendichter Phrynichos einen Einsiedler auf die Bühne, der von sich sagt, er lebe ohne Frau, ohne Freund, voller Zorn fernab von den Menschen, ohne zu lachen, ohne zu reden. »Das Leben Timons führen« wurde in Athen zum geflügelten Wort.

Aristophanes hat Timon als Eigenbrötler und Menschenfeind verspottet. Pherekrates ließ in einer seiner Komödien als Chor lebensüberdrüssige asoziale Misanthropen auftreten, die Timon nachgebildet (und Vegetarier) sind. Auf ihrer Flucht vor der Zivilisation und der Sittenlosigkeit der Welt geraten sie unter Wilde und sehnen sich nach der Schlechtigkeit ihrer ehemaligen Mitbürger zurück.

Timon starb an einer Hüftverrenkung, die in Fäulnis übergegangen war, weil er in seinem Menschenhaß auch keinen Arzt an sich heranließ. Sein Grab an einem Küstenvorsprung auf dem Weg nach Sunion soll vom Meer weggespült worden sein. Noch in seiner Grabinschrift, die er selbst verfaßt hat, verfluchte er seine Mitbürger: »Hier ruhe ich, nachdem ich ein unseliges Leben gelebt habe. Meinen Namen sollt ihr nicht wissen. Fahrt alle zur Hölle.«

Einige Aristophanes-Verse, die Plutarch in seinem Bericht über Timon zitiert, stammen aus der *Lysistrate*:

Hört, ein Märchen will ich euch erzählen:
Es war einmal ein finsterer Mann, er hieß Timon,

war gar wild, unnahbar, bissig,
war stachlig nicht nur im Gesicht,
ein Sprößling der Erinnyen,
und aus purem Haß
beschloß dieser Timon,
in einem Turm zu hausen,
Und den Männern fluchte er, den niederträchtigen.

Aristophanes, Lysistrate 805-814

Der Satiriker Lukian hat im zweiten nachchristlichen Jahrhundert dem Menschenfeind eine Schrift gewidmet. Vielleicht hat er Kallias, der seinen Reichtum an unzählige Schmarotzer verlor, und den historischen Timon zu einer Person vereinigt, wenn er seinen Timon in einem Selbstgespräch klagen läßt:

... wie mir mitgespielt worden ist, mir, der ich so vielen Athenern aufhalf, so manchen armen Tropf zum reichen Manne machte, allen, die meiner Hilfe bedurften, unter die Arme griff, ja, wie ich wohl sagen kann, unermeßliche Reichtümer bloß durch die Leidenschaft, meinen Freunden Gutes zu tun, verschwendete. Seitdem ich durch dies alles arm geworden bin, will mich niemand mehr kennen, und ebendieselben Leute, die ehmals die Augen aus Ehrfurcht vor mir niederschlugen, sich beinahe auf den Bauch vor mich legten und an meinem Winke hingen, würdigen mich jetzt keines Anblicks mehr ...

Lukian, Timon 31

Medea

MEDEA
Deine lange Rede
könnte ich mit vielen Worten erwidern,
aber Zeus, der Himmelsgott, weiß ohnehin genau,
was du von mir bekamst und was du mir getan.
Nachdem du mich verschmäht hast,
sollst du kein angenehmes Leben führen
und mich höhnisch verlachen,
noch lasse ich mich von einer Prinzessin,
oder von dem König, der sie dir zur Frau gab,
so einfach aus dem Lande weisen.
Nenn mich also, wenn du willst,
eine wilde Löwin oder eine Skylla.
Ich habe dich, Verräter, wie du es verdienst,
ins Herz getroffen.

JASON
Doch auch du bist in Trauer, du hast dich selbst gestraft.

MEDEA
Du hast recht. Doch mein Schmerz vergeht,
wo du mich nicht mehr verhöhnen kannst.

JASON
Kinder, welch ein schlechtes Weib war eure Mutter!

MEDEA
Kinder, ihr mußtet sterben
durch die Schandtat eures Vaters!

JASON
Behaupte nicht, daß meine Hand den Mord verübt!

MEDEA
Dein Hochmut, und deine neue Heirat haben es getan!

JASON

War dir mein Bett so wichtig,
daß du sie drum töten mußtest?

MEDEA

Meinst du, was du getan hast,
sei für eine Frau nur geringe Kränkung?

JASON

Ja, wenn sie sittsam ist,
doch du bist ohne jeden Anstand.

MEDEA

Sie leben nicht mehr, du mußt es ertragen.

JASON

Sie leben! Als wilde Rachegeister
werden sie dich verfolgen.

MEDEA

Die Götter wissen,
wer der Schuldige an all dem Unheil ist.

JASON

Sie wissen es! Sie kennen dein abscheuliches Herz.

MEDEA

Hasse mich nur! Jedes deiner Worte ekelt mich.

JASON

Und mich die deinen. Leichter wird uns so die Trennung.

MEDEA

Das denke ich auch. Was willst du noch?
Ich erst recht will dich nicht mehr sehen.

JASON

Laß mir die Leichen, daß ich sie bestatten,
sie betrauern kann.

MEDEA

Das könnte dir so passen! Mit eigener Hand
werde ich sie in geweihtem Boden

auf dem Burgberg im Hain der Hera begraben.
Am heiligen Ort können meine Feinde sie nicht schänden
und ihr Grab aufwühlen.
Das Land hier aber soll für alle Zukunft
mit heiligen Opfern dieses Mords gedenken.
Ich ziehe dann ins Land des Erechtheus,
wo Ägeus, König von Athen, mir Wohnung gibt.
Du wirst ein Ende finden, schlimm, wie du es verdienst.
Ein Stück der Argo wird dich einst erschlagen,
weil du unsere Ehe so schnöde beendet hast.

JASON
Verderben sollen dich die Rachegeister
und die blutige Vergeltung!

MEDEA
Welcher Gott oder Dämon erhört
einen meineidigen Mann und Betrüger?

JASON
Scheusal, Kindermörderin!

MEDEA
Geh zum Palast, bestatte dein Weib!

JASON
Ach, könnte ich auch meine Söhne dort haben.

MEDEA
Warte bis du alt wirst, dann wirst du erst weinen!

JASON
Ach, liebste Söhne!

MEDEA
Lieb der Mutter, nicht dir!

JASON
Und doch schlugst du sie tot.

MEDEA
Um dich zu strafen.

JASON

Wie sehne ich mich danach, sie zu umarmen,
sie zu küssen, ich Unglücklicher.

MEDEA

Jetzt sprichst du von Liebkosungen, von Küssen,
und wolltest sie eben noch verstoßen.

JASON

Laß mich, bei allen Göttern,
wenigstens ihren zarten Leib berühren.

MEDEA

Niemals! All dein Bitten ist vergebens.

JASON

Zeus, sieh, wie sie mich von sich stößt,
wie mich diese abscheuliche,
kindermordende Löwin behandelt.
Doch es bleibt mir nichts mehr,
als laut zu klagen, laut meinen Jammer zu schreien,
die Götter zu beschwören und sie zu Zeugen anzurufen,
daß du die Kinder gemordet hast und jetzt auch noch
mir die Berührung ihrer Leichen wehrst,
und daß ich sie bestatte.
O hätte ich sie nie gezeugt,
ich müßte sie jetzt nicht erschlagen sehen.

CHOR

Zeus im Olymp ist der Herr über alle Dinge.
Vieles vollenden die Götter unverhofft,
und was wir wähnen, erfüllt sich nicht.
Für Unglaubliches findet der Gott einen Weg.
Das hat sich auch hier wieder gezeigt.

1351-1419

Epilog: Das Ende der Tragödie

Medea, die griechische Tragödie, die eine so starke Wirkung auf die Nachwelt hatte, beeindruckte die Zeitgenossen des Euripides nicht sonderlich. Der Dichter belegte im Tragödienwettbewerb den dritten, und das heißt den letzten Platz. Sieger wurde Euphorion, der Sohn des Aischylos, wahrscheinlich mit einer Tetralogie aus dem Nachlaß seines Vaters. Zweiter wurde Sophokles, wir wissen nicht, mit welchen Stücken.

Wegen angeblicher Grenzverletzungen beschlossen die Athener wenige Wochen nach dem Dionysosfest einen Wirtschaftsboykott für Waren aus dem benachbarten Megara, der in allen Staaten des attischen Seebundes gelten sollte. Dieses *pséphisma* war Auslöser für den seit langem erwarteten Krieg. Als das Korn in Reife stand, fiel ein spartanisches Heer in Attika ein. Die Soldaten verwüsteten das Land, brannten Häuser, Ställe und Ölbäume nieder. Perikles glaubte, den Krieg mit der Flotte gewinnen zu können. Er machte gar nicht erst den Versuch, das Land zu verteidigen. Athen und der Hafen Piräus wurden durch die langen Mauern zur Festung.

Sie brachten ihre Frauen und Kinder und den ganzen Hausrat aus ihren Landhäusern in die Stadt, sogar das, was an den Häusern aus Holz war. Das Zucht- und Lastvieh evakuierten sie nach Euböa und auf die umliegenden Inseln. Da die meisten gewohnt waren, ständig auf dem Lande zu leben, fiel ihnen diese Umsiedlung sehr schwer.

Nur wenige konnten eine ordentliche Wohnung finden oder bei Freunden oder Verwandten unterkommen. Die meisten bauten sich Verschläge auf leeren Plätzen der Stadt oder nahmen ihren Aufenthalt in den Tempeln der Götter und Heroen, die insgesamt dazu freigegeben wurden, ausgenommen allein die Burg, die abgeschlossen werden konnte. Manche machten sich eine Wohnung in den Türmen der Stadtmauer zurecht. Später bauten sie auch Behausungen auf der langen Mauer, die zu dem Zweck unter die Flüchtlinge aufgeteilt wurde.

Thukydides 2, 14.17

Den Kampf gegen die Perser hatten die Athener als heroische Tat empfinden können. Damals spürten sie den Schrecken des Krieges nur einen Sommer lang. Der Ruhm des Sieges überstrahlte den Schmerz um die Toten. Im nun beginnenden fast dreißigjährigen Kampf mit Sparta zeigte der Krieg sein wahres Gesicht. An den Gräbern der Toten des ersten Kriegsjahres konnte Perikles vielleicht noch zu Recht behaupten, »von denen, die bleiben, ist keiner, der nicht für die Stadt würde leiden wollen« – schon ein Jahr später wären die Worte wohl Lüge gewesen.

Im zweiten Kriegsjahr breitete sich in Athen, das durch die Flüchtlinge aus Attika total übervölkert war, eine tödliche Epidemie aus. Die Stimmung schlug um. Jetzt wurde Perikles wirklich selbst angeklagt und entging nur knapp der Verurteilung zum Tode. Es gelang ihm noch einmal, die Volksversammlung auf seine Politik einzuschwören.

Auch der stolze Staatsmann blieb jedoch von den Auswirkungen des Krieges nicht verschont. Seine beiden Söhne Paralos und Xanthippos starben an der Seuche und er hatte nur noch seinen Sohn von Aspasia, Perikles den Jüngeren, der nach dem Gesetz, das sein Vater einst durchgesetzt hatte, als Bastard galt. Da nur zum Strategen gewählt werden konnte, wer Kinder aus einer gesetzlichen Ehe hatte, bewilligte die Volksversammlung dessen Einbürgerung. 429 wurde auch Perikles ein Opfer der Seuche.

Aspasia heiratete nach seinem Tod den Schafzüchter Lysikles, einen Freund des Perikles, der 428 im Krieg fiel. Ihr weiteres Schicksal ist unbekannt. Sie hat wohl bis zu ihrem Tod in Attika gelebt.

Kurz nach Ausbruch des Krieges starb auch Herodot. Wir wissen nicht, wann und wo.

Kleon wurde nach dem Ableben des Perikles zum einflußreichsten Politiker in Athen. Er konzentrierte all seine Kraft darauf, den Krieg gegen Sparta bis aufs äußerste auszufechten und jeden vorzeitigen und halben Frieden zu verhindern. Seine Brutalität war beispiellos. Nach dem Abfall von Mytilene setzte er in der Volksversammlung durch, daß alle erwachsenen Männer der abtrünnigen Stadt hingerichtet, die Frauen und Kinder als Sklaven verkauft werden sollten. Der Beschluß wurde zwar am Tag darauf widerrufen, aber selbst nach dem revidierten sollten immer noch 1000 Männer hingerichtet werden.

Als 425 eine spartanische Eliteeinheit auf der Insel Sphakteria in der Bucht von Pylos von den Athenern umzingelt wurde, vereitelte Kleon einen Waffenstillstand, den Sparta anbot, um die Soldaten freizubekommen. Er erklärte großspurig in der Volksversammlung, ein Könner werde die Insel in 20 Tagen einnehmen und die Spartaner gefangennehmen. Der reiche Nikias, der in diesem Jahr Stratege war, nagelte ihn fest, trat ihm sein Kommando ab und setzte durch, daß Kleon mit der Eroberung Sphakterias betraut wurde. Der wehrte sich im Bewußtsein seiner militärischen

Unerfahrenheit, sah sich aber, da die erregte Menge auf seine Vorschläge begeistert einging, mit seinen eigenen Waffen geschlagen. Wider alles Erwarten erreichte er tatsächlich innerhalb von 20 Tagen die Kapitulation der Spartaner. Sie wurden in Fesseln nach Athen gebracht. Drei Jahre später fiel Kleon im Kampf in Nordgriechenland und Nikias konnte endlich Frieden schließen.

424 wurde dem Historiker Thukydides ein militärisches Kommando übertragen. Seine Truppe mußte eine Niederlage hinnehmen, und Thukydides wurde aus Athen verbannt. Das gab ihm, wie er selbst sagt, »die Gelegenheit, die Dinge hüben und drüben anzusehen, infolge meiner Verbannung gerade auch auf peloponnesischer Seite, und mir um so genauer ein unbefangenes Urteil über die Ereignisse zu bilden«. So entstand das neben Herodots Historien bedeutendste Geschichtswerk der klassischen Antike.

Kallias, der eine Schwester des Alkibiades geheiratet hatte, erklärte öffentlich in der Volksversammlung, er vermache sein ganzes Vermögen dem Staat, falls er kinderlos sterben sollte. Er fürchtete, Alkibiades, der weit über seine Verhältnisse lebte, könnte Mörder auf ihn ansetzen, um ihn zu beerben. Nach dem Tod seiner ersten Frau heiratete Kallias erneut. Nach weniger als einem Jahr nahm er seine Schwiegermutter, die Witwe war, in sein Haus auf und machte sie zu seiner Geliebten. Seine Frau unternahm daraufhin einen Selbstmordversuch. Nach ihrer Genesung verließ sie ihren Mann. Kallias verstieß bald danach seine Schwiegermutter, obwohl sie von ihm schwanger war. Als sie einen Sohn gebar, verleugnete er ihn. Später erkannte er seinen Sohn an und nahm auch dessen Mutter wieder bei sich auf. Kallias lebte bis 371.

Neben Kleon hatte Hyperbolos kurz nach der Aufführung der *Medea* die politische Bühne Athens betreten. Er war durch die Herstellung von Lampen vermögend geworden. Seine politischen Gegner überzog er mit Prozessen und war ein engagierter Vertreter der Kriegspolitik. Er schlug ein Flottenunternehmen gegen Karthago vor und strebte ein attisches Weltreich an.

Durch die Popularität des Alkibiades wurde Hyperbolos etwas in den Hintergrund gedrängt und beantragte deshalb 417 einen Ostrakismos in der sicheren Erwartung, daß entweder Alkibiades oder Nikias in die Verbannung gehen müßten. Träfe der Scherbenbann Alkibiades, wäre er seinen charismatischen innerparteilichen Gegner los. Würde es Nikias sein, wäre der wichtigste Verfechter eines Friedensschlusses ausgeschaltet. Doch die beiden durchschauten das Kalkül des Hyperbolos. Sie wiesen ihre Anhänger an, dessen Namen auf die Tonscherben zu schreiben, und so wurde Hyperbolos selbst in die Verbannung geschickt. Es war der letzte Ostrakismos in Athen, wenn das Verfahren auch nicht förmlich abgeschafft wurde.

Noch der politisch ausgeschaltete Hyperbolos wurde von der Komödie verspottet. Die Verbannung sei zuviel Ehre für ihn. Für Lumpenpack habe man das Scherbengericht nicht erfunden. 411 wurde er in seinem samischen Exil ermordet.

416, im selben Jahr, in dem Alkibiades beim Gastmahl des Agathon von seiner Leidenschaft für Sokrates erzählte, errang er in Olympia einen glanzvollen Sieg im Wagenrennen. Die Popularität, die er dadurch gewann, nutzte er dazu, die Volksversammlung zu einem Angriffskrieg gegen Sizilien zu überreden. Er träumte davon, für Athen und für sich die Weltherrschaft zu erobern.

Der Astronom Meton täuschte Wahnsinn vor, um an dieser »Sizilischen Expedition« nicht teilnehmen zu müssen (nach Plutarch, der die Geschichte etwas anders erzählt als Aelian, wollte er damit seinen Sohn vom Kriegsdienst freibekommen). Um seine Krankheit glaubhaft zu machen, steckte Meton sein eigenes Wohnhaus, das neben der Stoa Poikile stand, in Brand.

Kaum war die Flotte ausgelaufen, wurde Alkibiades von seinen politischen Gegnern wegen Gotteslästerung angeklagt, vom Volksgericht für abgesetzt erklärt und nach Athen zurückbeordert. Dem Prozeß entzog er sich durch Fahnenflucht. Die Nachricht, daß er in Abwesenheit zum Tode verurteilt worden sei, quittierte er mit den Worten: »Ich werde den Athenern beweisen, daß ich lebe!«, begab sich zu den Spartanern und hetzte sie zur Wiederaufnahme der Kriegshandlungen auf.

Nikias mußte als zweiter Feldherr neben Alkibiades die von diesem angezettelte Sizilische Expedition allein weiterführen. Er geriet mit allen Soldaten, die nicht im Kampf gefallen waren, in Kriegsgefangenschaft. In seinem Aberglauben hatte er sich durch eine Mondfinsternis daran hindern lassen, rechtzeitig zu fliehen. Auch scheute er sich, nach Athen zurückzukehren, weil er mehr Angst vor den Athenern, ihren Gerichten und ihren Verleumdern hatte, als vor den syrakusanischen Feinden. Es ist nicht sicher überliefert, ob er hingerichtet oder zum Selbstmord gezwungen wurde. Tausende von athenischen Soldaten verschwanden als Zwangsarbeiter in den Steinbrüchen von Syrakus.

Die meisten kamen in den Steinbrüchen um, durch Krankheiten und schlechte Ernährung, denn sie erhielten täglich gerade einen halben Liter Gerste und einen Viertelliter Wasser. Viele wurden auch in die Sklaverei verkauft. Ihnen wurde ein Brandmal in Form eines Pferdes auf die Stirn gebrannt, und mancher litt unter dieser Erniedrigung zusätzlich.

Einige überlebten auch um des Euripides willen. Denn die Sizilianer schätzten, wie es scheint, mehr als alle anderen Griechen seine Dichtungen. Sie kannten viele Verse auswendig, die ihnen Reisende dann und wann mitgebracht hatten, und sagten sie sich gegenseitig mit großer Freude auf. Jedenfalls sollen viele von denen, die heil nach Athen zurückkehrten, den Euripides herzlich und dankbar begrüßt und erzählt haben, daß man sie aus der Sklaverei freigelassen habe, weil sie Verse des Euripides aus dem Gedächtnis vortragen konnten. Andere hatten, als sie nach der letzten Schlacht umherirrten, Speise und Trank erhalten, weil sie aus seinen Chorliedern vorgesungen hatten.

Plutarch, Nikias 29

20 Jahre nach der Aufführung der *Medea* gelang einigen athenischen Aristokraten ein Putsch gegen die Demokratie. Sie errichteten eine blutige Tyrannei. Nach dem Scheitern ihres Regimes war Antiphon Hauptangeklagter im Prozeß gegen die niedergeschlagene Diktatur. Er wurde mit vielen anderen des Hochverrats beschuldigt. Obwohl er, wie Thukydides berichtet, eine brillante Verteidigungsrede hielt, wurde Antiphon 411 zum Tode verurteilt und hingerichtet.

Zu dieser Zeit starb auch der Komödiendichter Eupolis, der Alkibiades nach seinem Olympischen Sieg auf dem Theater lächerlich gemacht hatte. Daß der ihn deshalb bei der Fahrt nach Sizilien im Meer habe ertränken lassen, ist eine in der Antike gelegentlich kolportierte Legende.

Im selben Jahr folgte der Dichter Euripides einer Einladung des makedonischen Königs Archelaos an seinen Hof nach Pella. Wohl um dieselbe Zeit gingen auch Agathon und sein Freund Pausanias nach Makedonien.

Athen war nur noch ein Schatten seiner selbst. Im Mai 408 bereiteten die Athener Alkibiades eine triumphale Heimkehr, sieben Jahre, nachdem sie den Abwesenden wegen Hochverrat und Götterfrevel zum Tode verurteilt hatten. Auf dem Schiff, mit dem er nach Athen zurückkehrte, soll ein in Delphi siegreicher Aulósspieler den Ruderern mit seiner Musik den Takt angegeben und der berühmte tragische Schauspieler Kallipides, der sein Publikum zu Tränen zu rühren verstand (und der sehr eitel war) in kostbaren Theatergewändern vor der Mannschaft rezitiert haben. Das Schiff hatte ein purpurnes Segel aufgezogen, als sei seine Fahrt die Heimkehr von einem Trinkgelage. Tatsächlich hat sich Alkibiades bei seiner Rückkehr nach Athen durchaus nicht sicher und sorglos gefühlt, denn als sein Schiff im Piräus festgemacht hatte, traute er sich anfangs nicht, von Bord zu gehen. Erst als er in der Menge, die ihn erwartete, Freunde und Verwandte sah, unter ihnen seinen Vetter Euryptolemos, auf dessen Hochzeitsfeier auch Perikles zu Gast gewesen war, wagte er sich an Land.

Die Menge, die ihm entgegenlief, hatte gar kein Auge für die anderen Feldherrn. Alles eilte nur in seine Nähe. Man schrie, man umarmte, man begleitete ihn. Man trat hinzu, um ihm Kränze aufzusetzen. Wer nicht heranzukommen vermochte, gaffte aus der Ferne, und die Alten zeigten ihn den Jungen. Doch floß auch manche Träne in der Freude der Stadt. Man erinnerte sich bei dem Glück der Gegenwart an die früheren Unglücksfälle und stellte sich vor, daß ohne Zweifel die damaligen Hoffnungen in Erfüllung gegangen wären, wenn man Alkibiades an der Spitze belassen hätte.

Plutarch, Alkibiades 32

So vertrauten die Athener Alkibiades in verzweifelter Hoffnung die zerschundene, dahinsiechende Stadt noch einmal an. Nur er konnte sie noch retten, sie wieder aufrichten. Die goldenen und silbernen Weihegeschenke aus der Schatzkammer der Athene wurden eingeschmolzen, um neue Schiffe bauen zu können. Auch diese letzte Verzweiflungstat konnte den endgültigen Untergang nur hinausschieben. Bei den Arginusen errang die attische Flotte im 25. Kriegsjahr ihren letzten Sieg. Die Spartaner verloren 9 ihrer 10 Schiffe, die mit ihnen Verbündeten weitere 60. Von den Schiffen der Athener sanken 25. Die übrigen 47 sollten im Meer nach den Schiffbrüchigen suchen. Doch ein stürmisches Unwetter machte das unmöglich.

Die attischen Bürger, die zu Hause in der Sicherheit der starken Mauern geblieben waren, hatten nichts Eiligeres zu tun, als ihre siegreichen Feldherren in einem Schnellverfahren zum Tode zu verurteilen, weil sie des Sturmes wegen die Leichen der Gefallenen nicht hatten bergen können. Euryptolemos, der Neffe des Perikles, verlangte vergebens, nach dem Gesetz vorzugehen und jedem einzelnen Angeklagten genügend Zeit zu seiner Verteidigung zu geben. Außer ihm widersetzte sich nur Sokrates, der in diesem Jahr Mitglied des Rates war, dem offensichtlichen Justizmord.

Nur ein Vierteljahrhundert nach der ersten Aufführung der *Medea* des Euripides hatte sich die griechische Welt von

Grund auf gewandelt. Zwei Jahre bevor Athen sich endgültig seinen Feinden, die seine Brüder waren, beugen mußte, im Frühling des Jahres 406, kam aus Pella, der Residenz des Makedonenkönigs Archelaos, ein Bote nach Athen, der die Nachricht vom Tod des fünfundsiebzigjährigen Euripides brachte.

Es war am Vorabend des Dionysosfestes, an dem im Odeon des Perikles in einer Feierstunde die Chöre und Schauspieler der zum Wettstreit ausgesuchten Tragödien dem Publikum vorgestellt wurden. Im Gedenken an den toten Tragödiendichter ließ Sophokles, der die Feierstunde leitete, die Schauspieler ohne Kranz auftreten, er selbst, mit 90 Jahren an der Schwelle des Todes stehend, trug Trauerkleider. Den Zuschauern kamen bei diesem Anblick die Tränen.

Erst der tote Dichter wurde in seiner Heimatstadt als »Klassiker« geehrt, im Ausland hatte er zu Lebzeiten weit mehr Begeisterung und Anerkennung gefunden als in Athen. Euripides, dem so selten ein Sieg beim Fest des Dionysos vergönnt war, wurde ein Kenotaph, ein Gedenkstein über einem leeren Grab, errichtet. Im Herbst desselben Jahres mußten die Athener auch Sophokles zu Grabe tragen.

Die tragische Bühne war verwaist, das spürten schon die Zeitgenossen. Im Jahr nach dem Tod der beiden großen Dichter ließ Aristophanes in seiner Komödie *Die Frösche* den Theatergott Dionysos in die Unterwelt steigen, um einen der drei großen Tragiker – Aischylos, Sophokles oder Euripides – wieder ans Licht zu holen.

Das Spiel des Komödiendichters blieb ein unerfüllbarer Wunschtraum. Die große Zeit des griechischen Theaters war vorüber. Mit Athen starb auch die Tragödie.

Alkibiades wurde sein eigener Ruhm zum Verderben. Die Athener waren überzeugt, er könne alles erreichen, wenn er nur wolle. Als die Wunder, die sie bestimmt von ihm erwarteten, nicht geschahen, ließen sie ihn schnell wieder fallen und trieben ihn erneut aus der Stadt. Er emigrierte nach Persien.

In seinem jeweiligen Exil hatte sich Alkibiades immer als sehr anpassungsfähig erwiesen. In Theben war er der Sportlichste, in Sparta der Bescheidenste, in Thrakien der größte Trinker gewesen. In Persien übertraf er die Vornehmsten an Luxus. 404 wurde er in Phrygien ermordet. Im selben Jahr mußte Athen bei den Spartanern und ihren Verbündeten Frieden um jeden Preis erbitten.

Nach Ankunft der athenischen Unterhändler in Sparta wurde eine Versammlung gehalten, in der hauptsächlich die Korinther und Thebaner, aber auch sonst viele Griechen dafür stimmten, mit Athen keinen Frieden zu schließen, sondern es zu zerstören. Allein die Spartaner weigerten sich, eine griechische Stadt in Knechtschaft geraten zu lassen, die in den größten Gefahren, in denen Hellas geschwebt, sich so große Verdienste erworben habe. Sie wollten vielmehr unter folgenden Bedingungen Frieden schließen: Die Athener sollten die langen Mauern und die Befestigungen des Piräus niederreißen, ihre Schiffe bis auf zwölf ausliefern, die Verbannten zurückberufen, Spartas Freunde und Feinde auch als die ihren ansehen und zu Land und zur See Heerfolge leisten, wohin immer man sie aufbieten würde. Diese Bedingungen brachten die Gesandten nach Athen zurück.

Als sie die Stadt betraten, umringte sie eine große Volksmenge in der Besorgnis, sie möchten nichts ausgerichtet haben, denn die Zahl der vor Hunger Sterbenden gestattete keinen Aufschub mehr. Am folgenden Tag erläuterten die Gesandten in einer Volksversammlung die Friedensbedingungen und ihr Anführer Theramenes erklärte, man müsse sich den Spartanern beugen und die Mauern niederreißen. Einige sprachen dagegen, die große Mehrheit aber dafür, und so wurde beschlossen, den Frieden anzunehmen. Sofort lief Lysander in den Piräus ein, die Verbannten kehrten zurück, die Mauern wurden bereitwillig unter Aulósspiel niedergerissen und viele glaubten, daß dies der erste Tag der Freiheit Griechenlands sei.

Xenophon, Hellenika 2, 2

Um die Demütigung vollständig zu machen, zogen die Spartaner am Jahrestag der Seeschlacht von Salamis in das besiegte Athen ein. Der spartanische Oberbefehlshaber Lysander setzte Kallibios als Militärgouverneur ein, 30 Athener wurden zu Beamten ernannt. Dazu seien, wie Plutarch meint, die Frechsten und Ehrgeizigsten unter den Aristokraten ausgesucht worden, um ihnen die Stadt auszuliefern. Sie mußten die schmutzigen Geschäfte der Besatzungsmacht verrichten und wollten das offenbar auch. Der Militärgouverneur Kallibios versuchte, sich mit dem Stock Respekt zu verschaffen, und als er ihn eines Tages gegen den Athleten Autolykos erhob, zu dessen Sieg im Pankration Kallias das von Xenophon beschriebene Gelage veranstaltet hatte (Autolykos, dessen Schönheit damals alle bezaubert hatte, war inzwischen 30 Jahre alt), faßte der den Gouverneur bei den Beinen und warf ihn mit einem geübten Ringergriff zu Boden. Wenig später ließen die Dreißig den Autolykos dem Kallibios zuliebe hinrichten.

Thukydides starb wahrscheinlich 400 im Alter von

60 Jahren, ohne sein Geschichtswerk vollendet zu haben. Ein Jahr später mußte Sokrates den Giftbecher trinken, weil er nicht bereit war, vor Gericht unter Tränen an die Großmut der Richter zu appellieren, wie Perikles es für Aspasia getan hatte, auch nicht wie Anaxagoras der Verurteilung durch Flucht entgehen wollte.

An seinem Hinrichtungstag war unter den Besuchern, die von ihrem Meister Abschied nahmen, auch Antisthenes, der bald darauf im Gymnasion Kynosarges eine eigene Schule eröffnete, aus der die Philosophie der Kyniker hervorging.

In seinem letzten Stück *Ödipus auf Kolonos*, das erst 401, nach dem Tod des Dichters, aufgeführt wurde, läßt Sophokles den Chor ein Preislied auf Athen singen. Die erste Strophe ist eine Paraphrase auf das Lied, das Euripides ein Vierteljahrhundert zuvor, als Athen noch unzerstört war, für seine *Medea* gedichtet hatte:

Unter himmlischem Tau gedeiht
Tag für Tag der Narzisse Blütensegen.
Seit je kränzt er jeden Morgen
das Doppelhaupt der Erdgöttinnen,
dazu Krokus, der golden glänzt.
Rastlos schlängeln sich Quellen,
vereint zu des Kephissos Flut,
er tränkt mit befruchtendem Naß die Flur.
Sein lauteres Wasser wird der Erde zu Milch.
Das Land wählen Musen zum Reigen,
Aphrodite regiert es mit goldenem Zügel.

Eines kenn' ich nur hier,
Asien besitzt nichts dergleichen,

auch nicht der weite Bereich des dorischen Landes.
Nirgendwo auf der Erde ist je
ein solches Gewächs
unbändig aus sich selbst entsprossen.
Selbst dem Feind jagt es Furcht ein.
So gewaltig wächst es nur bei uns,
licht und schattig zugleich:
der Ölbaum.
Nie wird ein Feind ihn zerstören,
Jung und Alt achten ihn heilig.
Zeus behütet ihn,
ewigwachend blickt er auf ihn,
lichten Auges beschützt ihn Athene.

Noch ein Lob habe ich für Athen.
Der Gott der Meere hat es der Stadt geschenkt.
Dem gewaltigen Poseidon verdankt sie
das starke Roß und die Größe zur See,
den Reichtum, den Stolz des Landes.
Hier zuerst hat er dem Hengst
den leitenden Zügel geschaffen.
Und schön,
unbeschreiblich schön,
fliegen die Ruder jagend vorbei.
Von Menschenhand regiert
tanzen die Schiffe auf den Wellen
mit den Meermädchen, den Nereiden.

Sophokles, Ödipus auf Kolonos 686-722

Die Realität sah anders aus: die Ölbäume im weiten attischen Land waren im Krieg abgehauen und verbrannt worden, die stolze Flotte an die Feinde ausgeliefert, die Jugend

Athens ritt nicht mehr unbeschwert mit im Winde flattern-
den Haaren durch die Stadt und über das Land.

Die antiken Historiographen lassen im selben Jahr, in
dem Sophokles und Euripides starben, den jungen Platon,
drei Jahre nach der Aufführung der *Medea* geboren, unter
dem Eindruck der Persönlichkeit seines Lehrers Sokrates
seine gesamte dramatische Dichtung verbrennen, damit er
sich fortan allein der Kunst der Weisheitssuche widme, die
das neue Jahrhundert prägen wird.

Anhang

Antike Quellen

Die im Text zitierten Stellen folgen den Übersetzungen von Moritz Schmidt (Aristoteles, *Poetik*), Christoph Martin Wieland (Lukian), Franz Susemihl (Platon, *Protagoras*, *Parmenides*, *Symposion*), Eduard Eyth (Plutarch, *Alkibiades*), Johann David Heilman (Thukydides), Julius Rieckher (Xenophon, *Hellenika*), Adolf Zeising (Xenophon, *Memorabilien*, *Oikonomikos*, *Symposion*). Die übrigen Texte wurden neu übersetzt.

Im folgenden sind weitere Quellen zu den einzelnen Kapiteln angegeben.

PROLOG
Aelian, *Varia historia* 3, 8
Aischylos, *Choephoren* 310; Fragment 273
Herodot 6, 21
Platon, *Symposion* 176a
Plutarch, *Solon* 29; *Themistokles* 5
Xenophon, *Symposion* 38

MEGAKLES
Aristophanes, *Wolken* 14-16, 69-70
Platon, *Menon* 94c

ASPASIA
Aristoteles, *Politik* 1267b-1268a (Hippodamos)
Eupolis, Fragment 114 (aus *Demoi*)
Kratinos, Fragment 241 (aus *Cheirones*)
Plutarch, *Perikles* 24, 32, 37
Xenophon, *Memorabilien* 2, 6, 13; 3, 11, 4-5

DAS VOLK
Aristoteles, *Athenaion politeia* 3, 6
Platon der Komiker, Fragment 212/13
Plutarch, *Aristides* 7; *Nikias* 11; *Solon* 5, 18
Thukydides 2, 38-41
Xenophon, *Memorabilien* 2, 9, 1-8

DAMON

Aristophanes, *Wespen* 220
Aristoteles, *Poetik* 6; *Politik* 1337b; *Über den Himmel* 290b
Platon, *Gesetze* 653c, 669b-d, 700a; *Staat* 398a, 400b, 424c, 530e
Plutarch, *Perikles* 4, 13
Thukydides 5, 69

PERIKLES

Platon, *Alkibiades* 104b
Plutarch, *Moralia* 800; *Perikles* pass.

XANTHIPPE

Euripides, Fragmente 401, 804

ANAXAGORAS

Aelian, *Varia historia* 3, 2; 8, 13.19; 10, 7
Anaxagoras, Fragmente pass.
Aristophanes, *Vögel* 992 ff
Aristoteles, *Metaphysik* 984b
Diodor, *Bibliothek* 1, 38, 4
Diogenes Laertius 2, 8
Euripides, Fragment 480 (aus *Die weise Melanippe*)
Platon, *Hippias major* 283a; *Phaidon* 97b-98c
Plutarch, *Perikles*, 4-6, 8, 16, 32; *Lysander* 22; *Agesilaos* 3; *Nikias* 23

EURIPIDES

Aristophanes, Fragment 580
Hesiod, *Erga* 156/57
Platon, *Gesetze*, 669d-670a

PARMENIDES

Aristoteles, *Metaphysik* 985a, 986b; *Physik* 239b
Platon, *Parmenides* pass.

PROTAGORAS/HIPPIAS

Platon, *Hippias maior* 282e, 285d-e, 291a; *Hippias minor* 363d-e, 368b-d; *Protagoras* pass.; *Staat* 600d; *Theaitetos* 151e-152b

Plutarch, *Perikles* 36
Protagoras, Fragment 4

SOKRATES
Aelian, *Varia historia* 2, 13; 4, 11; 9, 7; 9, 35
Antiphon, Fragmente 44 b, 54
Cicero, *Tusculanae disputationes* 5, 10
Platon, *Apologie* 18 b-c; *Menexenos* 235 e – 236 a
Telekleides, Fragment 39, 40

ALKIBIADES
Aelian, *Varia historia* 3, 28
Platon, *Alkibiades* 106 e
Plutarch, *Alkibiades* 1, 2, 8, 9, 42 (Vergleichung 3)

AGATHON
Aelian, *Varia historia* 2, 21; 14, 13
Aristophanes, *Thesmophoriazusae* 150/51
Aristoteles, *Poetik* 9, 18
Platon, *Symposion* pass.
Thukydides, 6, 54-59

HERODOT/THUKYDIDES
Herodot 1, 1-2; 2, 55-57; 7, 102. 152
Plutarch, *Themistokles* 24

SOPHOKLES
Aristoteles, *Poetik* 25
Sophokles, *Antigone* 332/33; *Oidipus Tyrannos* 22-30; *Trachinierin-nen* 1278

PHIDIAS
Aelian, *Varia historia* 4, 12; 9, 11
Aristophanes, *Der Frieden* 617-621
Hesiod, *Theogonie* 888-926
Pindar, 3. Pythische Ode 80-84
Plinius, *Naturalis historia* 7, 205
Plutarch, *Kimon* 4; *Perikles* 11-14, 31, 32

KALLIAS
Ameipsias, Fragment 23
Eupolis, Fragment 163 (aus *Kolakes*), 215
Kratinos, Fragment 203 (aus *Pytine*)
Xenophon, *Symposion* pass.; *Memorabilien* 3, 8, 4-10

KLEON
Thukydides 3, 36f
Plutarch, *Perikles* 33, 35
Aristophanes, *Acharner*, 375-378; *Ritter* pass.; *Wespen* pass., *Wolken*
586-592
Platon com. Fragment 187

PRODIKOS
Platon, *Axiochos* 366b; *Kratylos* 384b

NIKIAS
Plutarch, *Nikias* 3-5, 11, 34 (Vergleichung 1)
Thukydides 8, 50
Xenophon, *Über die Staatseinkünfte* 4

ARISTOPHANES
Aristophanes, *Acharner* 399, 501
Aristoteles, *Poetik* 15
Kratinos, Fragment 307
Pherekrates, Fragment 108 (aus *Metalles*), 145 (aus *Cheiron*), 155

TIMON
Phrynichos, Fragment 18 (aus *Monotropos*)
Platon, *Protagoras* 327d

EPILOG
Aelian, *Varia historia* 2, 30; 6, 10; 13, 4. 12. 24.38
Andokides 1, 124-130
Cornelios Nepos, *Alcibiades*
Plutarch, *Alkibiades* 35; *Lysander* 13, 15; *Nikias* 22, 29

Sophokles, *Oidipus Tyrannos* 22-30
Thukydides 2, 13-19.61; 5, 26; 8, 68
Xenophon, *Hellenika* 1, 6, 35; *Memorabilien* 1, 1, 18

Ausgewählte Literatur

Hermann Bengtson, Griechische Staatsmänner des 5. und 4. Jahrhunderts v. Chr., München 1983

Hans Bogner, Der tragische Gegensatz, Heidelberg 1947

Ernst Buschor, Der Parthenonfries, München 1961

Hermann Diels / Walter Kranz, Die Fragmente der Vorsokratiker 2, Berlin 1956

John Maxwell Edmonds, The Fragments of Attic Comedy I, Leiden 1957

Thrasybulos Georgiades, Musik und Rhythmus bei den Griechen, Hamburg 1958

Olof Gigon / Lailia Zimmermann, Platon – Begriffslexikon (Platon, Sämtliche Werke, Band VIII), Zürich 1974

Theodor Gomperz, Griechische Denker, 1893/1909 (Frankfurt/M. 1999)

Ernesto Grassi, Die Theorie des Schönen in der Antike, Köln 1962

Ernesto Grassi, Kunst und Mythos, Hamburg 1957

Richard Klein, Die innenpolitische Gegnerschaft gegen Perikles (in: Perikles und seine Zeit, hrsg. v. Gerhard Wirth, Darmstadt 1979, S. 494-533)

Hermann Koller, Musik und Dichtung im alten Griechenland, Bern 1963

Hermann Koller, Die Parodie, in: Glotta 35 (1956) S. 17-32

Otto Lendle, Philochoros über den Prozeß des Phidias, Hermes 83 (1955) S. 284-303

Christian Meier, Die politische Kunst der griechischen Tragödie, München 1988

Christian Meier, Athen, Berlin 1993

Eduard Meyer, Geschichte des Altertums IV, 1 (Das Perserreich und die Griechen, Bis zum Vorabend des Peloponnesischen Krieges), Halle 1900 (Stuttgart 1944)

Peter Musiolek / Wolfgang Schindler, Klassisches Athen, Leipzig 1980

Hubert Ortkemper, Szenische Techniken des Euripides, Diss. Berlin 1969

Robert von Ranke-Graves, Griechische Mythologie, deutsch von Hugo
    Seinfeld, Hamburg 1960
Christoph Schrempf, Sokrates – Seine Persönlichkeit und sein Glaube,
    Stuttgart 1927
Charlotte Schubert, Perikles, Darmstadt 1994 (Erträge der Forschung
    285)
Wolfgang Schuller, Frauen in der griechischen Geschichte, Konstanz
    1985
Albrecht Stauffer, Zwölf Gestalten der Glanzzeit Athens, München
    1896
Edward Tripp, Reclams Lexikon der antiken Mythologie, deutsch von
    Rainer Rauthe, Stuttgart 1974
Walther Vetter, Mythos – Melos – Musica (I: Musik des klassischen
    Altertums), Leipzig 1957

Register

Historische Personen

Aelian (Claudius Aelianus) aus Praeneste, ca. 170-235 n. Chr., veröffentlichte eine Anekdotensammlung *Poikile historia (Varia historia)*, 101, 147, 184 f., 308

Agathon, Sohn des Tisamenos, geb. um 447 in Athen, Tragödiendichter, 6 Titel sind bekannt, 32 Fragmente erhalten, erste Aufführung 416 (Sieg), verläßt Athen um 408, um an den Hof des Archelaos nach Pella zu gehen, dort um 400 gest., 157 f., 170 f., 182 ff., 232, 293, 307, 310

Agorakritos, geb. in Paros vor 450, Bildhauer, Schüler des Phidias in Athen, 226

Aischylos, Sohn des Euphorion, geb. 525 in Eleusis, Tragödiendichter, erste Beteiligung am Tragiker-Wettkampf wahrscheinlich 499, erster Sieg 484, dem zwölf weitere folgen, 73 Titel sind bekannt, 7 Tragödien überliefert, darunter mit der *Orestie* die einzig vollständig erhaltene tragische Trilogie, reist um 470 auf Einladung des Tyrannen Hieron nach Syrakus, 468 unterliegt er in Athen dem zum ersten Mal auftretenden Sophokles, erneute Reise nach Sizilien 458, gest. 456 in Gela/Sizilien, 18, 21, 52, 120 ff., 124, 229, 262, 268, 303, 312

Alkamenes, geb. in Athen oder Lemnos vor 450, Bildhauer, Schüler und Rivale des Phidias in Athen, gest. nach 403, 226

Alkibiades, Sohn des Kleinias, geb. um 450, Politiker und Feldherr, wächst nach dem Tod seines Vaters im Haus seines Onkels und Vormunds Perikles auf, um 430 Schüler und Freund des Sokrates, nach Olympiasieg im Wagenrennen 416 überredet er die athenische Volksversammlung zum Eroberungskrieg gegen Sizilien, in Abwesenheit angeklagt, entzieht er sich der Verurteilung durch Flucht zum Gegner Sparta, 408 triumphale Rückkehr nach Athen, flieht nach der Kapitulation Athens 404 nach Persien, wird im selben Jahr in Melissa in Phrygien ermordet, 140, 157 ff., 167 ff., 182, 199, 213, 229, 249 f., 292, 296, 306 ff., 313

Anacharsis, Skythe aus fürstlichem Geschlecht, halbmythische Gestalt,

328

reist nach Griechenland, um die hellenische Kultur kennenzulernen, wird nach seiner Rückkehr umgebracht, weil er die Verehrung der Göttermutter bei den Skythen einführen will, 53

Anaxagoras, Sohn des Hegesibulos, geb. nach 500 in Klazomenai/ Kleinasien, Philosoph, lebt längere Zeit in Athen, wo er, mit Perikles befreundet, Euripides stark beeinflußt; um 430 wegen Gottlosigkeit angeklagt, entzieht er sich einer Verurteilung durch Flucht nach Lampsakos, wo er 428 stirbt, 101 ff., 130, 132, 144, 147, 233 f., 239, 315

Antiphon, Sohn des Sophilos, geb. um 480 in Rhamnus, Anwalt und Lehrer der Rhetorik, in der Antike sind 60 Reden bekannt, erhalten sind 3 Gerichtsreden und mehrere Fragmente, wird 411 in einem Hochverratsprozeß trotz glänzender Verteidigungsrede verurteilt und hingerichtet, 142 ff., 158, 309

Antisthenes, Sohn des Antisthenes und einer thrakischen Sklavin, geb. um 455 in Athen, Philosoph, steht in Beziehung zu Hippias und Prodikos und wird später ein begeisterter Schüler des Sokrates, nach dessen Hinrichtung 399, bei der er anwesend ist, eröffnet er eine Philosophenschule, die zum Ausgangspunkt der Kyniker wird, gest. 360 in Athen, 93 f., 146, 249 f., 315

Archelaos, illegitimer Sohn des Königs Perdikkas II. von Makedonien, ermordet nach dem Tod seines Vaters 413 seine Verwandten und regiert in Pella, zieht viele griechische Künstler an seinen Hof, unter ihnen Euripides, Agathon, Zeuxis (während Sokrates eine Einladung ablehnt), stirbt 399 bei einer Verschwörung 184, 310, 312

Ariphron, Sohn des Xanthippos, Bruder des Perikles, zeitweilig Erzieher des Kleinias, 159

Aristogeiton aus Athen, ermordet 514 Hipparchos, den Sohn des Peisistratos aus Eifersucht, wird verhaftet und hingerichtet, 182 f.

Aristophanes, Sohn des Philippos, geb. um 445 in Athen, Komödiendichter, erstes Stück 427, erster Sieg 425 mit den erhaltenen *Acharnern*; die Alexandrinische Bibliothek besitzt von ihm 44 Stücke, erhalten sind 11, gest. nach 388 in Athen, 15 f., 20, 34, 97, 124, 138, 171, 184, 186, 235, 241, 286 ff., 297 f., 312

Aristoteles, Sohn des Nikomachos, geb. 384 in Stageira/Chalkidike, Philosoph, 367-348 Schüler Platons in Athen, verläßt Athen nach Platons Tod, wird 343 Erzieher des makedonischen Kronprinzen

Alexander (später »der Große«), 335 Gründung einer eigenen Philosophenschule in Athen, gest. 332 in Chalkis/Euböa, 43, 53, 66, 70ff., 103 f., 132, 184 f., 198, 214, 286

Artaxerxes I., Sohn des Xerxes, gelangt 465 durch eine Palastrevolution zur Herrschaft, gest. 425, 81

Aspasia, geb. in Milet, kommt kurz nach 450 nach Athen, wo sie die zweite Frau des Perikles wird, dem sie zw. 445 und 440 einen Sohn (Perikles d. J.) gebiert, wird 432 vom Komödiendichter Hermippos wegen Gottlosigkeit und Kuppelei angeklagt und freigesprochen, heiratet nach dem Tod des Perikles 429 den Schafzüchter Lysikles, der 428 stirbt; gest. in Athen nach 428, 41, 43 ff., 93, 95, 142, 214, 233 f., 275, 287, 291, 304 f., 315

Autolykos, Sohn des Lykon, geb. um 435 in Athen, siegt als Knabe 422 bei den Panathenäen im Pankration, wird 404 hingerichtet, 248 ff., 253 ff., 314

Axiochos aus Milet, Vater der Aspasia, 41

Cicero, M. Tullius aus Arpinum, 106-43, römischer Stilist und Politiker, 138

Damon, Sohn des Damonides, geb. in Athen, Schüler des Musikers Agathokles (der ein Schüler des Pythagoras war), Musiklehrer und Sophist, zum Kreis des Prodikos gehörend, Musiklehrer des Perikles und dessen politischer Ratgeber, wird zw. 450 und 440 durch das Scherbengericht aus Athen verbannt; zu seinen Schülern soll auch Sokrates gehört haben, 65 ff., 70, 74, 78

Demetrios aus Alopeke, attischer Erzgießer, tätig zwischen 425 und 400, 232

Diodor(os) Siculus aus Agyrion (Sizilien), schreibt zur Zeit Caesars eine Universalgeschichte (*Bibliothek*), 108 f.

Diogenes aus Apollonia (Kreta), Sohn des Apollothemis, ca. 460-380, jüngster Vertreter der jon. Naturphilosophie, um 430 in Athen tätig, 105 f.

Diogenes aus Sinope, Sohn des Hilesias, geb. vor 400, kommt als junger Mann nach Athen, hört dort den Antisthenes, stirbt um 325 in Korinth, 146

Diopeithes, Orakelausleger und Gegner der Aufklärung in Athen, klagt um 430 Anaxagoras wegen Gottlosigkeit an, lebt um 400 in Sparta, 110

Hadrian (Publius Aelius Hadrianus), geb. 24. Jan. 76 n. Chr., Adoptiv-
sohn Trajans, röm. Kaiser 117-138, 14

Harmodios aus Athen, Liebling des Aristogeiton, kommt 514 beim
Anschlag auf Hipparchos ums Leben, 182 f.

Hermippos, geb. in Athen, Komödiendichter, erster Sieg 436,
40 Stücke, von denen 11 Titel überliefert sind, klagt Aspasia wegen
Gottlosigkeit an, 47 f., 275

Herodot(os), Sohn des Lyxes, geb. vor 480 (484) in Halikarnassos,
macht nach 455 eine Forschungsreise nach Ägypten, Phönikien, Mesopotamien und ins Skythenland (Ukraine), kommt vor 445 nach
Athen, wo er um 431 sein Geschichtswerk veröffentlicht, wohl kurz
nach 431 gest., 16 f., 195 ff., 203 f., 290, 305 f.

Hesiod(os) aus Askra in Böotien, epischer Dichter, tätig um 700,
123

Hipparchos, Sohn des Peisistratos, Bruder des Hippias, mit dem er 528
nach dem Tod des Vaters die Herrschaft in Athen übernimmt, wird
514 von Aristogeiton ermordet, 182 f.

Hipparete, Schwester des Kallias, Gemahlin des Alkibiades, 229

Hippias, Sohn des Peisistratos, älterer Bruder das Hipparchos, überlebt das Attentat gegen seinen Bruder, muß 510 Athen verlassen und
geht nach Persien ins Exil, gest. kurz nach 490, 182

Hippias, geb. in Elis, Sophist und Mathematiker, um 430 in Athen, sein
umfangreiches Werk (darunter die erste Liste der Olympiasieger) ist
verloren, 153 ff., 182, 248, 262

Hippodamos, Sohn des Euryphon, geb. in Milet, Architekt und Städte-
bauer, entwirft nach der Zerstörung in den Perserkriegen den Plan
zum Neubau von Athens Hafen Piräus (um 450), die athenische Kolonie Thurioi in Unteritalien (444) und angeblich auch die Stadt
Rhodos (408), 41 ff., 195, 204, 218

Hipponikos, Sohn des Kallias, einer der reichsten Männer Athens, Vater des Kallias und der Hipparete, gest. kurz vor 422, 151, 156, 158,
170, 247, 280

Homer(os), halblegendärer epischer Dichter des 8. Jahrh. aus Kleinasien, Verfasser der *Ilias* und *Odyssee*, 14

Hyperbolos, attischer Demagoge, politisch tätig von 425 bis 418, 411
im samischen Exil ermordet, 306 f.

Kallias, Sohn des Lysimachos, Dichter der alten Komödie, tätig zwischen 446 und 431, 73

Kallias, Sohn des Hipponikos, geb. um 450 in Athen, seine Mutter ist in zweiter Ehe vorübergehend mit Perikles verheiratet, seine Schwester Hipparete mit Alkibiades; Nähe zum Kreis um Sokrates, in hohem Alter bekleidet er politische Ämter, stirbt nach 371, 151 f., 155 ff., 170, 178, 182, 229, 247 ff., 262, 264, 280, 291, 298, 306, 314

Kallibios, spartanischer Militärgouverneur in Athen 404, 314

Kallipides, tragischer Schauspieler, tätig zwischen 419 und 400, 310

Kephisophon, Gehilfe des Euripides, 124

Kimon aus Athen, Sohn des Miltiades und einer thrakischen Prinzessin, ca. 510-450, Staatsmann und Feldherr, Stiefbruder der Elpinike, 229

Kleinias, Sohn des Kleinias, geb. um 447, Bruder des Alkibiades, wird nach dem Tod des Vaters von seinem Vormund Perikles erzogen, 159

Kleinias, Sohn des Axiochos, Vetter des Alkibiades, Geliebter des Kritobulos, 250 f.

Kleon, athen. Politiker, Führer der radikalen Opposition gegen Perikles, gest. 422, 238 ff., 288 ff., 305 f.

Kratinos, Dichter der alten attischen Komödie, erster Sieg 453, gest. wohl kurz nach 423, 45, 287 f.

Kritias, Sohn des Kallaischros, geb. 460 in Athen, Schüler des Sokrates, Vetter der Mutter Platons, als Politiker extremer Demokratenfeind, findet in den politischen Wirren nach der Kapitulation Athens 404 den Tod, 157 f., 178 f.

Kritoboulos, Sohn des Kriton, geb. in Athen, Liebhaber des Kleinias, 249 ff.

Kriton aus Athen, Freund und Schüler des Sokrates, versucht 399, seinen zum Tode verurteilten Lehrer aus dem Gefängnis zu befreien, was Sokrates ablehnt, 55

Lamprokles, Sohn des Sokrates, geb. in Athen, 94 ff.

Lukian aus Samosata, ca. 120-180 n. Chr., spätantiker Satiriker, 196, 298

Lykon, Vater des Autolykos, einer der Ankläger des Sokrates, 249 f., 253 ff.

Lysander (Lysandros), spartanischer Admiral am Ende des Peloponnesischen Krieges, fährt 404 siegreich in den Piräus ein, fällt 395 im Krieg gegen Theben, 314

Lysikles aus Athen, Viehhändler, Führer der Kriegspartei in Athen, heiratet nach dem Tod seines Freundes Perikles Aspasia, fällt 428 in Karien, 305

Megakles aus Athen, Olympiasieger im Wagenrennen 436, 33 f.

Menon, Gehilfe und Ankläger des Phidias, 233 f.

Meton, Astronom und Mathematiker aus Athen, beobachtet am 28. Juni 432 die Sommersonnenwende, täuscht 416 Wahnsinn vor, um sich oder seinen Sohn vor Teilnahme an der sizilischen Expedition des Alkibiades zu bewahren, 106, 307 f.

Mnesikles, Architekt in Athen, Erbauer der Propyläen der Akropolis (437-431), 227

Myron, geb. in Eleutherai, Bildhauer und Erzgießer, wirkt zwischen 450 und 430 in Athen, 70, 225 f.

Nikias, Sohn des Nikeratos, geb. vor 469 in Athen, besitzt Silbergruben in Laurion, Anhänger des Perikles, setzt dessen Politik fort, wird 413 in Syrakus hingerichtet, 275 ff., 305 ff.

Paralos, Sohn des Perikles (aus erster Ehe), geb. um 455 in Athen, gest. 429 an der Seuche, 34, 41, 156 f., 304

Parmenides aus Elea, geb. um 510, Philosoph, Begründer des erkenntnistheoretischen Dualismus, besucht 445 mit seinem Schüler Zenon Athen, 127 ff., 151

Parrhasios (Parrasios), Sohn des Euenor, geb. in Ephesos, Maler, arbeitet von 440 bis 390 in Athen, von seinen Werken ist nichts erhalten, 229 ff.

Pausanias aus Kerameis in Attika, Liebhaber des Agathon, 157 f., 171, 182 ff., 186, 310

Pauson, attischer Maler der 2. Hälfte des 5. Jh., 232

Peisistratos, Sohn des Hippokrates, geb. um 600, wird 560 durch einen Putsch Tyrann von Athen; gest. 528, 13 f., 182

Perikles, Sohn des Xanthippos, geb. um 490 in Athen, seit 461 der führende Politiker Athens, wandelt den delisch-attischen Seebund zum athenischen Großreich, betreibt den Krieg mit Sparta und seinen Verbündeten, der 431 ausbricht (»Peloponnesischer Krieg«), stirbt 429 an der Seuche, 34, 39 ff., 43 ff., 56 ff., 65, 72, 77 ff., 93, 97, 107 f., 110 f., 122, 142, 151, 156 ff., 167 ff., 171, 178, 200, 211 ff., 219 ff., 225, 227 f., 232 ff., 238 ff., 247, 279 f., 287, 290 f., 303 ff., 311 f., 315

Perikles d. J., Sohn des Perikles und der Aspasia, geb. um 445 in Athen, erhält 429 das attische Bürgerrecht, als Stratege der Seeschlacht bei den Arginusen wird er 406 hingerichtet, 43 f., 304 f.

Phainarete, in zweiter Ehe Gattin des Sophroniskos und Mutter des Sokrates, von Beruf Hebamme, 141

Phidias (Pheidias), Sohn des Charmides, geboren in Athen um 480, tätig 460 bis 430, Bildhauer, Maler, Architekt, Schöpfer der Kultstatue des Zeus in Olympia, die zu den Sieben Weltwundern gezählt wird, um 431 wegen angeblicher Veruntreuung von Gold für die Kultstatue der Athene Parthenos angeklagt und wahrscheinlich im Gefängnis gestorben; nachweisbare Originale von seiner Hand sind nicht erhalten, 222, 225 f., 233 ff.

Pherekrates, Dichter der alten attischen Komödie, tätig zw. 433 und 415, 291 ff., 297

Phrynichos, geb. in Athen, Tragödiendichter, erster Sieg um 510, seine Tragödie *Die Eroberung von Milet* (um 492) wird verboten; stirbt in Sizilien vor 467, 15 f., 185, 297

Phrynis aus Mytilene, Musiker der zweiten Hälfte des 5. Jh., siegt 446 bei den Panathenäen, 292 f.

Pindar(os), geb. um 520 bei Theben, bedeutendster Lyriker seiner Zeit, gest. nach 475, 69

Platon, Sohn des Ariston, geb. 428 in Athen, seit 403 Schüler des Sokrates bis zu dessen Hinrichtung 399, danach Reise nach Unteritalien und Sizilien, um 388 Gründung einer Philosophenschule in Athen (»Akademie«), 366 und 361 vorübergehend politischer Berater des syrakusanischen Tyrannen Dionysios II., seine »sokratischen« Schriften bilden Situationen aus dem Leben des Sokrates nach; gest. 349 in Athen, 19, 31, 61, 67, 73 f., 103, 129 ff., 139 ff., 151 ff., 158, 185 f., 263, 317

Plinius, C. Plinius Secundus, 23-79 n. Chr., röm. Beamter und Schriftsteller, erhalten ist seine enzyklopädische Naturgeschichte, 229

Zenon, Sohn des Teleutagoras, geb. um 495 in Elea, Philosoph, Schüler des Parmenides; gest. nach 445, 127 ff.

Zeuxis, geb. in Herakleia, Maler, tätig zw. 435 und 390, 231 f.

Mythologische Gestalten

Achill(eus), Sohn der Thetis, 128 f.

Admet(os), König von Pherai in Thessalien, Gemahl der Alkestis, 118

Agamemnon, König von Mykene, Sohn des Atreus, Bruder des Menelaos, Gemahl der Klytaimestra, Vater des Orest und der Elektra, 120 ff., 268

Ägeus, König von Athen, Sohn des Pandion, Vater des Theseus, 189 ff., 203, 207, 301

Aietes, König von Kolchis, Sohn des Sonnengottes Helios, Bruder der Kirke, Vater der Medea und des Apsyrtos, 24 ff.

Aison, ältester Sohn des Kretheus, König von Jolkos, von seinem Halbbruder Pelias des Throns beraubt, 24

Aithra, Tochter des Pittheus, König von Troizen, Mutter des Theseus, 195

Akastos, König von Jolkos, Sohn des Pelias, 26

Alkestis, Tochter des Pelias, König von Jolkos, Gemahlin des Admetos, König von Pherai, 118 f.

Antigone, Tochter des Ödipus, König von Theben, 211 ff., 262, 268

Aphrodite, Göttin der Liebe, Tochter des Zeus und der Dione, Gemahlin des Hephaistos, 25, 216, 253, 315

Apollon, Gott der Jugend, des Lichts, der Musik und der Weissagung, Sohn des Zeus und der Leto, Zwillingsbruder der Artemis, Liebhaber des Hyakinthos, 11, 80, 119, 125, 189, 196, 225, 232, 248

Ares, Gott des Krieges, Sohn des Zeus und der Hera, 24 f., 53, 183

Argos, Baumeister der Argo, 25

Ariadne, Tochter des Minos, Schwester der Phädra, verrät Theseus das Geheimnis des Labyrinths, wird von diesem auf Naxos (Dia) zurückgelassen und von Dionysos geheiratet, 254 f.

Artemis, Göttin der Geburt und der wilden Tiere, Tochter des Zeus und der Leto, Zwillingsschwester des Apollon, 227

Apsyrtos, Sohn des Aietes, König von Kolchis, Bruder der Medea, 26

Athamas, König von Orchomenos, Sohn des Aiolos, König von Thessalien, Vater des Phrixos und der Helle, 24

Athene, Göttin der Künste und des Handwerks, Stadtgöttin von Athen, Tochter des Zeus und der Metis, 14, 31, 48, 69 ff., 80, 122 f., 169, 208, 218, 222, 226 f., 233 f., 252, 311, 316

Cheiron, Kentaur, Sohn des Kronos und der Philyra, Erzieher des Jason, 24

Chrysippos, Sohn des Pelops und der Nymphe Axioche, Geliebter des Laios, 184

Deianeira, Tochter des Oineus, König von Kalchedon, Gemahlin des Herakles, 45

Demeter, Göttin des Getreides und der Fruchtbarkeit, Tochter des Kronos und der Rhea, Schwester des Zeus, 12, 263

Dionysos, Gott des Weins, der Vegetation und des Theaters, Sohn des Zeus und der Semele, 11 ff., 19 f., 31, 45, 55, 65, 70, 72, 127, 254 f., 263, 275, 287, 312

Erechtheus, König von Athen, 301

Eros, Gott der Liebe, zusammen mit der Erde aus dem Chaos geboren, 132, 216, 255

Europa, Tochter des Agenor, König von Tyros, Geliebte des Zeus, 197

Euryale, unsterbliche Gorgone, Schwester der Medusa, 69

Hekate, Göttin der Unterwelt, 25, 116

Helios, Gott der Sonne, Sohn des Titanen Hyperion, Vater des Aietes, König von Kolchis, 24, 117, 193, 245, 294

Helle, Tochter des Athamas, König von Orchomenos, Schwester des Phrixos, 24

Hephaistos, Sohn des Zeus und der Hera, Gott des Feuers, 263

Hera, Göttin der Ehe, Königin des Himmels, Tochter des Kronos und der Rhea, Schwester und Gemahlin des Zeus, 24 f., 45, 283, 301

Herakles, Sohn des Zeus und der Alkmene, 45, 106 f., 264 ff.

Hermes, Herold der Götter, Gott der Kaufleute und der Diebe, Sohn des Zeus und der Nymphe Maia, 235

Das Geschichtswerk des Herodot von Halikarnassos.
Übersetzt von Theodor Braun. it 2743 und Leinen im Schuber. 848 Seiten

Hippokrates. Der Eid des Arztes. Von der heiligen Krankheit. Griechisch und deutsch. Neu übersetzt und herausgegeben von Kurt Steinmann. it 1882. 100 Seiten

Homer. Ilias. Wolfgang Schadewaldts neue Übertragung. Mit 12 Bildtafeln. Leinen und it 153. 432 Seiten

Homer. Ilias. Odyssee. In der Übertragung von Johann Heinrich Voß. it 1204. 851 Seiten

Hyperion oder der Eremit in Griechenland. Von Johann Christian Friedrich Hölderlin. Herausgegeben und mit einem Nachwort versehen von Jochen Schmidt. it 365. 229 Seiten

Longus. Daphnis und Chloë. Ein antiker Liebesroman. Übersetzt und mit einem Nachwort von Arno Mauersberger. Mit Illustrationen der ›Edition du Régent‹. it 136. 132 Seiten. it 2627. 133 Seiten

Marc Aurel. Selbstbetrachtungen. Übersetzt von Otto Kiefer. Mit einem Vorwort von Klaus Sallmann. it 1374. 202 Seiten

Karl Philipp Moritz. Götterlehre. Herausgegeben von Horst Günther. Mit zahlreichen Abbildungen. it 2507. 341 Seiten

Ovid
- Liebeskunst. Nach der Übersetzung von W. Hertzberg. Bearbeitet von Franz Burger-München. Mit Abbildungen nach etruskischen Wandmalereien. it 164. 112 Seiten

- Lieder der Trauer. Die Triestien des Publius Ovidius Naso.
  Übersetzt und herausgegeben von Volker Ebersbach.
  it 1987. 220 Seiten
- Metamorphosen. In der Übertragung von Johann Heinrich
  Voß. Mit den Radierungen von Pablo Picasso und einem
  Nachwort von Bernhard Kytzler. it 1237. 377 Seiten
- Ovid für Verliebte. Ausgewählt, übersetzt und mit einem
  Nachwort von Karl-Wilhelm Weeber. it 2269. 119 Seiten

Platon. Sämtliche Werke in zehn Bänden. Griechisch und
deutsch. Nach der Übersetzung von Friedrich Schleierma-
cher, ergänzt durch Übersetzungen von Franz Susemihl und
anderen. Herausgegeben von Karlheinz Hülser
(it 1401–1410 in Kassette). 5475 Seiten
- Band 1: Ion. Protagoras. Apologie. Kriton. Laches. Lysis.
  Charmides. it 1401. 486 Seiten
- Band 2: Gorgias. Euthyphron. it 1402. 459 Seiten
- Band 3: Menon. Kratylos. Euthydemos. Hippias major.
  it 1403. 444 Seiten
- Band 4: Hippias minor. Symposion. Phaidon.
  it 1404. 347 Seiten
- Band 5: Politeia. it 1405. 788 Seiten
- Band 6: Phaidros. Theaitetos. it 1406. 367 Seiten
- Band 7: Parmenides. Sophistes. Politikos. it 1407. 464 Seiten
- Band 8: Philebos. Timaios. Kritias. it 1408. 475 Seiten
- Band 9: Nomoi. it 1409. 1032 Seiten
- Band 10: Alkibiades II. Hipparchos. Amatores. Theages.
  Kleitophon. Minos. Epinomis. Briefe. Definitionen.
  Appendix Platonica. it 1410. 613 Seiten

Platon für Gestreßte. Ausgewählt von Michael Schroeder.
it 2189. 110 Seiten. it 2671. 128 Seiten

Platons Mythen. Ausgewählt und eingeleitet von Bernhard Kytzler. it 1978. 224 Seiten

Platon. Das Trinkgelage oder Über den Eros. Übertragung, Nachwort und Erläuterungen von Ute Schmidt-Berger. Mit einer Wirkungsgeschichte von Jochen Schmidt und griechischen Vasenbildern. it 681. 225 Seiten

Sappho. Strophen und Verse. Übersetzt und herausgegeben von Joachim Schickel. it 309. 99 Seiten

Sophokles
- Aias. Übertragen von Wolfgang Schadewaldt. Herausgegeben von Hellmut Flashar. Mit zahlreichen Abbildungen. it 1562. 130 Seiten
- Antigone. Übertragen und herausgegeben von Wolfgang Schadewaldt. Mit einem Nachwort, einem Aufsatz, der Wirkungsgeschichte und Literaturhinweisen. Mit einem Bildteil. it 70. 152 Seiten
- Antigone. Übersetzt von Hölderlin. Bearbeitet von Martin Walser und Edgar Selge. it 1248. 81 Seiten
- Elektra. Übertragen von Wolfgang Schadewaldt. Herausgegeben von Hellmut Flashar. Mit zahlreichen Abbildungen. it 1616. 160 Seiten
- Die Frauen von Trachis. Übertragen von Wolfgang Schadewaldt. Herausgegeben von Hellmut Flashar. Mit zahlreichen Abbildungen. it 2602. 129 Seiten
- König Ödipus. Übertragen und herausgegeben von Wolfgang Schadewaldt. Mit einem Nachwort, drei Aufsätzen, der Wirkungsgeschichte und Literaturnachweisen. Mit 14 Abbildungen. it 15. 141 Seiten
- Ödipus auf Kolonos. Übertragen von Wolfgang Schadewaldt. Herausgegeben von Hellmut Flashar. Mit zahlreichen Abbildungen. it 1782. 164 Seiten

NF 60/4/5.01

- Philoktet. Herausgegeben von Hellmut Flashar. Übersetzt von Wolfgang Schadewaldt. Mit zahlreichen Abbildungen. it 2535. 181 Seiten

Unterm Sternbild des Herkules. Antike in der Lyrik der Gegenwart. Herausgegeben von Bernd Seidensticker und Peter Habermehl. it 1789. 253 Seiten

Die Taten des Herkules. Die Herkules-Sage von Gustav Schwab. Herausgegeben von Karl Riha und Carsten Zelle. Mit zahlreichen Abbildungen. it 2147. 167 Seiten

Theophrast. Charaktere. Neu übersetzt und mit einem Vorwort versehen von Kurt Steinmann. Mit Illustrationen. it 2662. 112 Seiten

Geschichte und Philosophie

Michel Foucault. Sexualität und Wahrheit
- Zweiter Band: Der Gebrauch der Lüste. Übersetzt von Ulrich Raulff und Walter Seitter. Leinen und stw 717. 327 Seiten.
- Dritter Band: Die Sorge um sich. Übersetzt von Ulrich Raulff und Walter Seitter. Leinen und stw 717. 316 Seiten

Hegel und die antike Dialetik. Herausgegeben von Manfred Riedel. stw 907. 280 Seiten

Christian Meier. Die Entstehung des Politischen bei den Griechen. stw 427. 514 Seiten

Heinrich Niehues-Pröbsting. Der Kynismus des Diogenes und der Begriff des Zynismus. stw 713. 389 Seiten

Friedrich Nietzsche. Die Geburt der Tragödie. Schriften zu Literatur und Philosophie der Griechen. Herausgegeben und erläutert von Manfred Landfester. 697 Seiten. Leinen

Friedrich Nietzsche. Die Geburt der Tragödie aus dem Geist der Musik. Mit einem Nachwort von Peter Sloterdijk. it 1012. 219 Seiten

Wolfgang Schadewaldt
- Die Anfänge der Geschichtschreibung bei den Griechen. Herodot. Thukydikes. Tübinger Vorlesungen Band 2. stw 389. 413 Seiten
- Die Anfänge der Philosophie bei den Griechen. Die Vorsokratiker und ihre Voraussetzungen. Tübinger Vorlesungen Band 1. Unter Mitwirkung von Maria Schadewaldt herausgegeben von Ingeborg Schudoma. stw 218. 521 Seiten
- Die frühgriechische Lyrik. Tübinger Vorlesungen Band 3. Unter Mitwirkung von Maria Schadewaldt herausgegeben von Ingeborg Schudoma. stw 783. 393 Seiten
- Die griechische Tragödie. Aischylos. Sophokles. Euripides. Tübinger Vorlesungen Band 4. Unter Mitwirkung von Maria Schadewaldt herausgegeben von Ingeborg Schudoma. stw 948. 460 Seiten

NF 60/6/5.01

Griechische und römische
Antike im insel taschenbuch
Eine Auswahl

NF 30/1/5.00

Marc Aurel. Selbstbetrachtungen. Übersetzt von Otto Kiefer. it 1374. 202 Seiten

Martial. Epigramme. Übersetzt und herausgegeben von Walter Hofmann. it 2649. 778 Seiten

Ovid. Liebeskunst. Übersetzt von W. Hertzberg. Bearbeitet von Franz Burger-München. it 164. 112 Seiten

Ovid. Lieder der Trauer. Die Tristien des Publius Ovidius Naso. Übersetzt und herausgegeben von Volker Ebersbach. it 1987. 220 Seiten

Ovid. Metamorphosen. Übersetzt von Johann Heinrich Voß. Mit Radierungen von Pablo Picasso. it 1237. 377 Seiten

Ovid für Verliebte. Übersetzung und Auswahl von Karl-Wilhelm Weeber. it 2269. 119 Seiten

Platon. Sämtliche Werke in zehn Bänden. Griechisch und deutsch. Übersetzt von Friedrich Schleiermacher. Herausgegeben von Karlheinz Hülser. it 1401-1410. 5475 Seiten. Einzeln und in Kassette lieferbar

Platon. Das Trinkgelage oder Über den Eros. Übertragung und Nachwort von Ute Schmidt-Berger. it 681. 225 Seiten

Platon für Gestreßte. Ausgewählt von Michael Schroeder. it 2189. 110 Seiten

Platons Mythen. Auswahl und Einleitung von Bernhard Kytzler. it 1978. 224 Seiten

Sappho. Strophen und Verse. Übersetzt und herausgegeben von Joachim Schickel. it 309. 99 Seiten

NF 30/2/5.00